George A. Speckert

Filmmusik: Vom Stummfilmpianisten biz zum digitalen Mega-Orchester

George A. Speckert

Filmmusik: Vom Stummfilmpianisten bis zum digitalen Mega-Orchester

Ein historischer Rückblick

kopaed, München
www.kopaed.de

Bibliografische Information Der Deutschen Nationalbibliothek

Die Deutsche Nationalbibliothek verzeichnet diese Publikation in der Deutschen Nationalbibliografie; detaillierte bibliografische Daten sind im Internet über http://dnb.ddb.de abrufbar.

ISBN 978-3-96848-097-8
eISBN 978-3-96848-697-0

Druck: docupoint, Barleben

Arnulfstr. 205, 80634 München
Fon: 089. 688 900 98 Fax: 089. 689 19 12
e-mail: info@kopaed.de
Internet: www.kopaed.de

Besonderer Dank an

Steffi Lachmann
Heiner Behring
Claudia Wenzel
Friedrich Hoche
John Waxman

= = = = = = = = = = = = = =

Inhaltsverzeichnis

= = = = = = = = = = = = = =

"The medium of film music is, under ideal conditions, the medium in which opportunity and outlet to a wide audience exists as never before. It is an art which has developed quickly and it continues to develop. [...] There is no danger of stagnation."

„Das Medium Filmmusik erlaubt unter günstigen Umständen einen Zugang zum Massenpublikum. Es ist eine Kunstform, die sich rasch entwickelt hat und sich fortdauernd weiterentwickelt. [...] Die Gefahr des Stillstands besteht nicht."

Franz Waxman

= = = = = = = = = = =

Der Auftakt

= = = = = = = = = = =

Eine Chronik ist nur eine Sammlung kurzlebiger Standbilder. Die Ereignisse von heute sind bereits morgen Geschichte. Das Sammeln von Information ist ein Merkmal der heutigen Zeit, auch wenn es sich nicht immer um Fakten handelt. Noch nie war es möglich, so leicht an Informationen zu gelangen wie heute. Bei der gegebenen Fülle an Ereignissen ist es jedoch oftmals schwierig, zu entscheiden, welche in eine Chronik aufgenommen werden sollten. Was ist für die Leser:innen relevant? Ist das Ereignis weltbewegend oder nur beiläufig?

Abweichende Darstellungen wird es immer geben. Wer hat als erste:r das Telefon, die elektrische Birne, den Computer erfunden? Ist ein bestimmtes Ereignis für die Menschheit gut gewesen oder wurde es geschönt durch eine politische/gesellschaftliche Haltung?

Die Geschichte des bewegten Bildes und damit auch der Filmmusik und des Lichtspieltheaters beginnt ungefähr zur gleichen Zeit. Davor liefen die jeweiligen Entwicklungen jahrelang unabhängig voneinander. Heute sind Bild und Ton wesentliche Elemente der filmischen Gestaltung und eng miteinander verbunden.

Das Kino hat wie kaum eine andere Branche der Kulturszene eine rasante technische Entwicklung erlebt. Von Penny Arcades bis Omnimax-Kinos, vom Schalltrichter bis zum Digitalmikrofon, schwarz-weiß Zelluloid bis 3D, von einem einzelnen Lautsprecher bis zu 16 Boxen, Filmateliers im Keller bis Produktionsstätten so groß wie manches Industriewerk, Animationstechnik bis künstlicher Realität: das sind Entwicklungen, die gerade innerhalb dreier Generationen von Zuschauer:innen stattgefunden haben.

Bild- und Klangkunst haben jeweils eine kulturelle Einbettung. Das Bild profitierte von der Entwicklung der Fotografie, Bildgestaltung und der bildenden Kunst: Modern Art im Kino. Die Entwicklung der Tonkunst außerhalb der Filmindustrie hatte unmittelbare Auswirkungen auf die Gestaltung der Filmmusik. Moderne Musik, Experimentelles, Minimalistisches, Populäres, Jazziges, Elektronisches u. v. m. finden sich in der Filmmusik und im Kino wieder.

Ein Aspekt darf nicht zu wenig Beachtung finden: Alle Künste obliegen den sozialen/gesellschaftlichen Gegebenheiten ihrer Zeit. Das, was zu bestimmten

Epochen für gut empfunden wurde, konnte in der darauffolgenden Dekade schnell in Vergessenheit geraten. Auch umgekehrt: Manche Werke, die als schlecht, unerwünscht oder gar unmöglich beurteilt wurden, erachtete man zu späteren Zeitpunkten als genial.

Der Fokus dieser Chronik ist zwar auf die Geschichte der Filmmusik gelegt, aber andere relevante Entwicklungen werden aufgegriffen. Dieses Buch soll einen Überblick geben über das Geschehen, die Entstehung und die Entwicklung von Musik als gestalterischem Medium im Kino, als eine Errungenschaft des 20. Jahrhunderts.

= = = = = = = = = = = = = = = = = = = =

1832-1889: Die Vorgeschichte

= = = = = = = = = = = = = = = = = = = =

= = = = = = = = = = = = = = = = = = =

1832–1889: Die Vorgeschichte

= = = = = = = = = = = = = = = = = = =

Ludwig van Beethoven ist gerade vor einigen Jahren gestorben, Richard Wagner ist noch nicht geboren.

Die Musik dieser Zeit ist besonders von der Entwicklung der Oper und des Balletts geprägt. In vielen Großstädten werden Häuser speziell für diesen Zweck mit Proberäumen, Werkstätten, modernen Orchestergräben und großen Bühnen einschließlich umfangreicher Bühnentechnik gebaut. Die Musik selbst richtet sich nicht nach einer Form (wie eine Sinfonie, ein Klavierkonzert oder ein Walzer), sondern lediglich nach einer Handlung oder Erzählung. Visualisierung und Vertonung fügen sich bereits hier zusammen und ringen um die Gunst des Publikums.

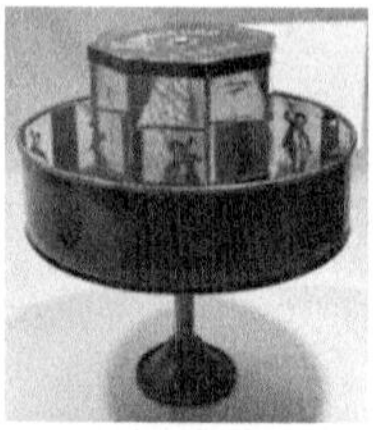

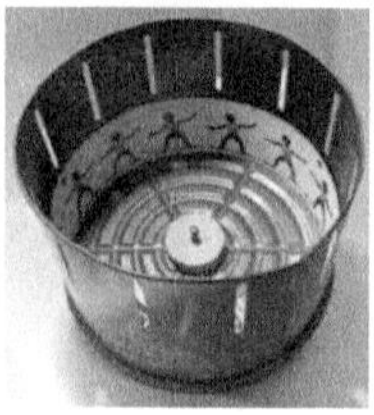

1833: Das Phenakistiskop
Der belgische Wissenschaftler Joseph Antoine Ferdinand Plateau entwickelt das Phenakistiskop; das erste Gerät, auf dem Bilder erscheinen, die sich bewegen. Weitere Geräte werden entwickelt, um mit verschiedenen Methoden bewegte Bilder zu erzeugen.

1839: Die Daguerreotypie
An der Akademie der Wissenschaften in Paris stellt Louis-Jacques-Mandé Daguerre seine *Daguerreptypie* vor. Eine versilberte Kupferplatte wird mit Joddämpfen lichtempfindlich gemacht und nach der Belichtung in Quecksilberdämpfen entwickelt. Anschließend wird sie in Fixiernatron oder Cyankaliumlösung getaucht. Die Daguerreotypie ist seitenverkehrt und ein Unikat, welches nicht vervielfältigt werden konnte. Dieses Verfahren war nicht nur kompliziert, sondern auch gesundheitsschädlich.

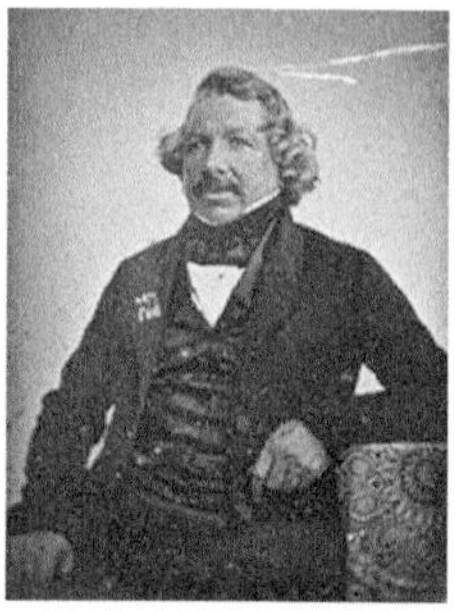

Louis-Jacques-Mandé Daguerre

Die französische Regierung kauft Daguerre sämtliche Rechte ab, zahlt ihm eine lebenslange Rente und stellt dieses Verfahren kostenlos der ganzen Welt zur Verfügung.

1861: Erstes Telefon
Johann Phillip Reis baut ein Telefon. Obwohl es nicht einwandfrei funktioniert, gilt es als Innovation.

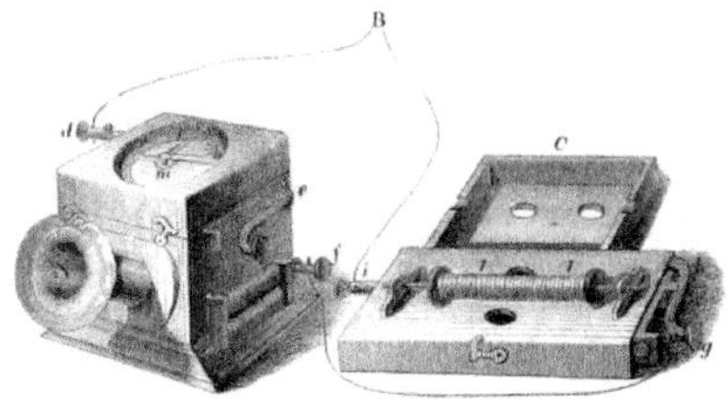

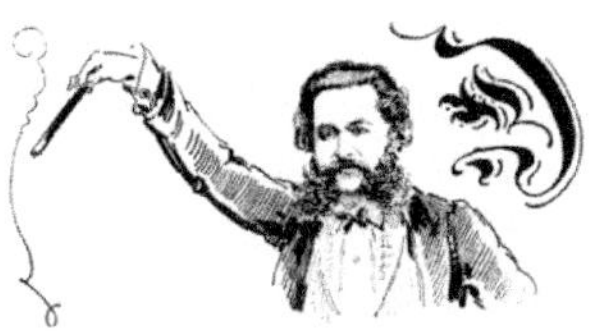

1867: An der schönen, blauen Donau
wird uraufgeführt. Im gleichen Jahr tritt der Komponist Johann Strauß selbst bei der Weltausstellung in Paris auf und präsentiert das Stück nochmals. Es wird ein Welthit. 100 Jahre später bekommt der Walzer eine prominente Position in Stanley Kubricks *2001 – A Space Odyssee.*

1876: Bells Telefon
Der Taubstummenlehrer Alexander Graham Bell baut den ersten funktionierenden Sprachtransmitter. Sein Assistent Thomas A. Watson empfängt die erste Telefonnachricht: „Mr. Watson, come here, I want to see you!" Bell patentiert seine Erfindung, aber dieser Bautyp findet kaum Anwendung. Ein Jahr später gründet er die Telekommunikationsgesellschaft *Bell Telephone Company*, die rasch zum größten Telefonanbieter der Welt wird.

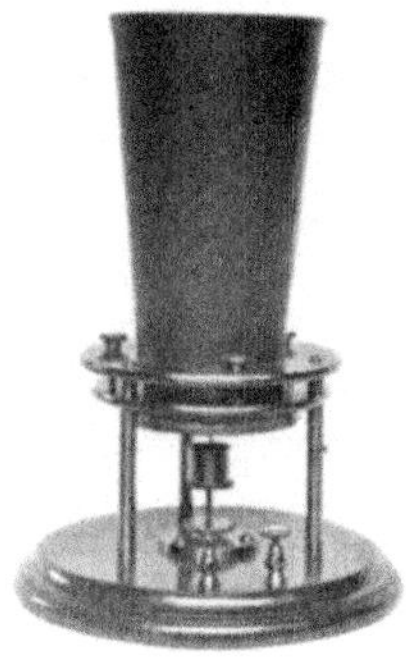

1876: Bayreuther Festspiele
Nach den Ideen von Richard Wagner wird das Opernhaus in Bayreuth gebaut. Seitdem finden jährlich die Bayreuther Festspiele dort statt. Das Innovative ist, dass das Orchester unter der Bühne statt vor der Bühne positioniert wird, wie es bis dahin üblich war. So können große Opernwerke aufgeführt werden.

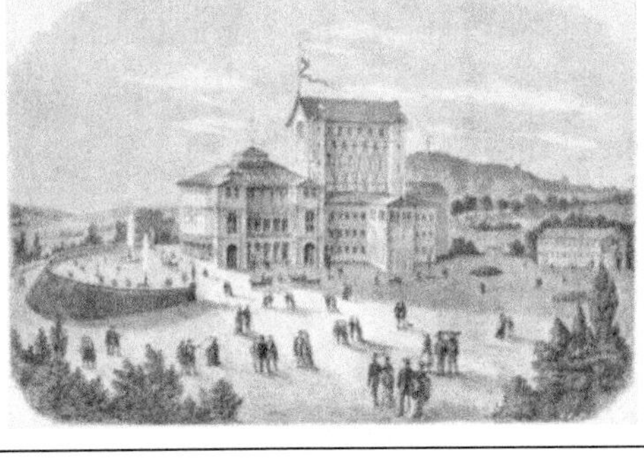

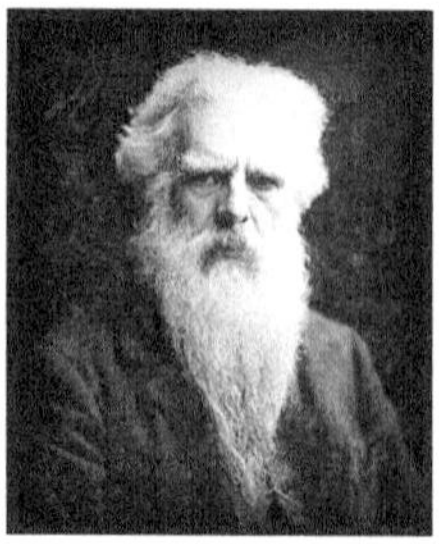

1877: Die ersten Bewegtbilder

Der in San Francisco lebende Fotograf Eadweard Muybridge baut 24 Kameras an einer Pferderennbahn auf. Die Auslöser der Kameras sind mit Fäden versehen. Als ein vorbeilaufendes Pferd die Fäden reißt, wird die jeweilige Aufnahme ausgelöst. Dadurch entstehen einzelne Aufnahmen, die als bewegtes Bild zusammengestellt werden können. Er experimentiert und entwickelt diese Idee weiter.

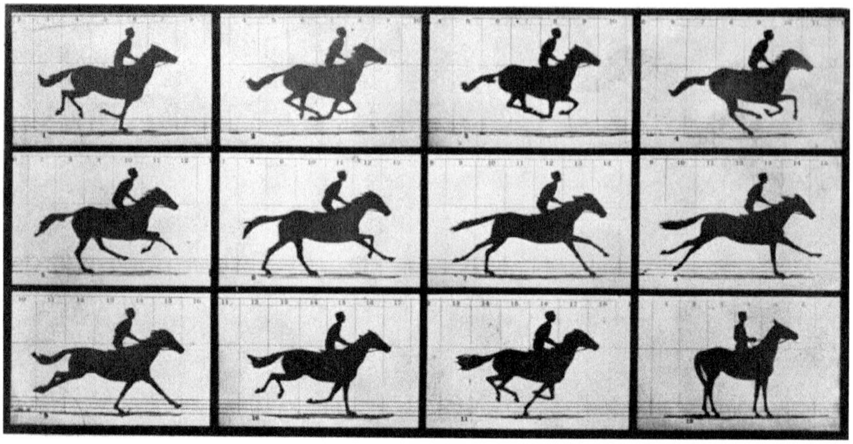

1877: Erste Audioaufnahme

Obwohl es Vorreiter gab, gilt Thomas Edison als Erfinder des Phonographen. Das erste Modell wird 1877 gebaut und Edison spricht das Kindergedicht „Mary had a little lamb“ in den Trichter hinein. Auf eine Folie werden die Vibrationen seiner Stimme mittels einer Nadel geritzt. Er gründet die *Edison Speaking Phonograph Company* und beginnt mit der kommerziellen Herstellung.

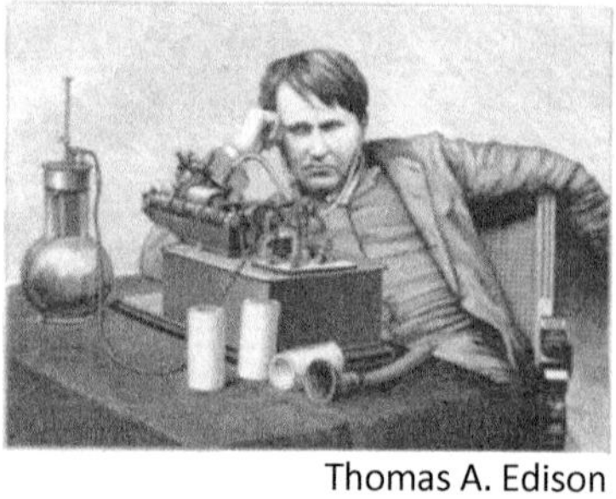

Thomas A. Edison

Erst ab 1901 können die Spielzylinder in größeren Stückzahlen produziert werden – bis dahin musste jedes neu eingespielt werden. Die Musikdauer beträgt lediglich 2 Minuten.

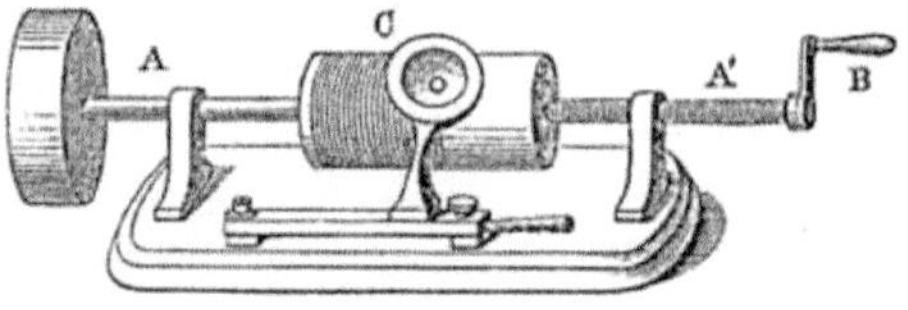

1878: Das Kohlemikrofon

Diese Innovation wird von Thomas Edison, David Edward Hughes, und Emil Berliner zur gleichen Zeit entwickelt. Edison patentiert das Mikrofon als Erster. Obwohl das Kohlemikro in der Tontechnik kaum Verwendung findet, wird es bis in die 1970er Jahre in Telefonen benutzt.

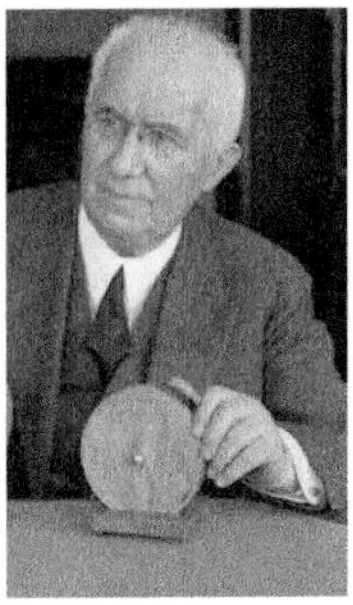

Emil Berliner mit seinem ersten Mikrofon

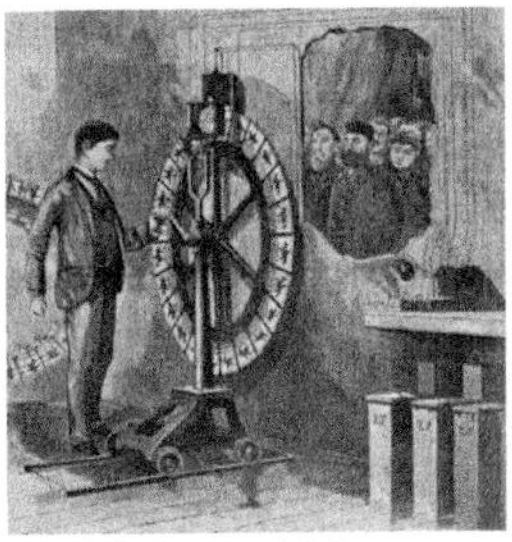

Das Electrotachiskop (per Hand gekurbelt)

1880er: Bewegtbilder als Unterhaltung werden weiter entwickelt

Erfinder und Wissenschaftler konstruieren weitere Geräte zum Betrachten der Bilder. Eadweard Muybridge entwickelt sogar Projektionsmöglichkeiten. Das sogenannte *Zoopraxiskop* wird 1893 bei der Weltausstellung in Chicago präsentiert.

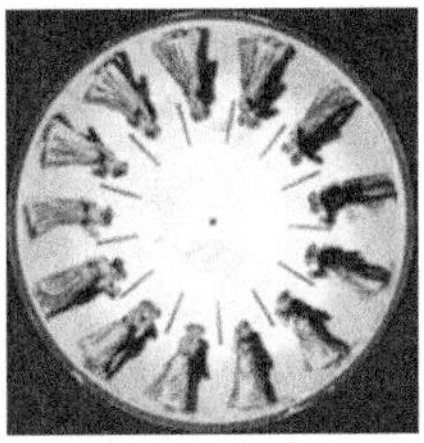

Eine Bildscheibe für das Zoopraxiskop

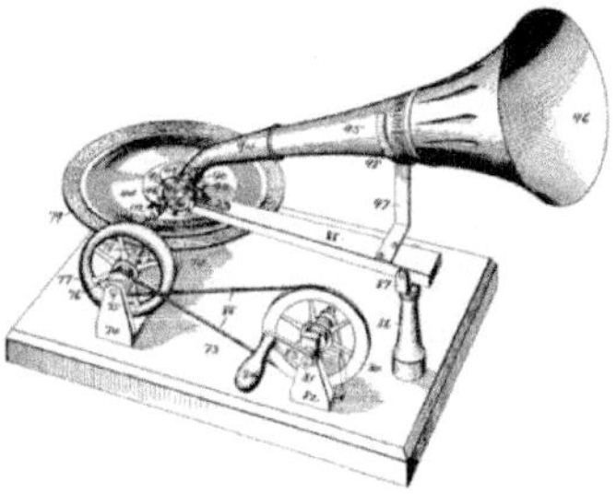

1887: Schallplatten

Emil Berliner patentiert das Grammophon in Amerika. Die Walze oder der Zylinder wird abgelöst. Schallplatten sind billiger in der Produktion, sie werden aus Hartgummi hergestellt. Die ersten Schallplatten waren 175mm im Durchmesser.

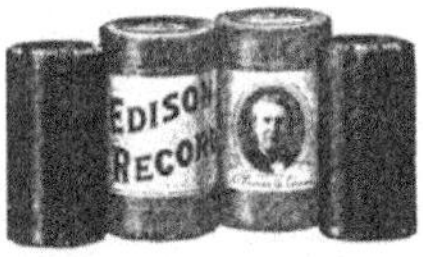

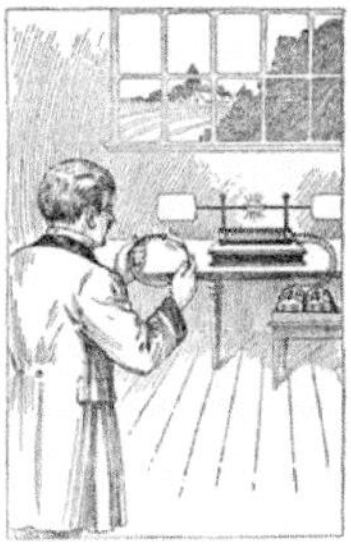

1888: Drahtlose Übertragung

Heinrich Hertz gelingt es, die Theorie von J. C. Maxwell zu beweisen. Er kann über eine Entfernung von 10 Metern ein Signal übertragen.

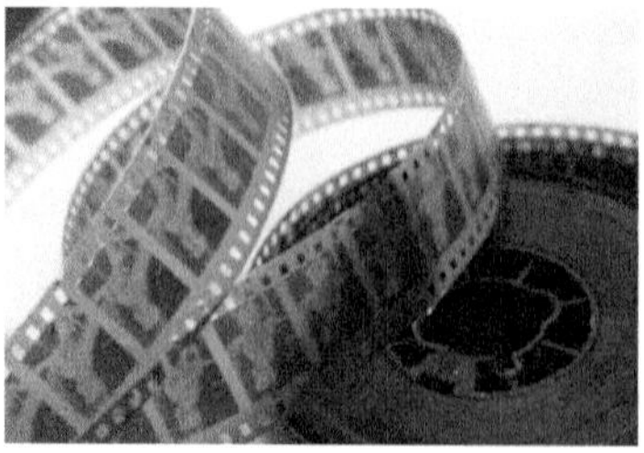

1889: Filmmaterial

Der amerikanische Geistliche Hannibal W. Goodwin erfindet ein dauerhaftes, flexibles und transparentes Zelluloid als Filmbasis. George Eastman, ein Pionier der fotografischen Ausrüstung, stellt den Film her. Das Material ist aber leicht entzündlich!

1889: Kinetoskop

Thomas Edison oder sein Assistent William Kennedy Laurie Dickson erfindet das Kinetoskop (eigentlich *Kinescope* genannt). Das Material ist Zelluloid, perforiert und 35 mm breit.

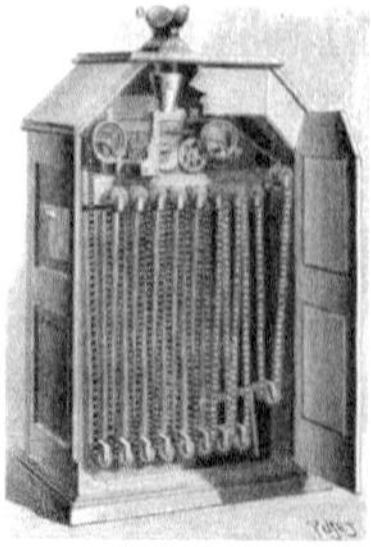

1890–1927: Der Anlauf

= = == = = = = = = = = = = = =

1890–1919: Der Anlauf

= = == = = = = = = = = = = = =

Um diese Zeit war die musikalische Epoche der *Spätromantik*. Prominente Vertreter waren u. a. Richard Wagner, Gustav Mahler und Richard Strauß. In Frankreich wird diese Epoche *Impressionismus* genannt, an prominenter Stelle stehen Maurice Ravel, Claude Debussy und Eric Satie. Die Orchesterwerke wurden erheblich länger und mit großen Besetzungen gespielt, z. B. Mahlers 8. Sinfonie mit dem Beinamen *Sinfonie der Tausend.*

Orchestereffekte, also Klänge ohne eine bestimmte Melodie oder Harmonie (ein Teppichklang, ein Swoosh, ein Blitz) waren ebenfalls typisch.

Auch die sogenannte Programmmusik, also Vertonungen von Geschichten, jedoch ohne Bühnendarstellung, gewinnt an Popularität, z. B.

> *Hummelflug* – Nikolai Rimski-Korsakow
> *Eine Nacht auf dem kahlen Berge* – Modest Mussorgski
> *Karneval der Tiere* – Camille Saint-Saëns
> *Der Zauberlehrling* – Paul Dukas
> *Also sprach Zarathustra* – Richard Strauss

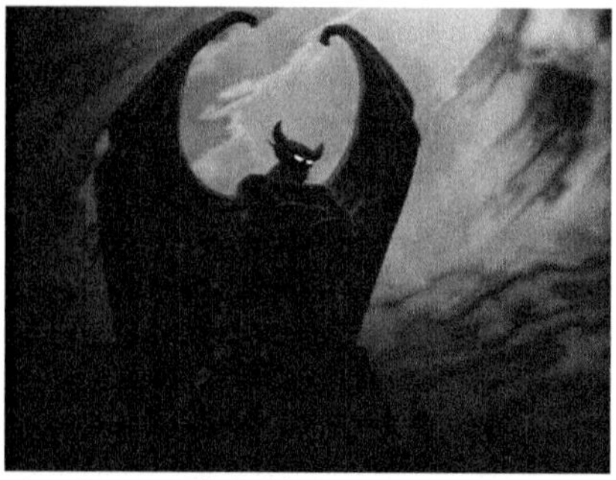

Aus *Fantasia* (1940)
Musik: Eine Nacht auf dem kahlen Berge von Mussorgski

Hierbei steht die Musik allein und ist nicht vom Libretto oder der Choreografie abhängig. Die Geschichte entsteht im Kopf der Zuschauer:innen. Kein Wunder, dass gerade diese Musik von vielen Filmemachern verwendet wurde.

In Europa und den USA werden Jazz, Latin und verschiedene andere Stile populär. Weitere Formen der Bühnendarstellung (und Bühnenmusik) wie Vaudville, Burlesque, Operette, frühe Musicals und Minstrel-Shows finden Zulauf. Viele Sänger:innen, Musiker:innen und Komponist:innen finden dadurch Arbeit und können eine Karriere starten.

In dieser Zeit wachsen einige junge Komponisten auf, die später bei großen Filmstudios tätig werden. Die Musik ihrer Jugend prägt ihr späteres Handwerk. Die formale Ausbildung trägt die musikalischen Züge der Spätromantik. Max Steiner (*Gone with the Wind*), zum Beispiel, studiert vor seiner Emigration in die USA sogar bei Gustav Mahler.

Die Stilistik dieser Zeit dient als Grundlage für die spätere Originalmusik im Film.

1892: The Black Maria

Das erste Filmstudio *The Black Maria* entsteht. Thomas Edison produziert über 300 Kurzfilme, von leicht erotischen bis zu Dokumentarfilmen, bis 1901 größere Studios benötigt werden.

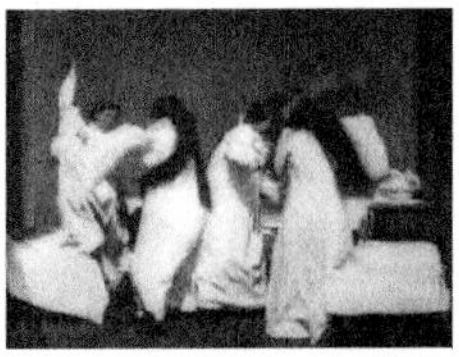

Seminary Girls

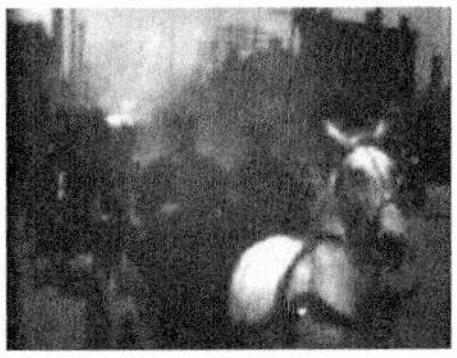

Buffalo Fire Department

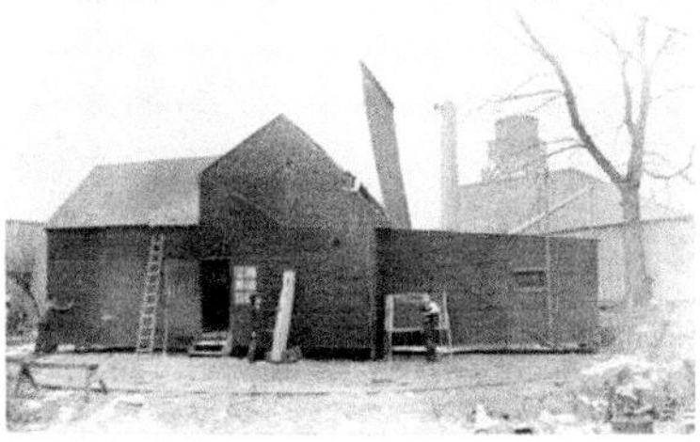

The Black Maria

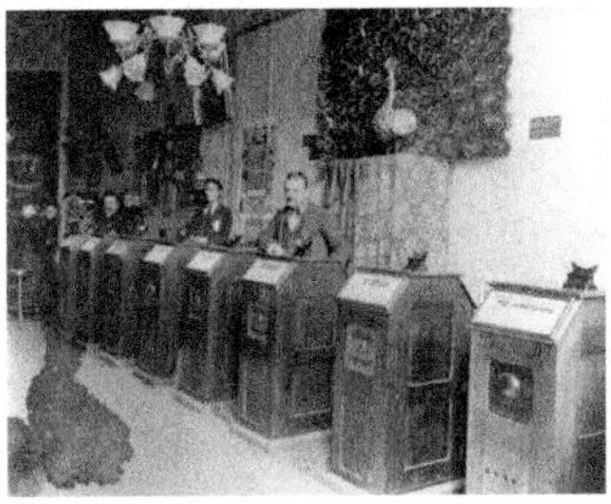

1894: Kinetoskop Stuben

Die ersten Kinetoskop Stuben (*Kinetoscope Parlour*) werden in New York City, London und Paris eröffnet. Ein Kinetoskop Stube besteht aus aneinander gereihten Kinetoskopen, die mit Münzen betrieben werden. Der Begriff *Penny Arcade* wird auch verwendet.

1894: Soundfilm

William K. L. Dickson stellt für Edisons Kinetophon einen experimentellen Soundfilm her – eine Kombination aus Kinetoskop und Phonograph – aber er wird nie veröffentlicht. Vollständige Kopien dieses Films (mit Sound) sind leider nicht mehr vorhanden.

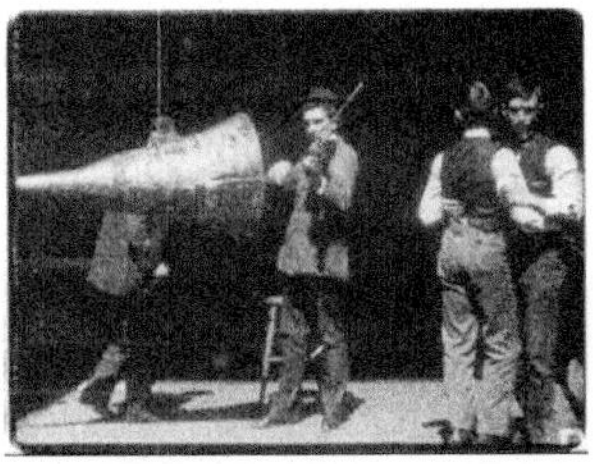

1895: Die Lumière Brüder

Die erste Aufführung in einem Theatersaal findet am 28. Dezember 1895 mit *La Sortie de l'usine Lumière à Lyon* im *Salon Indien du Grand Café* in Paris statt. Im Publikum sitzen 200 Menschen. *Movies* werden zum Theaterereignis.

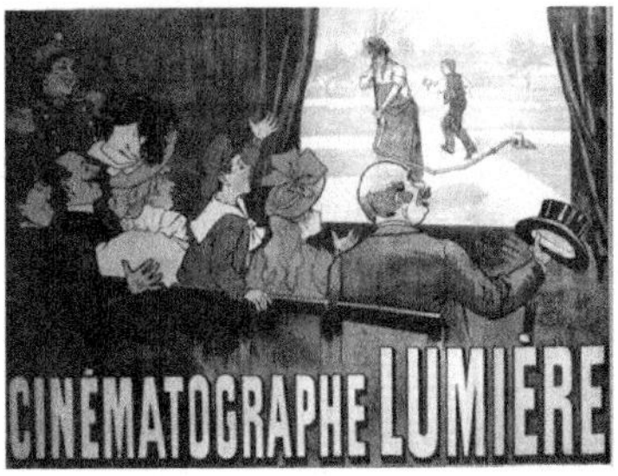

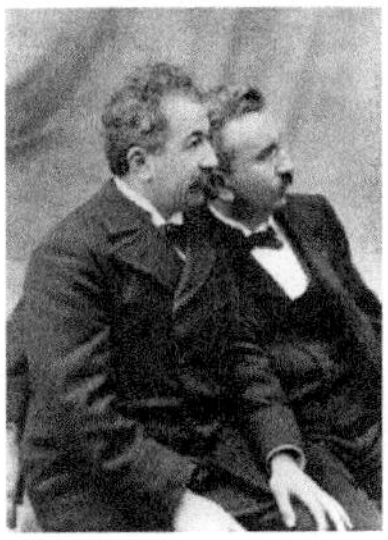

Auguste Lumière
Louis Lumière

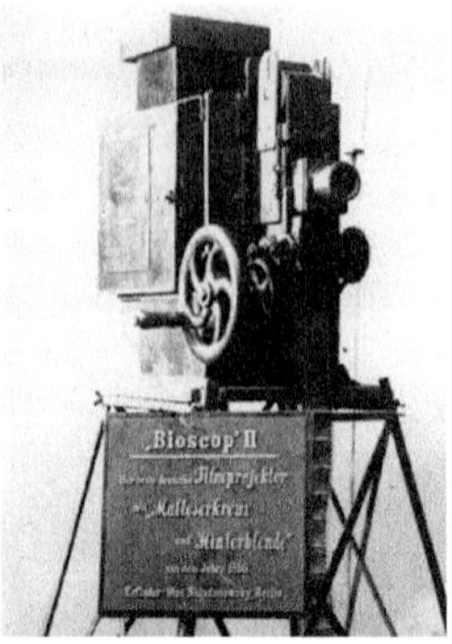

1895: Soundfilm

Ähnliche Bewegungen sind auch in Deutschland zu verzeichnen. Max und Emil Skladanowsky entwickeln einen Projektor, ebenfalls zum Zwecke von Aufführungen im Saal. Die erste Vorstellung mit dem sogenannten „Bioscop" ist im Juli 1895 im Ballsaal des Feldschlößchens in Berlin-Pankow, dem späteren Kino „Tivoli".

Das Bioscop

1896: Schellackplatten

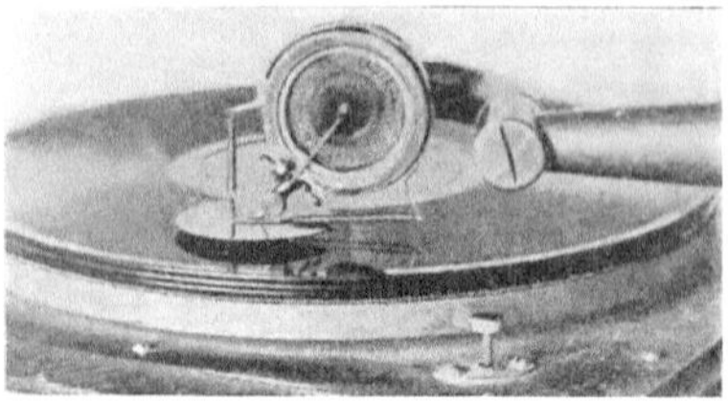

Bislang wurden die Schallplatten aus Hartgummi hergestellt. Emil Berlin entwickelt ein neues Material für Schallplatten. Die Soundqualität ist besser und die Scheiben sind nicht so brüchig. Die Drehgeschwindigkeit beträgt 78 Umdrehungen pro Minute. Die Tonabnahme findet nach wie vor mechanisch statt. Ein Stylus überträgt die Schwingungen auf eine Membran; die Verstärkung findet durch einen Trichter statt.

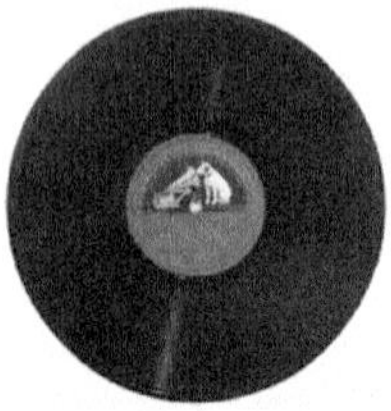

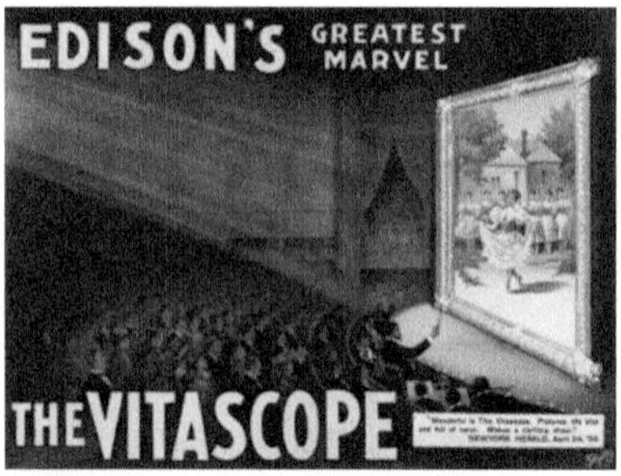

1896: Das Vitaskop

Thomas Edison präsentiert das erste öffentlich projektierte und bewegte Bild auf einer Leinwand in den Vereinigten Staaten bei Koster und Bial´s Musik Hall in New York City mit seiner neuesten Erfindung, dem Vitaskop (eigentlich *Vitascope*) mit Projektion.

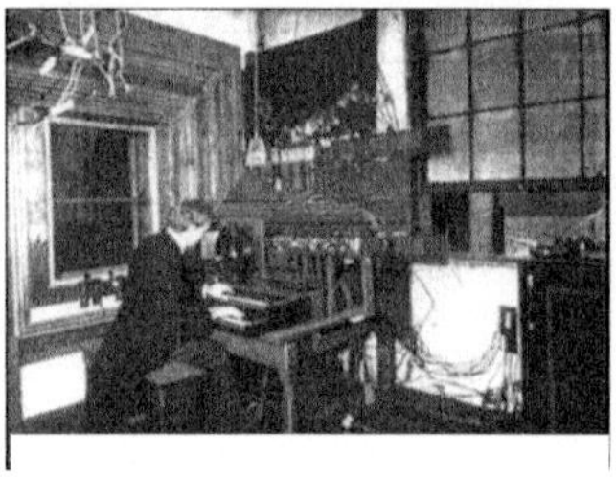

1897: Das Telharmonium

Das Telharmonium wird von Thaddeus Cahill erfunden und gilt inoffiziell als erster Synthesizer. Es wiegt 200 Tonnen. Noch gibt es keine Dioden!

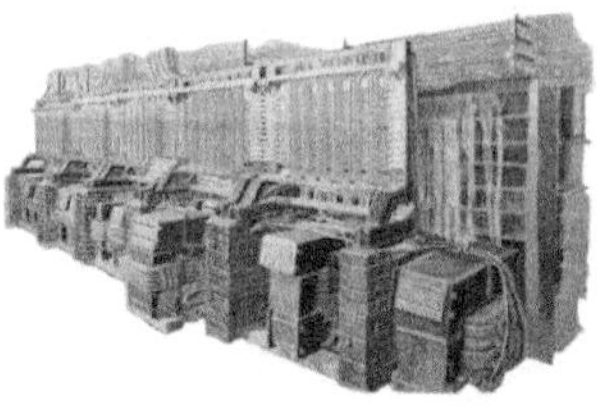

Ende des 19. Jahrhunderts: Das Melodram

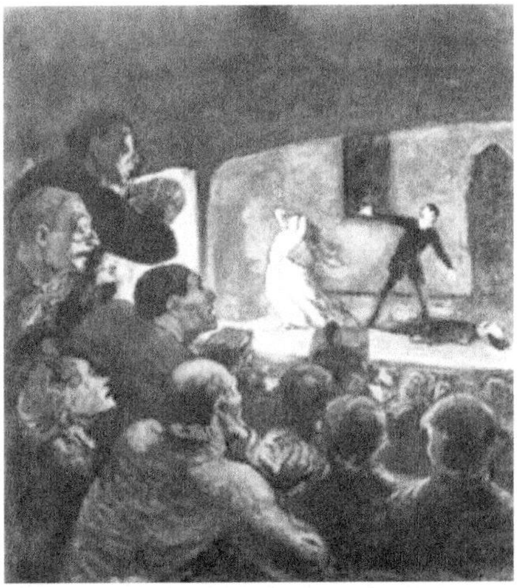

Das Melodram ist eine Theaterform, die seit Ende des 18. Jahrhunderts in Europa und den USA Verbreitung findet. Die Bühnenstücke sind kürzer als das Theater der Hochkultur, die Bühnen sind kleiner, die Bühnenbilder bescheidener und die Geschichten einfacher.

Das Zielpublikum ist das einfache Volk. So handeln die meisten Stücke von Liebe, Held:innen und Bösewichten. Typisch für diese Theaterform ist eine Begleitmusik, meistens nur vom Klavier oder einem kleinen Ensemble live gespielt. Dadurch kann mit geringem Aufwand das Publikum emotional erreicht und gut unterhalten werden.

Aus diesem Kreis können Musiker:innen für die Idee, bewegte Bilder im Theatersaal musikalisch zu untermalen, begeistert und gewonnen werden.

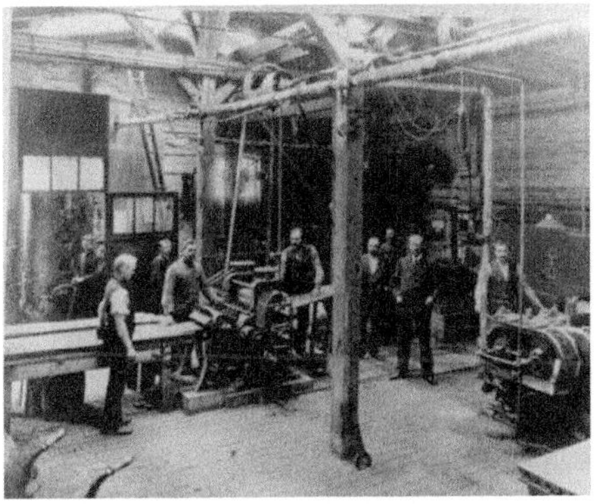

1898: Grammophon

Emil Berliner und sein Bruder Josef gründen die Deutsche Grammophon-Gesellschaft in Hannover

Grammophon in Hannover

1901: Die erste transatlantische Übertragung

Einem italienischen Erfinder, Guglielmo Marconi, gelingt es, ein kurzes Morsesignal von Cornwall in England bis St. John's in Neufundland drahtlos zu senden. Erst 1903 gelingt es, vollständige Morsetexte transatlantisch zu senden.

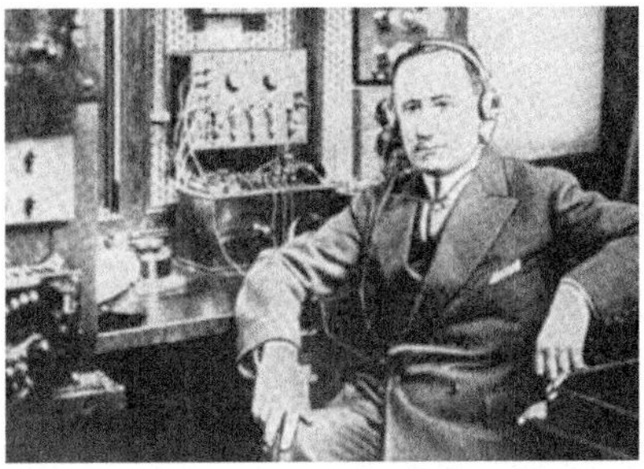

Guglielmo Marconi

1903: The Great Train Robbery

Der amerikanische Regisseur Edwin S. Porter gibt den wohl wichtigsten Film, *The Great Train Robbery*, heraus, welcher der erste Film war, bei dem moderne Techniken benutzt wurden wie das Filmen von Sequenzen in praktischer, handlungsunabhängiger Reihenfolge. Diese werden später wieder in die richtige Reihenfolge geschnitten. Zum Ende des Films schießt der Protagonist direkt in die Kamera. Für das Publikum ist das sensationell!

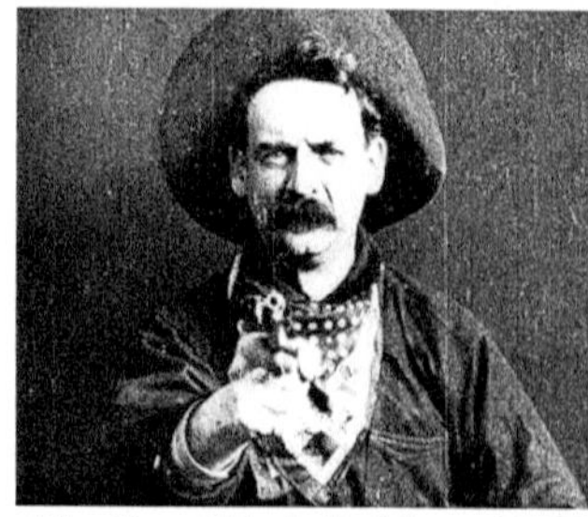

The Great Train Robbery (1903)
[Der große Eisenbahnraub]
Regie: Edwin S. Porter
Musik: unerwähnt

1904: Ein Weltstar

Der Sänger Enrico Caruso landet den ersten Millionenseller. Seine Schallplatten werden weltweit verkauft. Er wird berühmt und die Plattenindustrie erlebt großen Zuspruch.

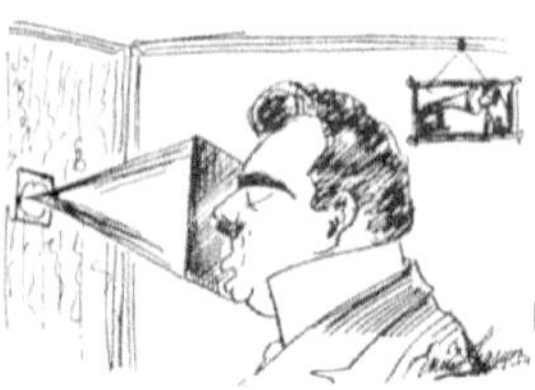

Eine Selbstkarikatur

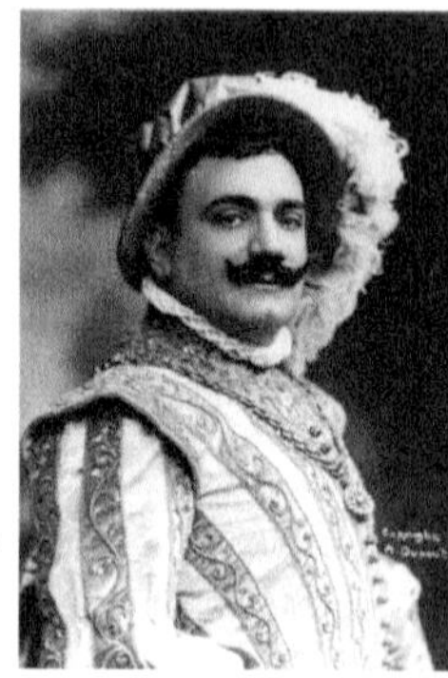

Enrico Caruso

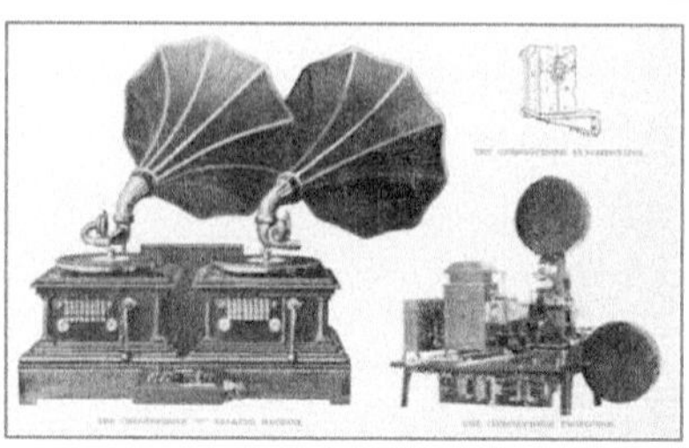

1904: Synchronisierung

Léon Gaumont forscht in Frankreich an Möglichkeiten der Synchronisierung von Bild und Ton. Seine Erfindung nennt er *Chronophone*. Gaumonts Firma wird später von MGM gekauft.

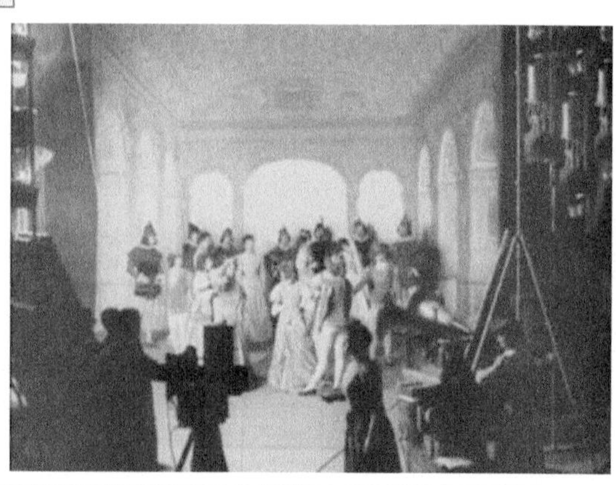

1904: Synchronisierung
Oskar Messter in Deutschland entwickelt ebenfalls Möglichkeiten der Synchronisierung von Bild und Ton. Sein *Biophon* wird bei der Weltausstellung in St. Louis 1904 präsentiert und wird sofort populär. Messters Firma wird später Teil der neuen UFA mit ihm selbst im Aufsichtsrat.

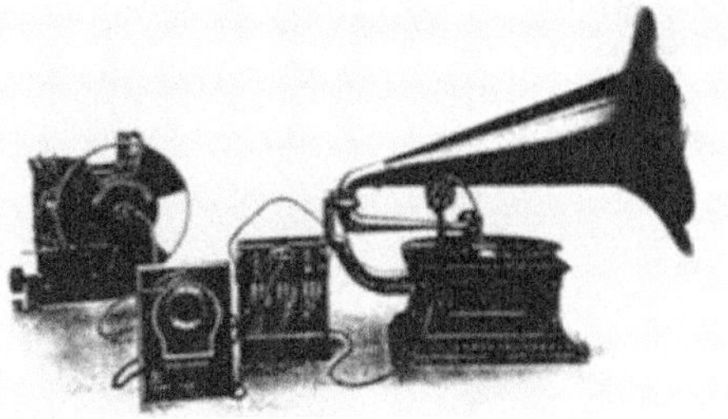

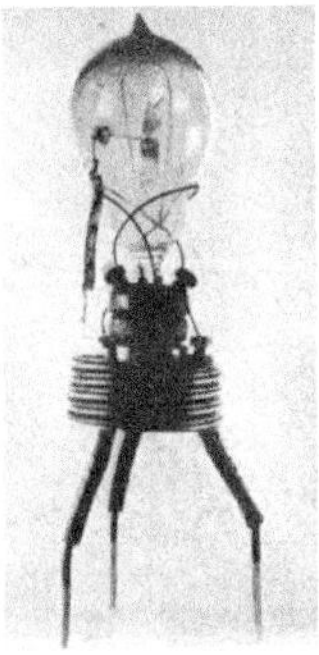

1904: Röhrendiode (Elektronenröhre)
John Ambrose Fleming erlangt ein Patent für die erste funktionierende Röhrendiode. Lee de Forest entwickelt daraus die Triode (Audion). Diese Erfindungen sind für die drahtlose Übertragung und die Verstärkung von Signalen essenziell und haben erhebliche Auswirkung auf die weitere Entwicklung der Rundfunk- und Tontechnologie.

1906: Der erste Trickfilm
Humorous Phases of Funny Faces (1906) von James Stuart Blackton gilt als erster Zeichentrickfilm. 1908 bringt Émile Cohl seine Bilder mit der sogenannten Stopmotion-Technik auf Film. Die Figuren werden einzeln auf den Tisch gelegt, die Kamera wird bei jeder Bewegung ausgelöst.

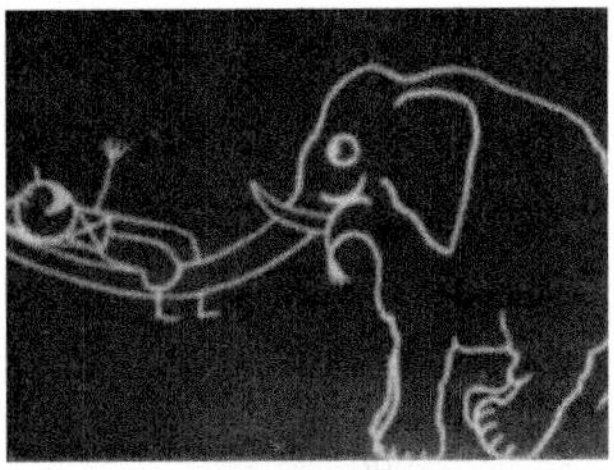

Fantasmagorie (1908)
Émile Cohl

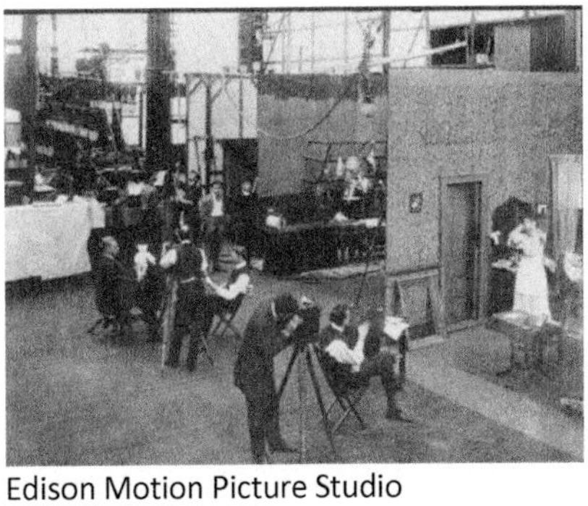

Edison Motion Picture Studio
Bronx, New York

Mitte der 1900er Jahre: Filmstudios entstehen
Weltweit werden Studios gebaut und Filmgesellschaften gegründet. Kurzfilme für das allgemeine Publikum werden produziert und vertrieben. In Frankreich haben sich Gaumont (1895) und Pathé (1896) bereits formiert, in Dänemark wurde Nordisk Film 1906 gegründet.

1908: L'assassinat du duc de Guise
Die Musik zum diesem Film komponiert Camille Saint Saëns. Er ist bekannt beispielsweise durch den *Karneval der Tiere.*

Die Musik ist für ein Ensemble konzipiert: Streicher, Klavier, Harmonium und Klarinette/ Melodieinstrument. Mit einer solchen Besetzung sind die Aufführungsmöglichkeiten dehnbar: von kleinen Bühnen (also wenig Musiker:innen) bis hin zu großen Kinosälen (volles Orchester).

Saint Saëns ist somit einer der ersten etablierten Komponisten, die Filmmusik schrieben. Diese ist seine einzige Filmmusik.

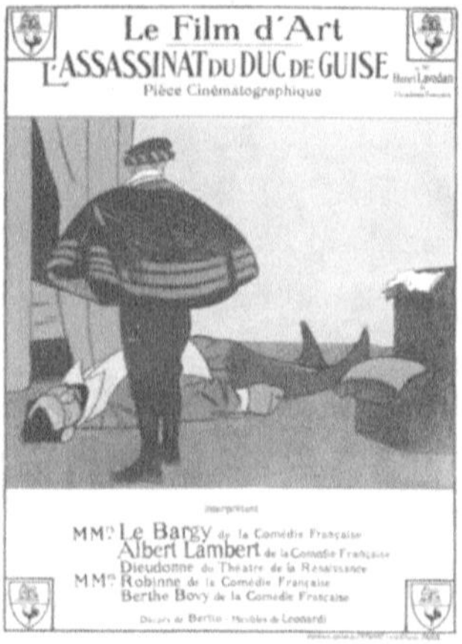

L'assassinat du duc de Guise (1908)
Regie: André Calmettes und Charles Le Bargy
Musik: Camille Saint Saëns

Ab 1910er Jahre: Das Grammophon
Der Plattenspieler etabliert sich weltweit in den Privathaushalten. Musik ist nicht mehr nur im Konzertsaal zu hören, sondern auch zu Hause.

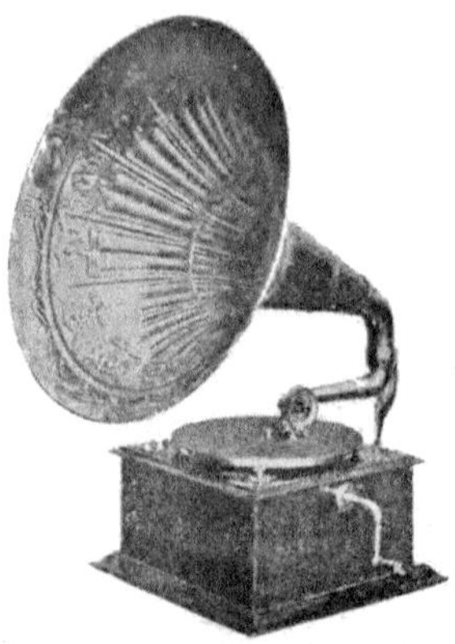

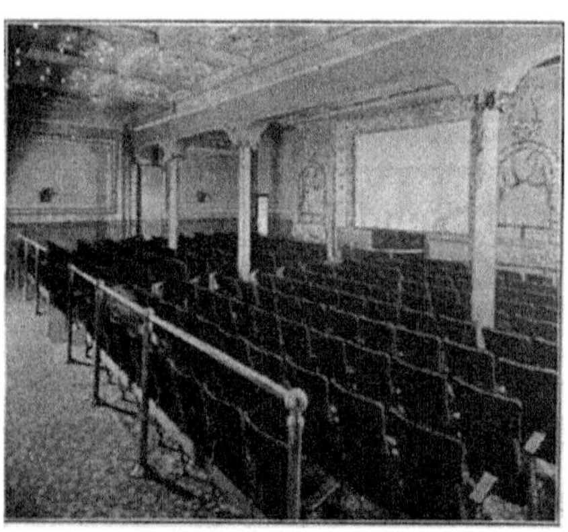

Ab 1912: Nickelodeon und Lichtspieltheater
Filmvorführungen wandern in Theaterräume. Die Filme werden länger und teurer. Produzenten beschäftigen immer teurere Stars, um Publikum ins Theater zu locken. Filmemacher wollen mehr und mehr die Mittelschicht ins Kino locken, die dem Filmtheater bis dahin weniger Aufmerksamkeit geschenkt hatte. Sie werden zuerst Nickelodeons (Eintritt: 5 Cent, also ein Nickel) genannt, später *Lichtspiel-Theater* oder *Filmpaläste*.

Ab 1912: Hollywood kommt

In den USA werden die großen Produktionsfirmen gegründet:
1912: Universal Pictures und Paramont Pictures
1915: 20th Century Fox und Metro-Goldwyn-Mayer (MGM)
1918: Warner Brothers und
Columbia Pictures sowie RKO Pictures
1919: United Artists

Südkalifornien wird von der Filmindustrie bevorzugt, weil Land vorhanden und das Wetter berechenbar ist. Hollywood wird geboren.

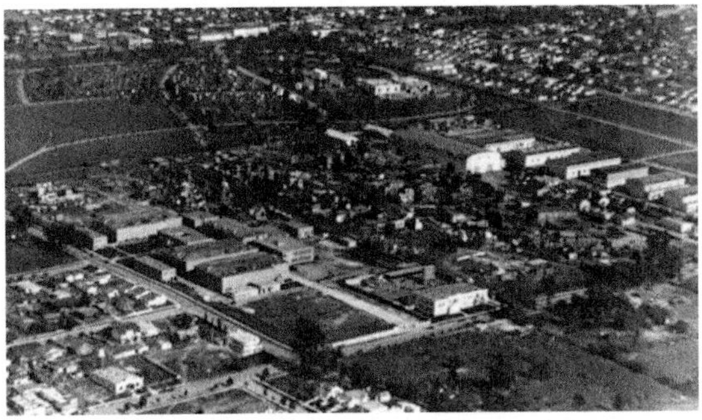

Filmproduktion Studios in Hollywood, Kalifornien

1912: Die ersten Filmkomponisten

Joseph Carl Breil ist einer der ersten Komponisten, die sich auf Filmmusik spezialisierten. Er schreibt bereits 1912 die Musik zu *Les Amours de la reine Élisabeth*. Sein Stil bestand aus einer Kombination bestehender Musik (Purcell, Wagner, Beethoven), populären Liedern und eigener Musik.

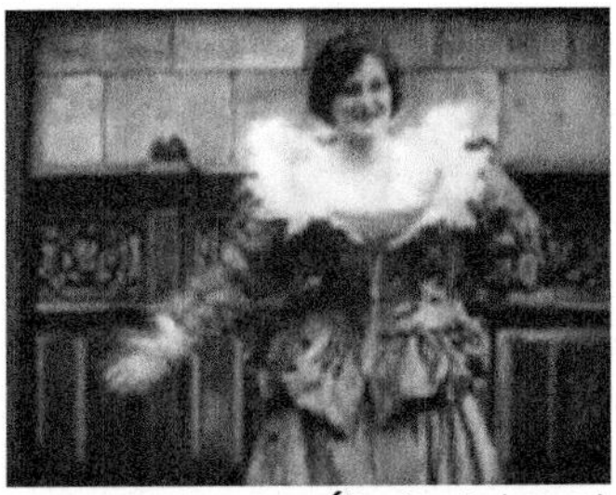

Les Amours de la reine Élisabeth (1912)
Regie: Henri Desfontaines und Louis Mercanton
Musik: Joseph Carl Breil

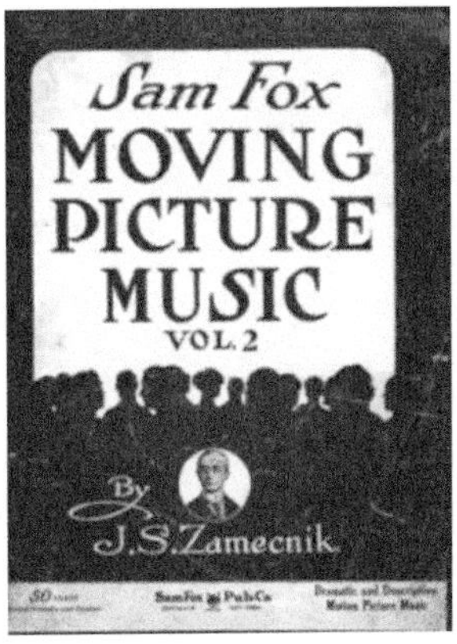

1913: Kinotheken

Sammlungen für die musikalische Untermalung der Filme, u. a. *Moving Picture Music* von J. S. Zamecnik, herausgegeben von Sam Fox oder *Motion Picture Moods* von Erno Rapee, veröffentlicht von G. Schirmer, werden vermarktet. Nach Themen geordnet kann der Kinopianist passende Stücke aussuchen, z. B. für eine Sterbeszene, Liebesszene, Sturmszene, Verfolgung oder Duellszene.

1913 Mai 29: Skandal um Strawinsky
Bei der Uraufführung von *Le sacre de printemps* hat das Publikum gelacht, gespottet und sich empört gezeigt. Auf der Suche nach einem modernen Ballett hat Igor Strawinsky die Musik komponiert und Vaslav Nijinsky die Choreographie entworfen. Trotz Pfeifen kann das Stück zu Ende gespielt werden. Heute gilt das Ballett als Meisterwerk und als Meilenstein der modernen Musik.

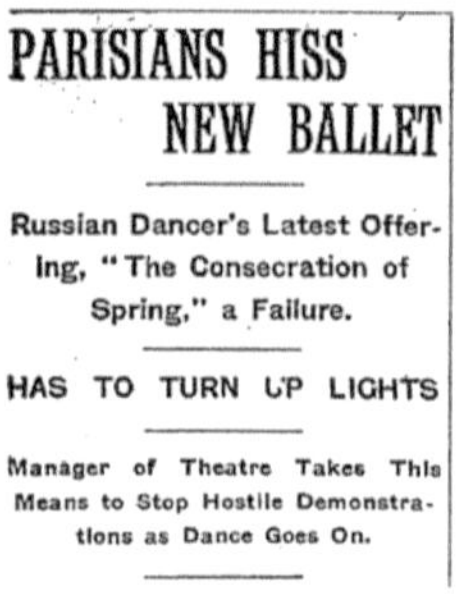
PARISIANS HISS NEW BALLET

Russian Dancer's Latest Offering, "The Consecration of Spring," a Failure.

HAS TO TURN UP LIGHTS

Manager of Theatre Takes This Means to Stop Hostile Demonstrations as Dance Goes On.

New York Times 1913

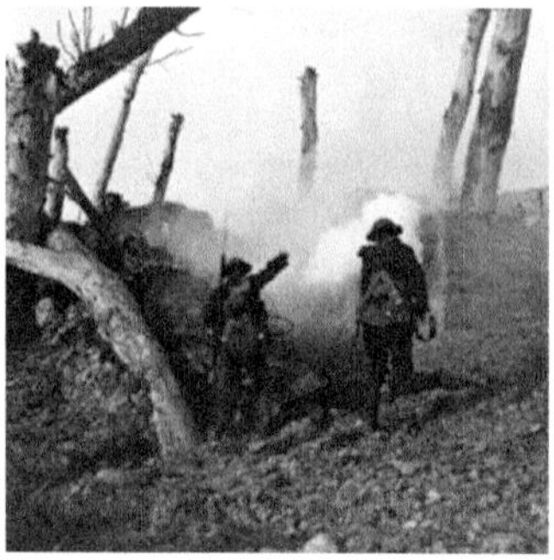

1914-1918: Erster Weltkrieg
Der Erste Weltkrieg beginnt in Europa. Die Filmindustrie kommt abrupt zum Stehen, da Strom und Material schwierig zu bekommen sind. Das Publikum bleibt jedoch nicht von den Lichtspielhäusern fern! Kino ist eine willkommene Ablenkung. Die Filmindustrie profitiert davon und dreht immer größere und umfangreichere Filme. Zum ersten Mal werden Bomben- und Explosionsgeräusche aufgenommen.

1915: Lautsprecher
Bislang wird der Klang der Plattenspieler nur per Trichter hörbar gemacht, also mechanisch. Beim Telefon wird der Klang durch einen Hörer (Receiver/Empfänger) erzeugt, also elektrisch. Nun werden die ersten *Lautsprecher* entwickelt, die elektrische Signale in Schall umwandeln können. Mit diesen kann ein ganzer Raum beschallt werden. Besonders Reden werden verstärkt.

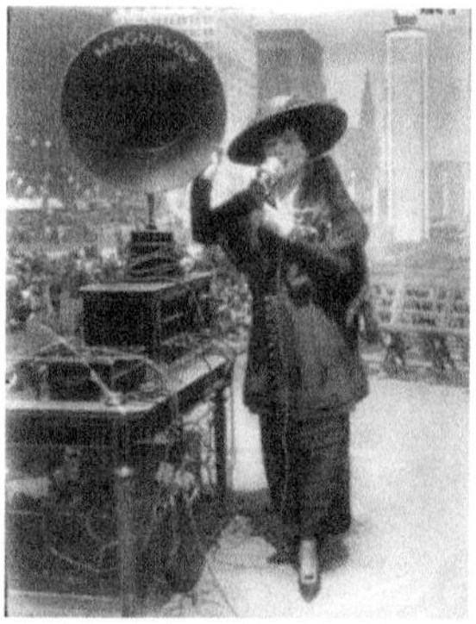

1915: Plattenspieler
Der erste elektrisch-betriebene Plattenspieler kommt auf den Markt. Bisher wurde der Plattenteller mechanisch angetrieben und musste ständig mit einer Kurbel aufgezogen werden. Nun dreht sich der Plattenteller, ohne das zwischendurch gekurbelt werden muss.

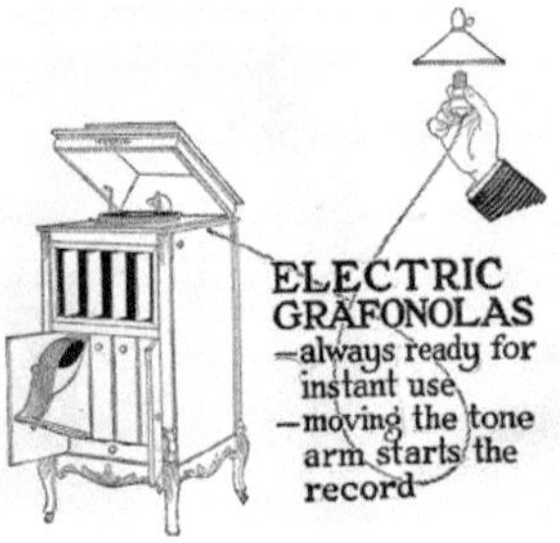

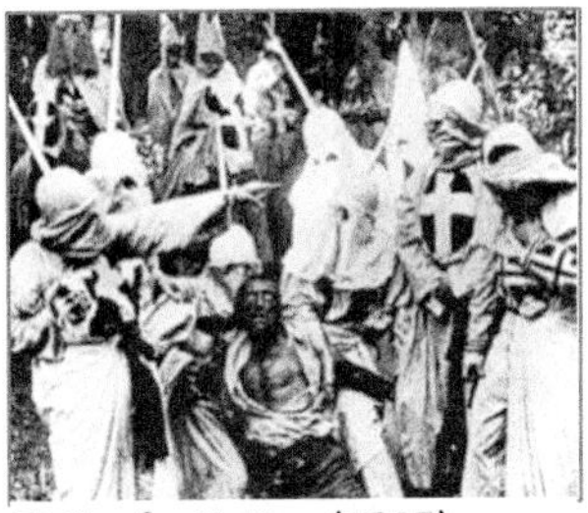

Birth of a Nation (1915)
Regie: D.W. Griffith
Musik: Joseph Carl Breil
Länge: 193 Minuten

1915: Birth of a Nation

Jenseits von Harmonien für den Helden und Dissonanzen für den Schurken, wird Inhalt im Sinne des Filmemachers mit Musik gesteuert. Bei *Birth of a Nation* wird gerade durch die Komposition von Joseph Carl Breil eine rassistische Haltung deutlich. Ein Aufstand der ehemaligen schwarzen Sklaven (den es nie gegeben hat) wird mit bedrohlicher Musik untermalt, die rettenden Männer (in Ku-Klax-Klan Kleidung) werden mit heldenhafter, göttlicher Musik vertont, nämlich mit der *Walküre* von Richard Wagner: eine klare Darstellung gegen die Afro-Amerikaner, diskriminierend und demütigend.

1917: UFA

In Potsdam wird die UFA gegründet, die erste deutsche Filmproduktionsgesellschaft.

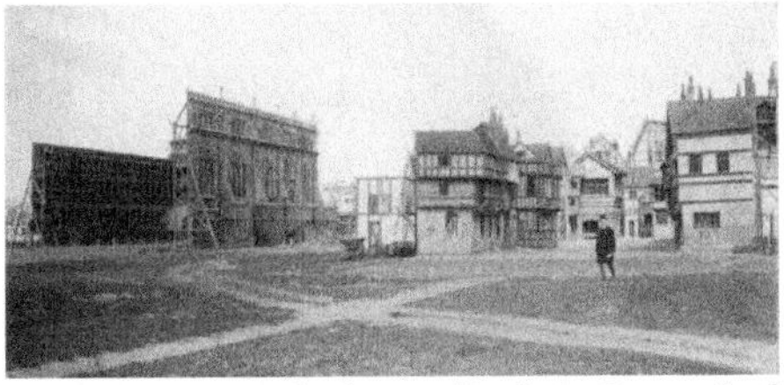

Aufnahmegelände in Tempelhof

= = = = = = = = = = = = =

Die 1920er Jahre:
Ein Theaterereignis

= = = = = = = = = = = = =

= =

Die 1920er Jahre: Ein Theaterereignis

= =

Die *Laterna Magica* entwickelte sich unaufhaltbar zum Theaterereignis. Das etablierte Theater, die klassische Musikkultur und die Fotografie schmunzelten noch über den Neuling auf der Kultur- und Unterhaltungsbühne. Die Bilder auf der Leinwand schafften es, die Herzen der Zuschauer:innen zu erobern. Das Kino suchte sein Publikum, seine Nische, seine Kunstform.

Die technische Entwicklung ging in riesigen Schritten voran, aber die größte Herausforderung – die Synchronisierung von Bild und Ton – stand noch bevor.

Mit Komponisten wie Igor Strawinsky, Arnold Schönberg und Alban Berg begann die sogenannte Moderne. Dissonanzen, Atonalität, 12-Ton Musik und Experimentelles prägen dieser Epoche. Da Musik für das Kino publikumsfreundlich sein sollte – der Erfolg der jungen Kunstform war auf den Allgemeingeschmack angewiesen – beeinflusste die Moderne Musik die Filmmusik kaum. Erst Jahrzehnte später findet unschöne, abstrakte und kritische Musik mit ihren „schrägen" aber aussagekräftigen Tönen den Einzug ins Kino.

In dieser Zeit war es für Musiker:innen oft verpönt für Filmproduktions-Studios zu arbeiten. Die Tätigkeit wurde oft als minderwertig angesehen. Die Haltung war: Wer wirklich sein Instrument beherrscht, besteht das Probespiel und spielt in einem ordentlichen Kulturorchester.

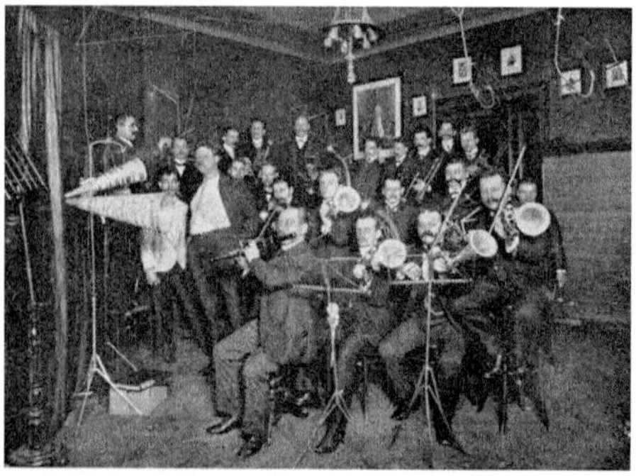

Aufnahme mit Leo Slezak (Foto 1914)

Dabei waren die Anforderungen an die Filmmusiker:innen sehr hoch. Unter Umständen mussten sie mehrere Instrumente beherrschen, spielten meistens solistisch, saßen in einer nicht typischen Ordnung, mussten flexibel sein, sich mit Zusatzgeräten an ihren Instrumenten und an den Aufnahmetrichter gewöhnen. Bis heute ist es traurig, dass die Leistung der Musiker:innen, welche die Filmmusik einspielt haben, nicht anerkannt wird. Manche Hornspieler:innen spielten drei Stunden Filmmusik ein und waren oft (akustisch) präsenter als die Protagonist:innen. Aber nur selten erscheinen ihre Namen im Abspann.

Braucht der Film eine eigene Musik? Charlie Chaplin sagte zuerst „No!". Die vorhandene Musik reiche völlig aus: Melodien aus Werken klassischer Komponisten, Volksmelodien und der neue Sound aus dem Jazz und Lateinamerikanischen. Nur in seltenen Fällen wurde für einen Film eine Originalmusik komponiert.

Ab 1920: Beschallung

Das Kohlemikrofon wird für Beschallungszwecke rege eingesetzt, die Tonqualität ist jedoch problematisch. Sie ist für Musikaufnahmen nicht geeignet, die bislang mit Schalltrichter aufgenommen wurden. Kohlemikrofone werden jedoch weiterhin für Telefone benutzt. Die ersten Radiosendungen und Beschallungen (beispielsweise von öffentlichen Reden von Politikern) fangen zu diesem Zeitpunkt an. Das Kohlemikrofon wird dabei verwendet.

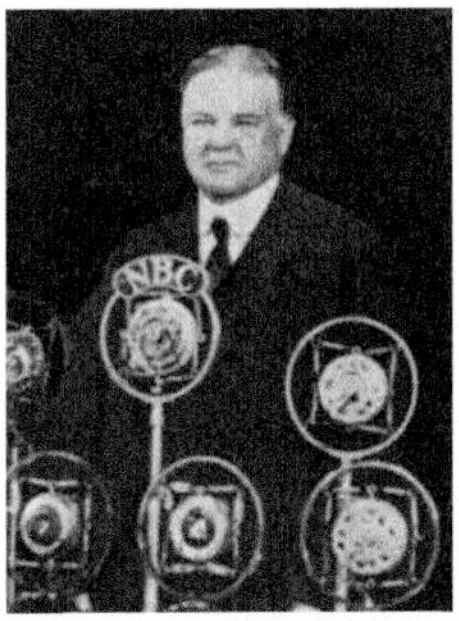

US-Präsident Hoover (1923)

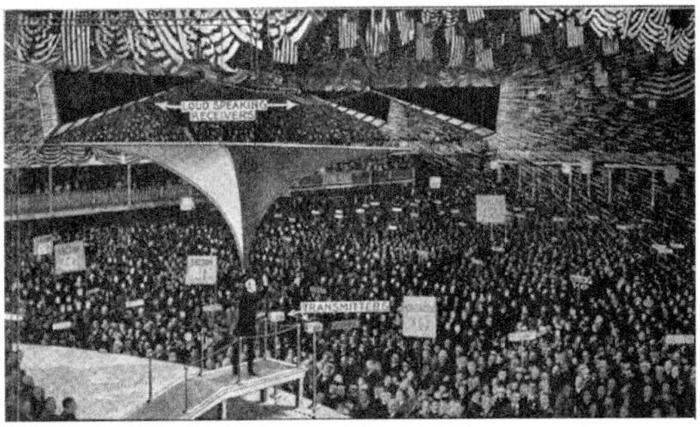
Republican National Convention 1920

Die Mikrofone sind extrem stoßempfindlich. Daher werden sie an Federn bzw. Gummibändern aufgehängt.

1920: Radio

Erste kommerzielle Radioübertragungen finden in den USA statt, ab 1923 auch in Deutschland

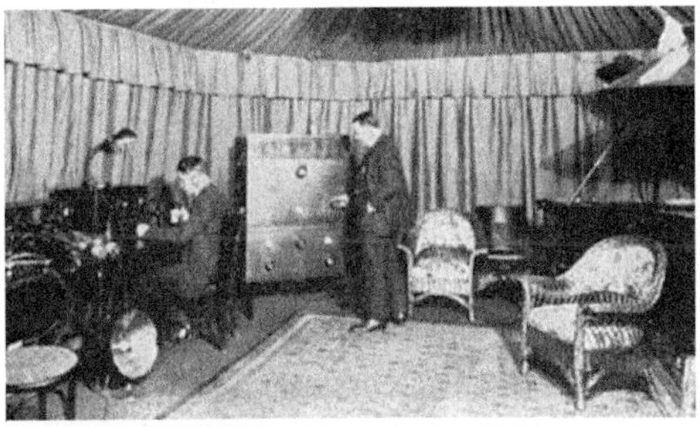
Radiosender WDY in New Jersey, USA

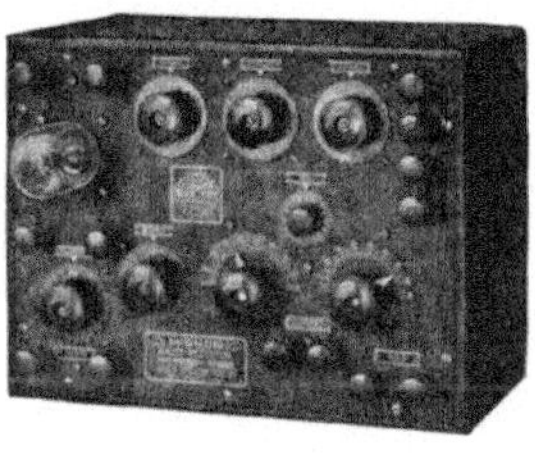
Mignon RW4 Radio Empfänger aus 1920

Ab 1920: Die ersten Geräuschemacher

Um die Radiosendungen interessanter zu machen, werden zusätzlich zu den Sprecher:innen Geräuschemacher:innenbeschäftigt. Im Studio werden, während live gesendet wird, Sounds wie Wind, Türschließen, Fußschritte, etc. gemacht. Geräuschemacher:in = Foley Artist.

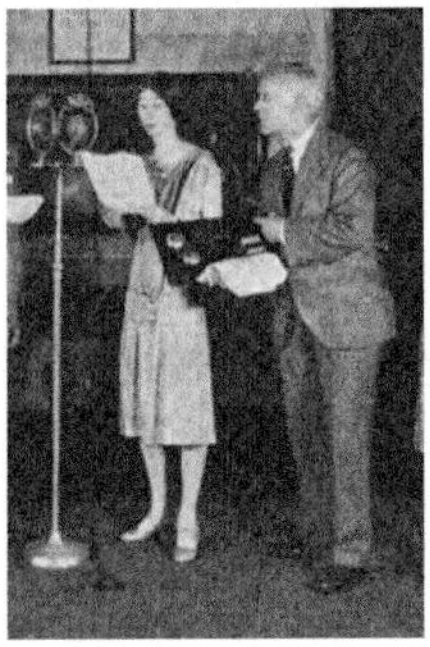

1920: Das Theremin

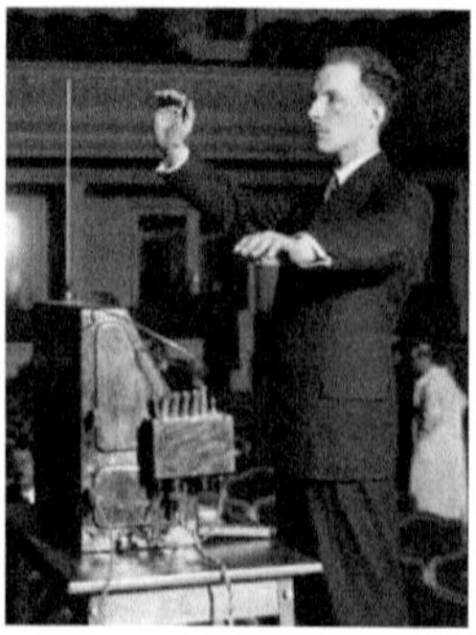
Leon Theremin

Leon Theremin entwickelt und baut das sogenannte *Aetherophone,* später nach seinem Erfinder *Thereminfox* bzw. *Theremin* benannt. Das Instrument hat keine Tastatur, verfügt dafür aber über zwei Antennen. Durch Handbewegungen werden die Tonhöhe und die Lautstärke gesteuert.

Dr. Robert Moog, einer der Supermänner moderner Synthesizertechnik, hat während seines Studiums sogar Bausätze für das Theremin verkauft.

Ein bekanntes Beispiel für den Klang des Theremins ist auf der Schallplattenaufnahme von *Good Vibrations* (1966) von den Beach Boys zu hören.

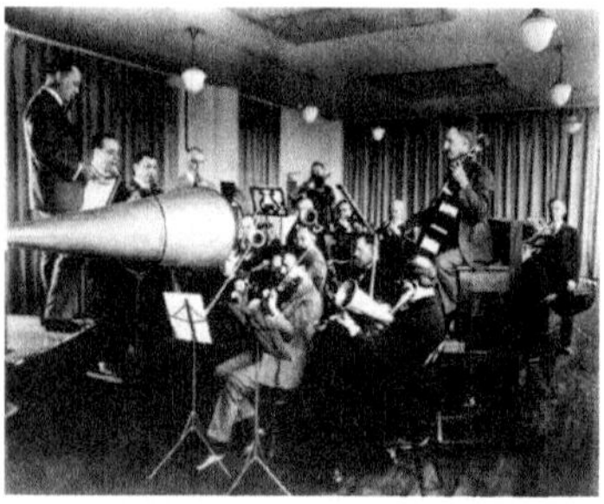

Ab 1920: Aufnahme mit dem Trichter

Die Technologie beim Radio – vom Mikrofon bis zum Lautsprecher bei den Zuhörer:innen zu Hause – ist durchaus elektrisch. Die Sendungen sind live und werden nicht aufgenommen.

Schallplatten werden nur mit physikalischen Mitteln aufgenommen. Der Klang wird von einem Trichter eingefangen und über einen Stylus (eine Nadel) in eine Wachsplatte geritzt. Mit Gips wird ein Abdruck gemacht und damit können die Platten mit Hartgummi hergestellt werden.

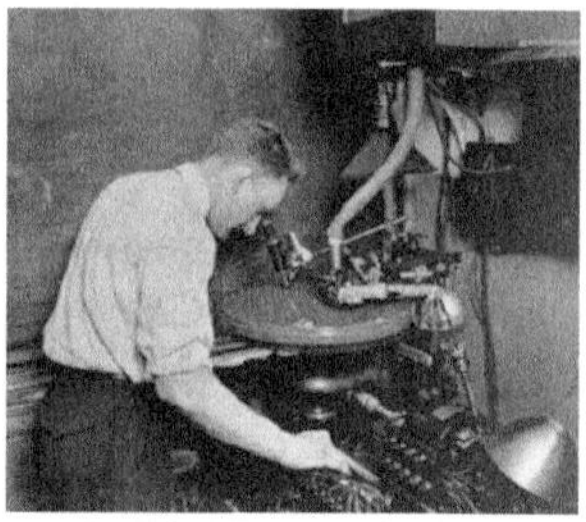

1920s: Trickfilmstudios entstehen

Zeichentrick-Filmstudios werden gegründet. Bekannte Figuren werden erfunden, wie Popeye, Betty Boop, Felix the Cat, und Mickey Mouse. In der Regel wird die Musik nach dem Storyboard und vor der Dreharbeit komplett eingespielt. So konnten die Zeichner die Bewegungen der Musik genau anpassen.

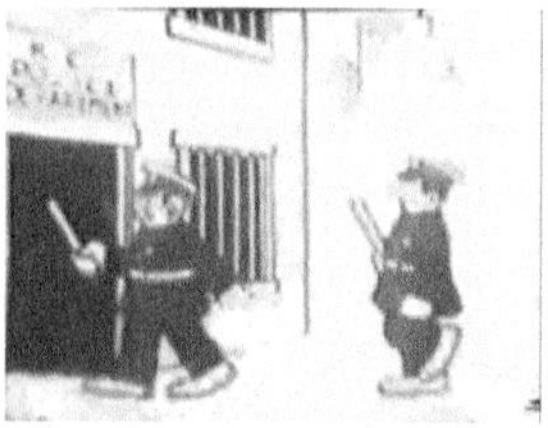
Disneys erster Zeichentrickfilm: **Kansas City's Spring Clean-up** (1921) Die Originalfassung ist ohne Musik.

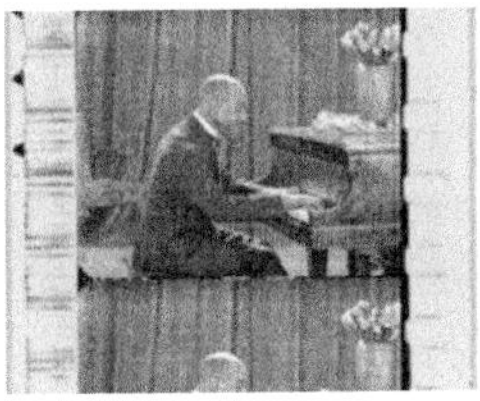

1922: Audio und Film
Die ersten Versuche finden statt, den Ton mit dem Bewegtbild fest zu verankern. Der Lichtton entsteht, sodass das Audio – umwandelt als Bild – auf dem Film als Spur abgelichtet wird. Noch ist die Qualität nicht ausreichend und noch ist eine Synchronisation vom Gesprochenen nicht möglich. Ein bedeutender Forscher ist Lee De Forest.

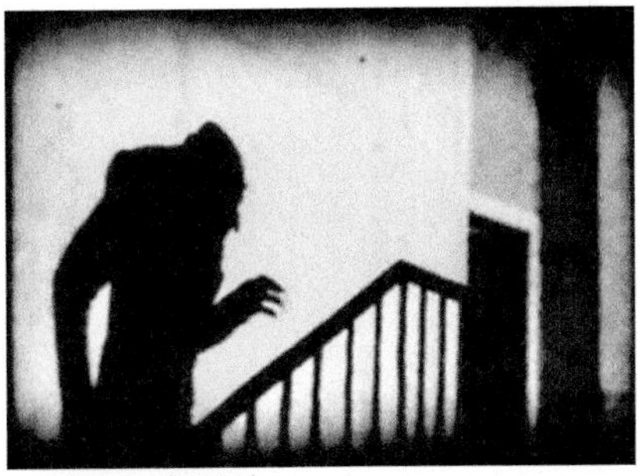

Nosferatu (1922)
Regie: Friedrich W. Murnaus
Musik: Hans Erdmann

1922: Nosferatu
Für ein modernes Publikum ist die Musik harmlos im Vergleich zu der Musik der heutigen Horrorfilme. Anders als erwartet, betont die Musik weniger das Grauen und den Horror. Vielmehr besteht sie aus schlichten Harmonien und volkstümlichen Melodien.

Dennoch ist es bemerkenswert: der Filmkomponist Hans Erdmann hat kaum Vorbilder und muss ein Gleichgewicht zwischen Grusel und Unterhaltung herstellen. Noch ist es unklar, wieviel moderne Klänge und Horrormusik das Publikum vertragen kann.

1922: Tonfilm in Deutschland
In den *Alhambra-Lichtspielen*, dem Kinopalast am Kurfürstendamm in Berlin, wird der erste Tonfilm *Das Leben auf dem Dorfe* nach dem Verfahren von Joseph Engl, Joseph Massolle und Hans Vogt, genannt *Tri-Ergo Lichtton-Verfahren,* gezeigt.

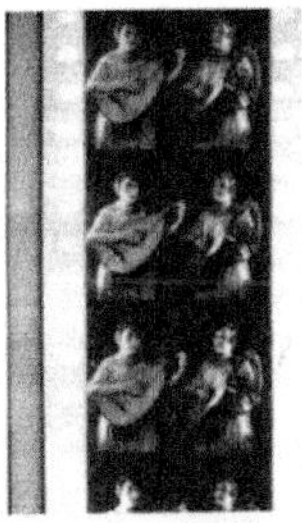

1923: Das Marmorblock-Mikrofon
Georg Neumann und Eugen Reisz entwickeln das sogenannte Marmorblock-Mikrofon (M109), das eine deutlich bessere Klangqualität als die bisherigen Kohlemikrofone ermöglicht. Der erste deutsche Rundfunksender in Berlin verwendet das Mikrofon.

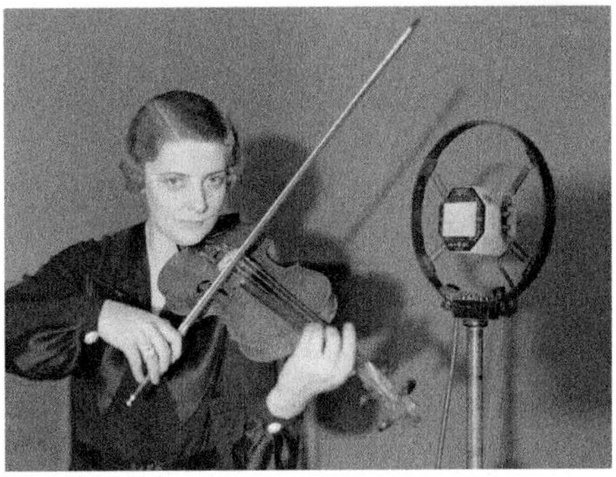

Die 1920er Jahre: Die Qualität der Mikrofone steigt

Western Electric entwickelt ein Mikrofon, das den Ansprüchen der Aufnahmestudios näher kommt. Die bisherigen Mikros sind nur in unmittelbarer Nähe empfindlich und daher nur für Sprachaufnahmen und Soloinstrumente geeignet. Mit dem neusten Mikrofon ist der Empfindlichkeitsbereich deutlich größer und die Nebengeräusche sind erheblich reduziert. So können Ensembles und Bands aufgenommen werden.

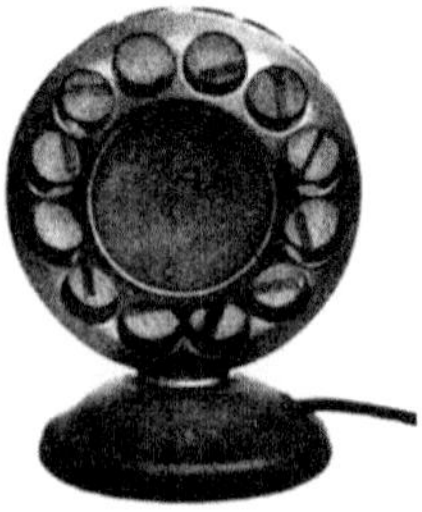

Western Electric 369
(Double Button Carbon)

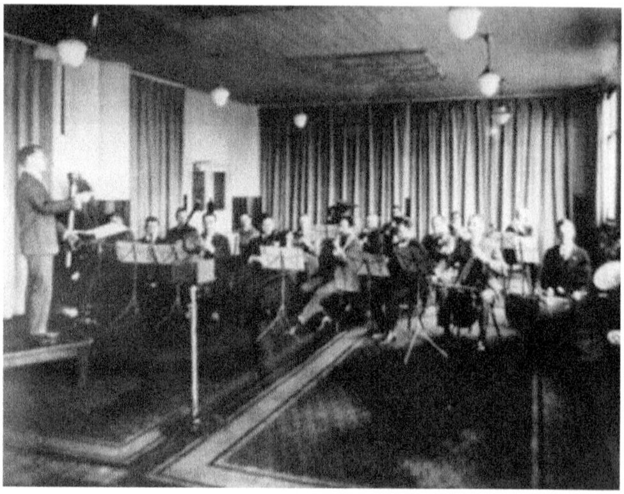

Mitte der 1920er Jahre: Bessere Beschallungsanlagen

Neue Verstärkungsanlagen werden entwickelt, sodass Kinosäle und Theater besser beschallt werden. Die Lautsprecher sind noch vor der Leinwand.

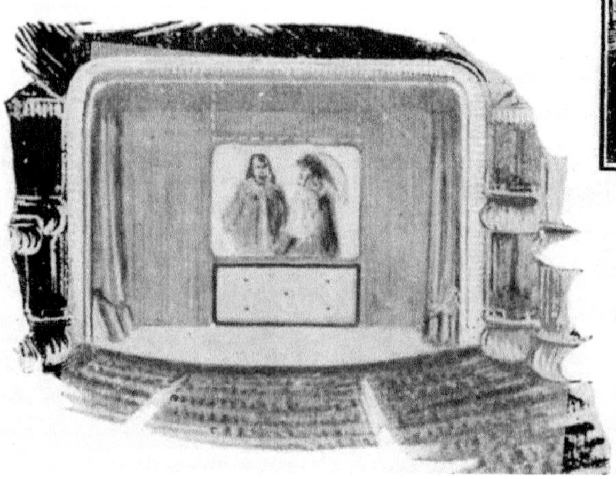

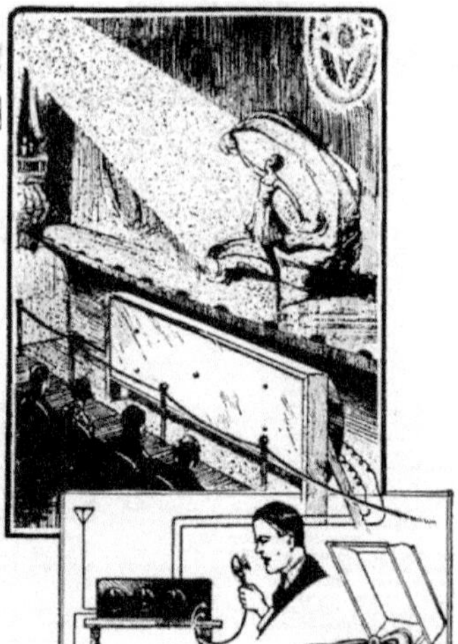

Mitte der 1920er Jahre: Tragbare Plattenspieler
Der Plattenspieler für unterwegs wird populär. In einem handlichen Koffer kann das Gerät überall mitgenommen werden, bei einem Ausflug, Picknick oder Besuch. Musik wird mobil.

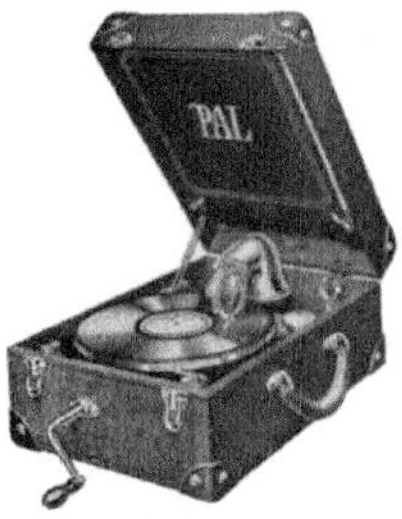

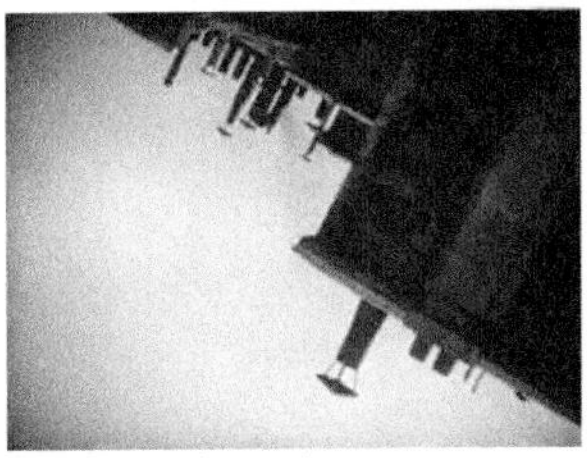

Entr'acte (1924)
Regie: René Clair
Musik: Erik Satie

1924: Entr'acte
In den 1920er Jahren wird mit Film und Musik, besonders in Paris, viel experimentiert. Eine neue Kunstform wird gesucht. 1924 dreht René Clair *Entr'acte*, Erik Satie schreibt dazu die Musik. Der Film ist nur 20 Minuten lang und wird als Zwischenspiel (daher der Titel) in der Ballettinszenierung *Relâche* uraufgeführt. Die Bilder sind experimentell: Zeitlupe, ungewohnte Kameraperspektiven, Mehrfachbeleuchtung, etc. Die Musik ist ebenfalls (für die damalige Zeit) modern aber noch tonal.

1925: Elektrodynamische Lautsprecher
Obwohl bereits 1878 Werner von Siemens einen ähnlichen Lautsprecher entwickelte, wird erst 1925 von Edward Kellog und Chester Rice der Tauchspulensprecher erfolgreich vollendet und auf den Markt gebracht. Dieser Prototyp ist die Grundlage der Lautsprecher von heute.

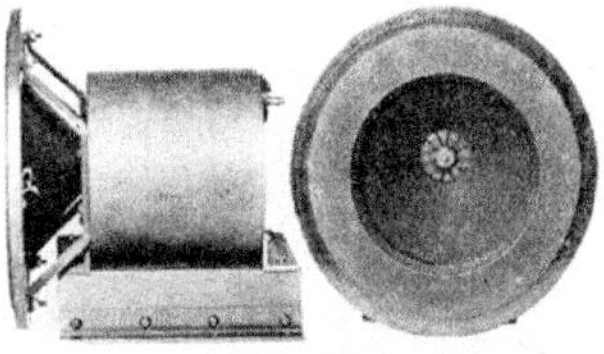

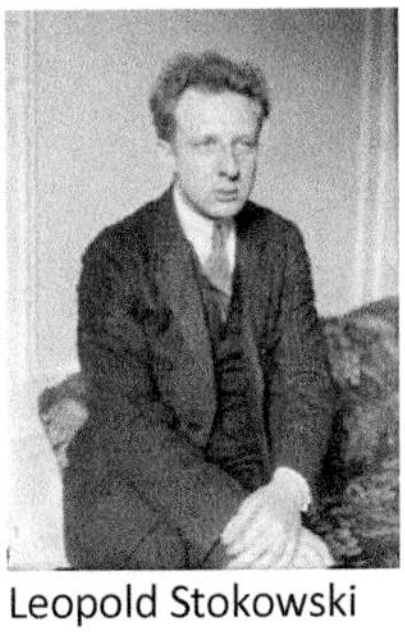

Leopold Stokowski

1925: Erste elektrische Aufnahme
Bisher werden Musik und Sound nur mit Trichter aufgenommen. Die Ingenieure von *Western Electric* entwickeln ein Aufnahmeverfahren mit Mikrofonen, also elektrisch. Leopold Stokowski nimmt *Danse Macabre* von Camille Saint-Saëns mit diesem Verfahren auf. Das Orchester wird auf 40 Musiker:innen reduziert, Timpani wird durch ein Kontrafagott ersetzt, Perkussion wird weggelassen, die Kontrabässe werden gegen eine Tuba ausgetauscht. Stokowski hat das Stück dafür umgeschrieben. Die Aufnahme erscheint als Schallplatte der Firma *Victor*.

1925: Amplitudenverfahren

Das Amplitudenverfahren (Zackenschrift statt Sprossenschrift) wird von *General Electric* patentiert, von *RCA* übernommen und als „Phonophone“ auf den Markt gebracht.

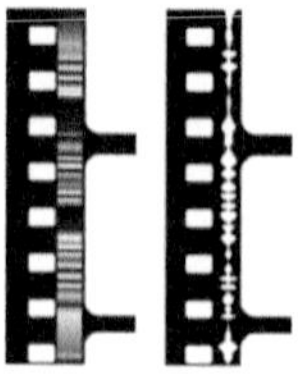

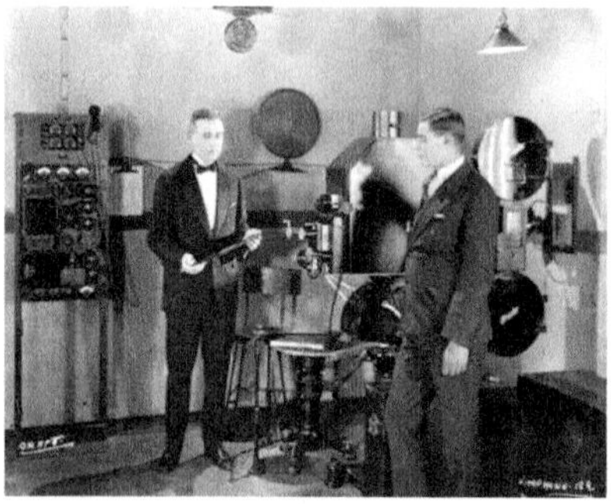

1926: Das Vitaphone

wird von Thomas Edison entwickelt. Neben dem Projektionsgerät steht ein für diesen Zweck entwickelter Plattenspieler. Die Platten aus Schellack sind 16 Zoll im Durchmesser, spielen mit einer Geschwindigkeit von 33 1/3 Drehungen pro Minute (78 war sonst üblich), und produzieren Frequenzen bis 4300 Hz.

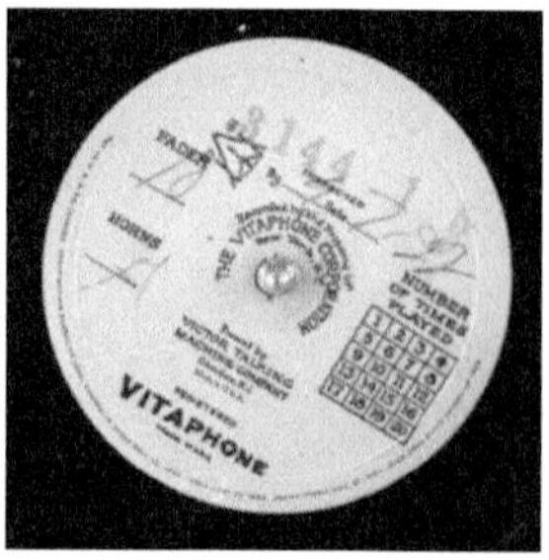

Obwohl die Scheibe größer als zu Hause ist, hat sie eine begrenzte Spiellänge und muss häufig während der Vorführung gewechselt werden. Die Synchronisation ist noch nicht ausgereift. Der Operator muss die Platten zu bestimmten Zeitpunkten während des Films starten. Wenn nötig, muss er mit dem Finger die Drehgeschwindigkeit bremsen oder anschubsen, so ähnlich wie der DJ von heute.

1926: Don Juan

Die Filmmusik wird vom New York Philharmonic Orchester eingespielt. Die Audioscheibe hat eine Wiedergabe von 4300 Hz und darf nur 24-mal abgespielt werden. Der Soundtrack besteht allerdings nur aus wenigen Soundeffekten und Musik. Sprache kann noch nicht synchronisiert werden.

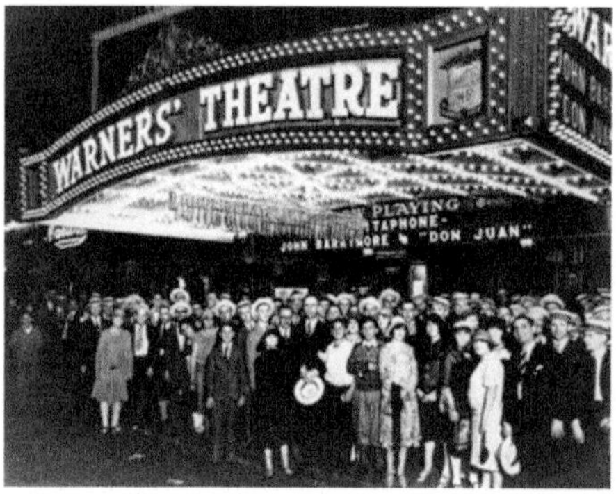

Don Juan (1926)
Regie: Alan Crosland
Musik: William Axt
und David Mendoza

1927: Die Bildleinwand

Erst durch die von Earl Sponable entwickelte poröse Bildwand können die Lautsprecher statt seitlich und auf dem Boden hinter der Bildwand in der Mitte aufgebaut werden.

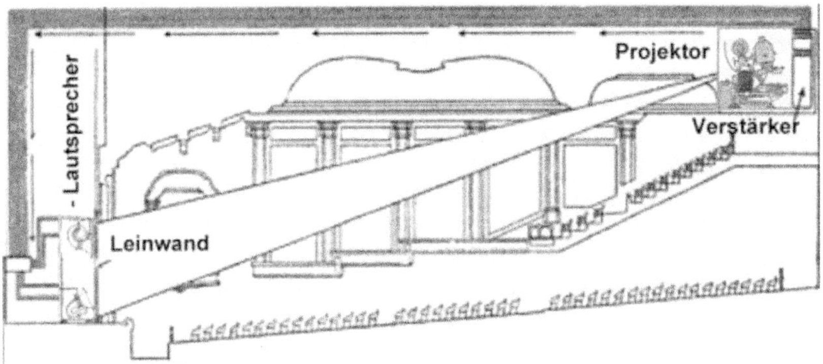

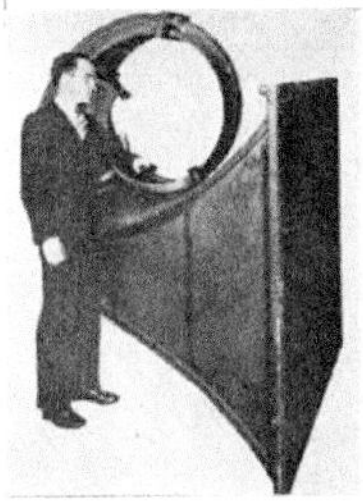

Kinohorn, Western Electric 15A

1927: Handbuch der Film-Musik

Hans Erdmann und Giuseppe Becce bringen ein *Allgemeines Handbuch der Film-Musik* heraus. Darin sind hunderte Themen nach Stimmungen geordnet, wie Nacht, Grauen,Verfolgung, Leidenschaft, Sehnsucht, Anmut, Gebet (eine winzige Auswahl!).

Das umfangreiche Buch umfasst über 3000 Melodien von bekannten Komponisten, Volksmelodien, Epochen- und ethnischer Musik und viel mehr. Beide schreiben Musik für den Film. Becce wurde nach dem Ersten Weltkrieg Chef der Musikabteilung der Decla-Bioscop AG und Dirigent des Filmorchesters, später der UFA.

Nr. 71 Spukhaft

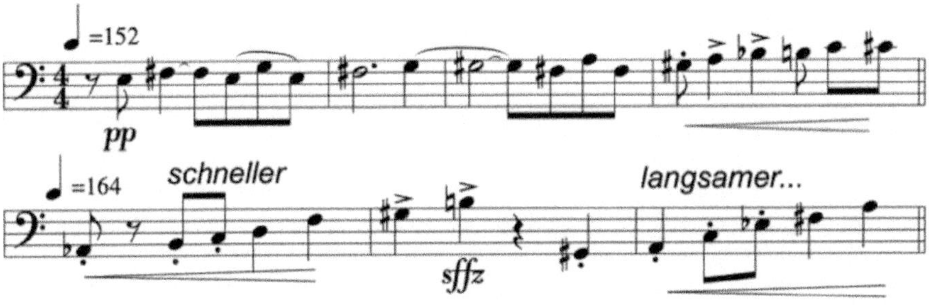

1927: Erster Talkie
The Jazz Singer ist der erste Film, bei dem der Ton (einschließlich Sprache) und das Bild synchronisiert werden.

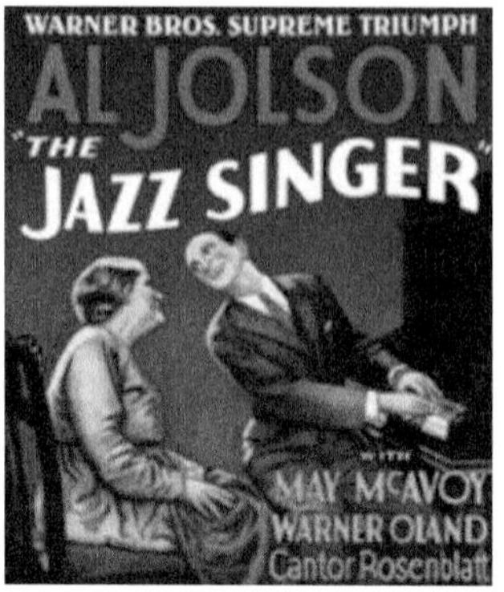

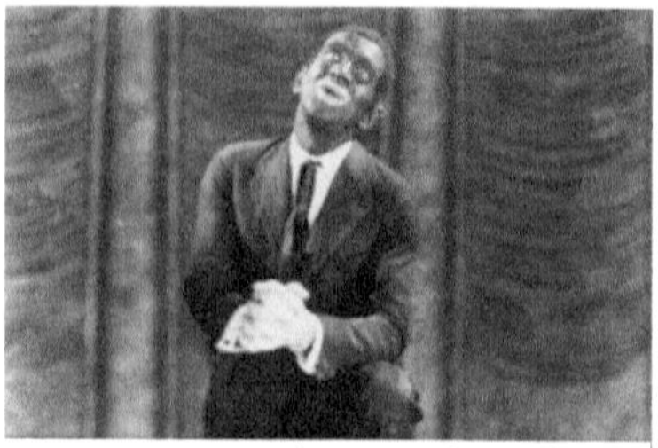

The Jazz Singer (1927)
[Der Jazzsänger]
Mit Al Jolson
Regie: Alan Crosland
Musik: Louis Silvers

1927: Nachrichten mit Sound im Kino
The Fox Film Corporation stellt Nachrichten, Geschichten aus dem In- und Ausland und Features her, die in Kinos gezeigt werden. Bis zu diesem Zeitpunkt sind die Nachrichten im Kino stumm, unterlegt war vielleicht etwas Musik. Nun kommt O-Ton dazu.

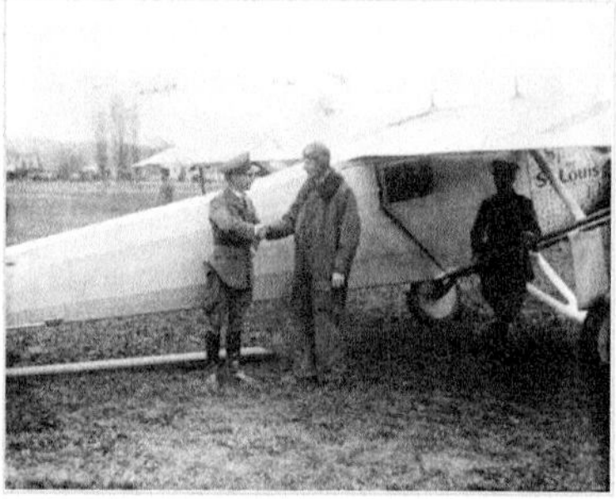

Der erste Beitrag ist der Abflug von Charles Lindbergh in seinem Flugzeug *Spirit of St. Louis* zu seinem ersten transatlantischen Flug. Der Klang des startenden Flugzeugs begeistert das Publikum. Seine heldenhafte Handlung ist durch die Musik unterstützt.

Fox arbeitet mit verschiedenen Studios weltweit, u. a. Gaumont, Pathé und der UFA. Auf diese Weise können gegenseitig Einblicke in verschiedene Kulturen und Länder gewonnen werden.

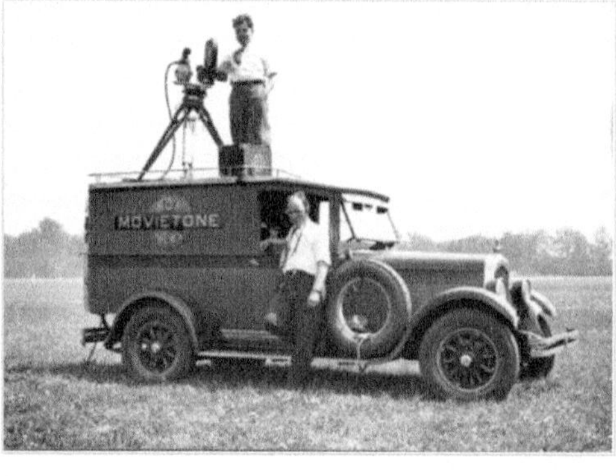

Innerhalb von zwei Jahren wächst eine Flotte von 60 mobilen Einheiten, ausgestattet mit Fahrzeug, Kameras, Stativen und Mikrofonen. Diese sind ständig unterwegs, um Beiträge zu suchen und zu filmen. Zurück in den Fox Studios werden die Clips moderiert, mit Musik unterlegt und relativ zeitnah an die Kinos geschickt.

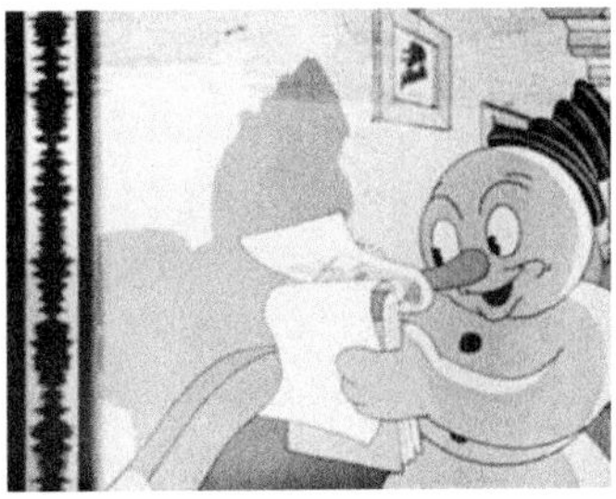

1928: Besserer Sound

Der Lichtton entwickelt sich weiter. Die Qualität nimmt zu. Der Frequenzbereich geht nun bis 8500 Hz. Noch gibt es Schwierigkeiten mit dem Gleichlauf und somit der Tonqualität.

1928: Tobis

Die Tobis Tonbild-Syndikat AG erweitert sich:
Tri-Ergon-Musik-AG (Lichtton) (St. Gallen),
H. J. Küchenmeister-Kommanditgesellschaft (Berlin),
Deutsche Tonfilm AG (Hannover), Messterton AG (Berlin)

1928: Steamboat Willie

Walt Disney gilt als führender Pionier der Zeichentrick Technologie. *Steamboat Willie* ist der erste voll synchronisierte Film mit Musik, Soundeffekten und Sprache als Lichtton.

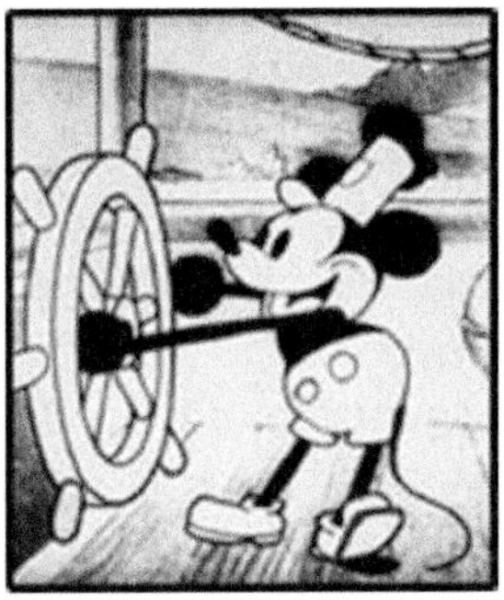

Steamboat Willie (1928)
[Ein Schiff streich durch die Wellen,
seit 1990 *Steamboat Willi*]
Regie: Ub Iwerks und Walt Disney
Musik: Wilfred Jackson und Bert Lewis

1928: Georg Neumann

Georg Neumann & Co. KG wird in Berlin gegründet. Das CMV 3, genannt die *Neumann-Flasche,* ist das erste Kondensatormikrofon der Firma. Das Mikro entwickelt sich zum Standard und wird bei den Olympischen Spielen 1936 rege eingesetzt. Neumann entwickelt weiterhin Mikrofone.

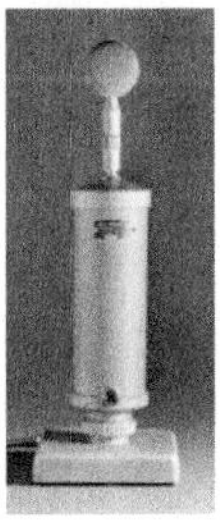

CMV 3

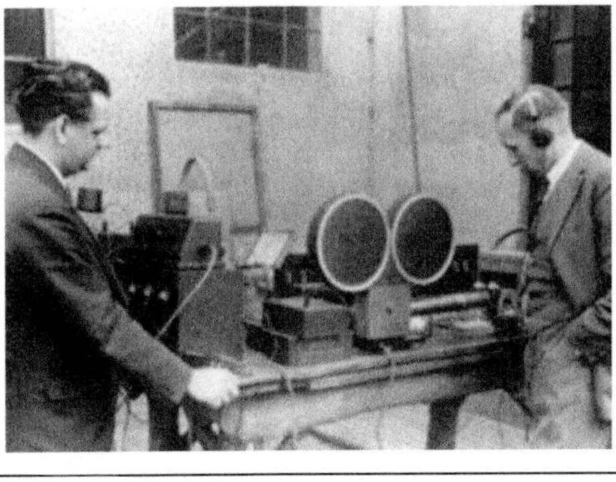

1928: Das „Camera-Box“ Mikrofon
In den USA wird das sogenannte „Camera-Box“, ein Kondensatormikrofon, verwendet. Der Empfindlichkeitsbereich ist deutlich größer als bei den Kohlemikrofonen. Die Musiker:innen haben mehr Platz und die Ensembles können umfangreicher gestaltet werden. Elektrische Mikrofone werden im Rundfunk, zum Beispiel beim National Broadcasting Company (NBC), eingesetzt. Schallplattenaufnahmen werden noch mit dem Trichter aufgenommen.

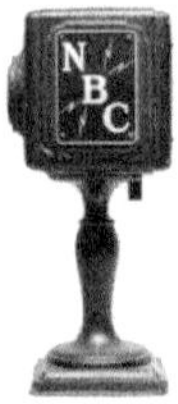

RCA model AA4088

1928: Onder Martenot
Der französische Synthesizer *Onder Musicales* (später *Onder Martenot* getauft) wird im Jahre 1928 erfunden. Der Spieler kann mit einem Band, das an einem Fingerring befestigt ist, die Tonhöhe steuern. Sogar Klangbeeinflussung ist in begrenztem Umfang möglich.

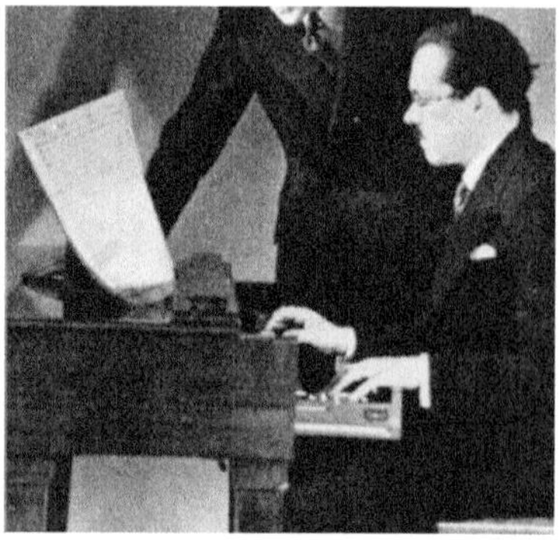
Maurice Martenot

Bekannte Komponisten, wie Dutilleux, Honnegger, Hindemith, Grofe und Messiaen schreiben Stücke für dieses Instrument.
Viele amerikanische Aufnahmen – sogar Radio – und Fernsehwerbung zwischen 1950 und 1960 werden mit dem *Onder Martenot* gestaltet.

1928/1929: Movietone City
Fox Studios baut eine neue Produktionsstätte. Ein riesiges Areal mit vielen Gebäuden, Studios, Büros, Lagerräumen, sogar einem eigenen Krankenhaus entsteht in Hollywood, California. Acht schalldichte Soundbühnen, bestens ausgestattet, symbolisieren die Bedeutung von Audio und Musik für die künftige Filmindustrie. William Fox besitzt bereits einige Patente in den USA und Europa für verschiedenen Formen von Lichtton. Unter dem Markennamen *Movietone* werden Lichtspielhäuser bereits ausgestattet. Die Konkurrenz *Vitaphone* soll abgelöst werden.

1929: Melodie des Herzens
Die UFA produziert ihren ersten Film mit einer kompletten Vertonung und leitete damit das Ende des Stummfilms in Deutschland ein. Der Film wird in mehreren Sprachen gedreht und wird weltweit gefeiert.

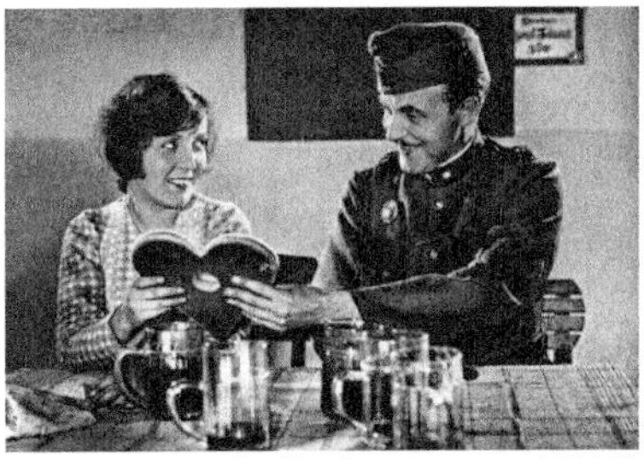

Melodie des Herzens (1929)
Produzent: Erich Pommer
Regie: Hanns Schwarz
Musik: Werner Richard Heymann und mehr

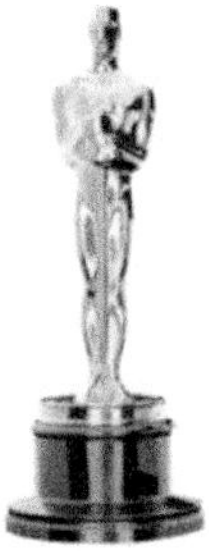

1929 Mai 16: Erster Oscar
Die Academy of Motion Picture Arts and Sciences verleiht zum ersten Mal einen Oscar. *Wings* ist einer der letzten Stummfilme.

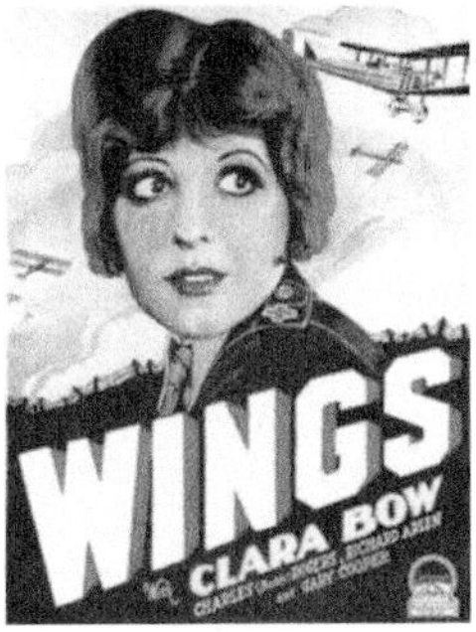

Wings (1927)
[Flügel aus Stahl]
Regie: William A. Wellman
Musik: J.S. Zamecnik

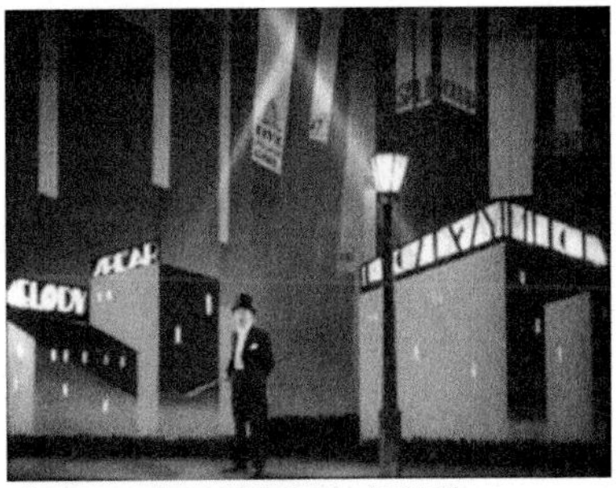

The Broadway Melody (1929)
Regie: Harry Beaumont
Musik: Nacio Herb Brown
George M. Cohan
Willard Robison

1929: Vollsynchronisation
The Broadway Melody ist der erste voll synchronisierte Realfilm mit Musik, Sounds und Sprache/Gesang.

Anders als bisher: Wenn eine Szene neu gedreht werden muss, werden die originalen Audioaufnahmen nochmals verwendet. Die Schauspieler tun so, als ob sie singen. So entsteht das erste Playback. Der Film erhält 1930 einen Oscar für den besten Ton.

= = = = = = = = = = = = =

Die 1930er Jahre: Das Hörerlebnis

= = = = = = = = = = = = =

= =

Die 1930er Jahre: Das Hörerlebnis

= =

Die Ereignisse im Lichtspielhaus sind nicht nur bildliche, sondern auch musikalische geworden. Mit der Synchronisierung werden Bild und Ton endgültig untrennbar. Die Praxis des Live-Spielens trägt sich jedoch in den 30er Jahre hinein, die Ablösung durch Playback ist nicht mehr aufzuhalten. Die technische Voraussetzung für Musik mit Qualitätsansprüchen konnte geschaffen werden. Die Aufnahme- und Wiedergabeverfahren erreichen neue Standards.

Die Entwicklung geht weiter, die Experimentierfreudigkeit nimmt zu und die Gefahr des Missbrauchs im Sinne einer Meinungsbeeinflussung wächst. Kino wächst zu einem Medium, das weitaus mehr als reine Unterhaltung ist.

Close-up: Die Stille von *All Quiet On the Western Front*

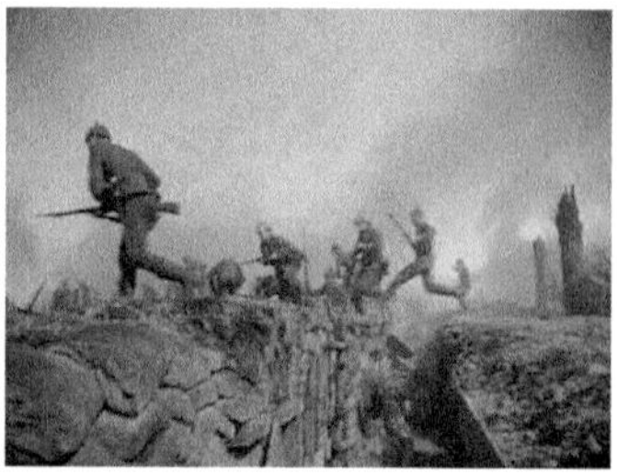

Als die Kampfhandlungen des ersten Weltkriegs per Waffenstillstand eingestellt wurden, war Erich Remark, 20 Jahre alt, noch in Uniform. Durch einen Granatsplitter verletzt und gerade aus dem Militärkrankenhaus entlassen, ging er aber zu seiner Einheit zurück. Ihm wurde das Eiserne Kreuz 1. Klasse verliehen. Erst im Januar 1919 wurde er von der Armee entlassen.

Schon während seiner Zeit im Lazarett arbeitete er an seinem ersten Roman. Zehn Jahre später veröffentlichte er den Roman *Im Westen nichts Neues*, eine Kriegsgeschichte mit einigen autobiografischen Aspekten, unter dem Namen Erich Maria Remarque.

Diese Erzählung, die jeder Euphorie für Krieg entbehrt, brachte ihm Feinde. Nicht alle, besonders aber die aufkommenden Nationalsozialisten, teilten seine eher nüchterne Darstellung des Kriegsgeschehens nicht. Der Roman habe zu wenig Heldenhaftigkeit, Siegesgefühl, Schlagkräftigkeit, Loyalität und Nationalbewusstsein. Remarque geriet in Konflikt mit den Nationalsozialisten.

Der Hollywood-Produzent Carl Laemmle Jr. von Universal Pictures, der ursprünglich aus Oberschwaben stammte, griff Remarques Roman auf und drehte mit dem Regisseur Lewis Milestone den Film *All Quiet on the Western Front [Im Westen nichts Neues].*

Ende der 1920er Jahre kommt es zu einer gewaltigen Umstellung in der Filmbranche. 1927 kam *The Jazz Singer [Der Jazzsänger]* auf den Markt, der erste

Talkie als Kassenschlager. Das Ende der Stummfilm-Ära wurde eingeläutet. Trotz aller Begeisterung des Kinopublikums, war die Transition nicht von heute auf morgen möglich. Viele Kinos konnte sich die teure Nachrüstung für Ton nicht erlauben.

So entschieden die Macher zwei Fassungen zu produzieren: eine synchronisierte Fassung mit (wenig) Sprache und Soundeffekten und eine Fassung als Stummfilm.

Mit Blick auf die damaligen Tonsysteme für Kino, stand Laemmle vor einer neuen Herausforderung. Es gab drei Möglichkeiten für die Sound/Musik Wiedergabe im Kino:

Live mit Klavier (oder Ensemble)
Schallplatten (synchronisiert mit dem Projektor)
Lichtton (eine Spur auf den Filmstreifen)

Da die Filmspulen eine begrenzte Länge hatten, entstand eine lästige Pause während des Abwickelns der verbrauchten Spule und des Neu-Einfädelns des neuen Filmstreifens. Das fand relativ oft im Laufe eines Filmabends statt. Größere Kinos hatten zwei Projektoren um die Pausen möglichst kurz zu halten.

Von einem musikalischen Standpunkt aus war das Live-Spiel somit noch die beste Filmmusik. Die Übergänge zwischen Filmspulen wurden geglättet. Wenn die Maschinen hakten oder zu spät starteten, konnte der:die Pianist:in die Verzögerung kaschieren. Dies bedeutete jedoch, dass die Qualität der musikalischen Begleitung von der Virtuosität des:der Klavierspieler:in vor Ort abhängig war. Wie der:die Organist:in in der Kirche, kann ein:e schlechte:r Pianist:in Besucher:innen vertreiben.

Der:die Kinopianist:in war ein Auslaufmodell, das mit Plattenspielern abgelöst wurde. Erst mit einer Erfindung von Thomas Edison, dem Vitaphone, konnte einen Soundtrack mit Sprache, Soundeffekten und Musik effektiv verwendet werden. Der Projektor und der Plattenspieler konnten nun gleichzeitig gestartet werden. So konnten Bild und Audio (halbwegs) synchronisiert werden.

Lichtton hatte sich noch nicht durchgesetzt, war aber letzten Endes der Garant für eine tadellose Synchronisierung von Bild und Sprache.

Das Audio musste trotzdem auf die Länge der Spule produziert werden. Die Musik musste mit einem Schlusston versehen werden, Sprache und Atmo-Töne mussten ausklingen ehe die Platte zu Ende ging, also alle elf Minuten.

Die zwei Fassungen von *Im Westen nichts Neues* sind keinesfalls gleich gestaltet. Zum Teil sind es unterschiedlichen Bilder, andere Szenenschnitte und vor allem ganz verschiedene Audiogestaltungen.

Bei der „stummen" Fassung war die Gestaltung mit O-Tonsimulation oder nicht expliziten Dialogen nicht möglich. Daher hatte die Musik von Sam Perry und Heinz Roemhild die besondere Rolle, die Stimmung zu vermitteln, und zwar als eigene Erzählebene.

Bei der Tonfilmfassung entschieden sich die Produzenten dagegen bewusst gegen eine musikalische Gestaltung. Vielmehr sollten die Geräusche des Kriegs zu Gehör kommen. (Das Aufnehmen von Bombenexplosionen fand zum ersten Mal während des Ersten Weltkriegs statt.) Eine musikalische Begleitung und eine O-Tonsimulation würden mindestens zwei Tonspuren benötigen, eine Audiotechnologie, die noch in der Entwicklung war.

So ist bei dieser Fassung nur am Anfang Musik, und zwar festliche Marschmusik. Dafür gibt es eine detaillierte Soundgestaltung. Die Kampfszenen sollten so realistisch wie möglich wirken. Dazu gehörten Explosions-, Gewehr- und Maschinengeräusche.

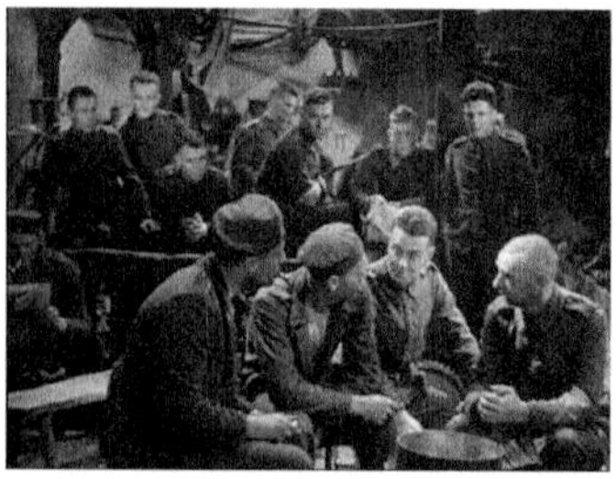

Daher wurde die endgültige Kinofassung mit einer umfassenden Audiogestaltung herausgegeben. Sprache und Atmos sind genau aufeinander abgestimmt, wie zum Beispiel in der Frontunterkunft. Die Soldaten warten auf den Einsatz (und Essen), spielen dabei Karten und reden miteinander. Im Hintergrund fallen Bomben. Die Explosionsgeräusche wurden zuerst auf Schallplatten aus Wachs aufgenommen, das Timing und die Lautstärke (entsprechend der Nähe des imaginären Einschlags) mussten auf die gesprochenen Texte genau abgestimmt werden.

Beim Dreh im Studio wurde das Audio im Hintergrund abgespielt. Die endgültige Audiospur, also Sprache und Explosionsgeräusche gleichzeitig, wurde dann wieder auf Platte aufgenommen. Nur eine genaue Choreographie aus Dialogen und O-Ton machte es möglich solche Szenen zu drehen.

Die Kampfhandlungen im Feld hatten nur Atmos (keine Dialoge). So konnte die Geräuschkulisse sogar nach dem Bildschnitt produziert werden.

Beide Fassungen wurden hoch gelobt. Bis heute wird diskutiert, welche der beiden besser ist. Die Sprachfassung gewann zwei Oscars, für den besten Film und die beste Regie, und war weltweit erfolgreich. Die „silent" Fassung geriet in Vergessenheit. Mehrere Schnittfassungen wurden für verschiedene Länder Anfang der 1930er Jahre gefertigt.

Als der Film in Deutschland gezeigt werden sollte, wurde *Im Westen nichts Neues* auf 85 Minuten geschnitten. Bestimmte Szenen wurden gestrichen, die Namen der jüdischen Mitwirkenden wurden entfernt.

Es gab erheblichen Widerstand, den Film zu zeigen, obwohl in der Fassung von 1930 keine deutsch-feindlichen Darstellungen sind. Vielmehr entsprechen die Figuren nicht der Vorstellung der national-sozialistisch geprägten Funktionäre von tapferen Soldaten. Auch die Tatsache, dass Produzent und Regisseur jüdischer Abstammung waren fand Anstoß. Vor allem: eine pazifistische Tendenz, gar eine Anti-Kriegshaltung, war nicht gewollt.

Joseph Goebbels, damals Gauleiter in Berlin, organisierte eine massive Kampagne gegen den Film. Die SA organisierte Schlägereien vor den Aufführungen, Stinkbomben wurden im Kinosaal gezündet, sogar Mäuse wurden im Kino freigelassen.

Mit der Machtergreifung wurde *Im Westen nichts Neues* endgültig verboten. Remarques Bücher wurden bei der Bücherverbrennung 1933 öffentlich ins Feuer geworfen. 1938 wurde seine Staatsbürgerschaft aberkannt. Ein Jahr später emigrierte er nach Amerika.

Neuverfilmungen fanden 1979 und 2022 statt. Die aktuelle Fassung, eine deutsche Produktion, wurde von der Academy für 9 Oscars nominiert, unter anderem für die Beste Musik (Original Score von Volker Bertelmann) und Bester Sound.

David Broekman (1899–1958)
stammte aus den Niederlanden, studierte dort und war Dirigent und Komponist. Er emigrierte in den 1920er Jahren in die USA.

Heinz Roemhild (1901–1985)
war ein amerikanischer Komponist. Er schrieb die Musik zu vielen Filmen, oft wurde die Musik ohne Nennung im Abspann aus dem Archiv (sogenannte „stock music“) der Universal Studios verwendet. Er wurde mehrfach für seine Filmmusik ausgezeichnet und gewann 1943 einen Oscar für die beste Filmmusik.

Sam Perry (1884–1936)
wurde in der Ukraine geboren, studierte Musik in Wien und wurde Konzertpianist. Durch David Broekman kam er zu Universal Studios und wurde sein Assistent.

1930: UfA Tonwoche

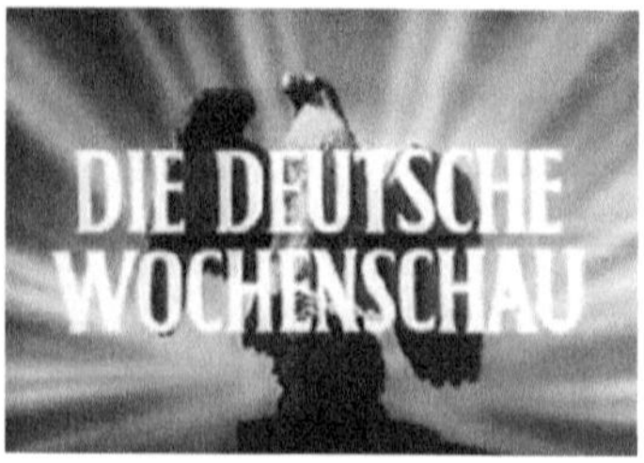

Die UfA-Tonwoche bringt bis Juni 1940 Nachrichten in den Kinos. Es werden politische, militärische, kulturelle und sportliche Ereignisse aus Deutschland und dem Ausland gezeigt. Die Tonwoche wird von der Wochenschau abgelöst. Die Berichte werden mit Musik unterlegt.

1930: Pariser Tonfilmfrieden

In Europa einigen sich die Filmgesellschaften über Filmformate, Vertriebsgebiete, Tonfilmverfahren und sogar Patentaustausch zu Entwicklungszwecken. Ein Meilenstein für die Filmindustrie.

Bis dahin hatten die Vertriebsgesellschaften unterschiedliche Filmformate. Filmbreite, Bildgeschwindigkeit, Tonverfahren, unterschiedliche Perforierung waren nicht einheitlich, sodass ein Kino entweder Filme einer Gesellschaft zeigen konnte oder mehrere Projektionssysteme mieten musste.

1930: Kino zuhause

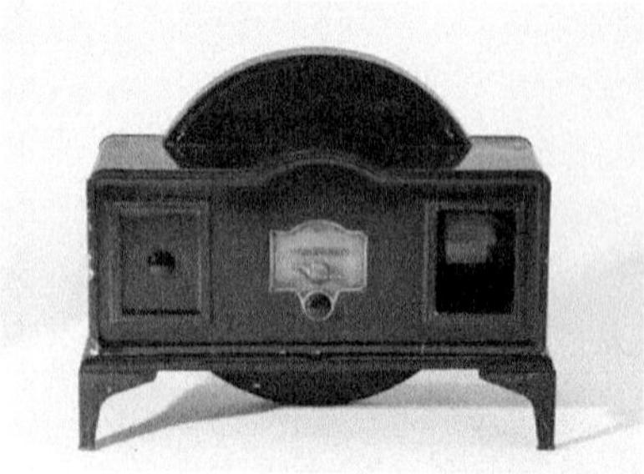

Die erste Prototypen des Fernsehers werden bereits 1926 vorgeführt, u. a. von John L. Baird. Ab 1930 strahlt die BBC die ersten Fernsehprogramme mit 30 Bildzeilen und 12,5 Bildern/Sekunde aus. Baird ist auch in Deutschland bei der Entwicklung des Fernsehens tätig. Die ersten Sendungen werden 1935 ausgestrahlt. Baird experimentiert auch mit Farb- und 3D-Fernsehen.

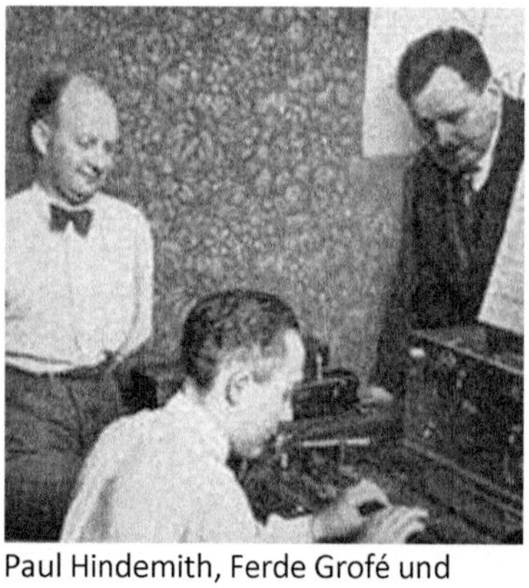

Paul Hindemith, Ferde Grofé und Oscar Sala mit dem Trautonium

1930: Das Trautonium

In Deutschland entwickelt Friedrich Trautwein im Jahre 1930 das Trautonium. Die monofone Version wird später als Mixtur-Trautonium duophonisch (zweistimmig) herausgebracht. Diesem Instrument haben sogar Richard Strauss und Paul Hindemith Rollen in ihren Werken gegeben.

1931: Bester Film
All Quiet on the Western Front erhält von der Academy of Motion Picture Arts and Sciences die Auszeichnung für den Besten Film und die Beste Regie. Der Film wird in Deutschland nur eine Woche lang zugelassen und dann verboten. SS-Männer von Goebbels hindern das Publikum am Einlass und verprügeln Kinogäste.

Remarques Bücher werden 1933 bei der Bücherverbrennung ins Feuer geschmissen.
Er emigriert 1939 in die USA.

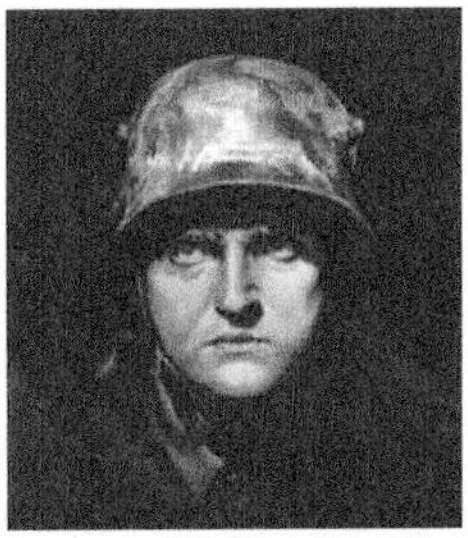

All Quiet on the Western Front (1930)
[Im Westen nichts Neues]
Regie: Lewis Milestone
Buch: Erich Maria Remarque

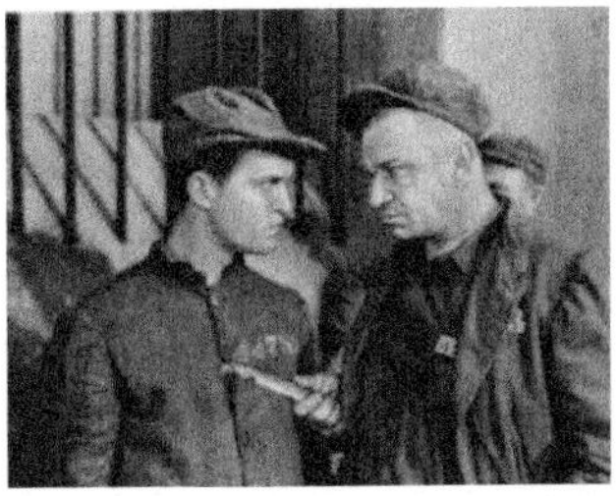

1931: Oscar für den besten Ton
geht an Douglas Shearer und MGM Studio Sound Department. Shearer ist einer der Pioniere des Kinosounds. Er erhält im Laufe der Jahre mehrfach diese Auszeichnung.

The Big House (1930) *[Hölle hinter Gittern]*
Regie: George W. Hill, Musik: Louis Silvers

1931: Abbey Road Studios
Die deutsch-amerikanische Firma Gramophone Company (gegründet von Emil Berliner) baut in einem 100 Jahre alten Haus in London ein Tonstudio. Mit einer Aufnahme von *The Land of Hope and Glory* (aus *Pomp & Circumstance*) eröffnet das London Symphony Orchester unter Leitung von Edward Elgar die legendären Abbey Road Studios.

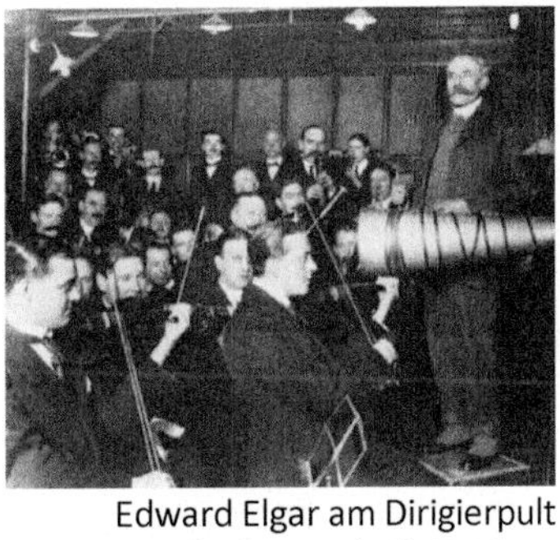

Edward Elgar am Dirigierpult
Die Aufnahmetechnik: Trichter

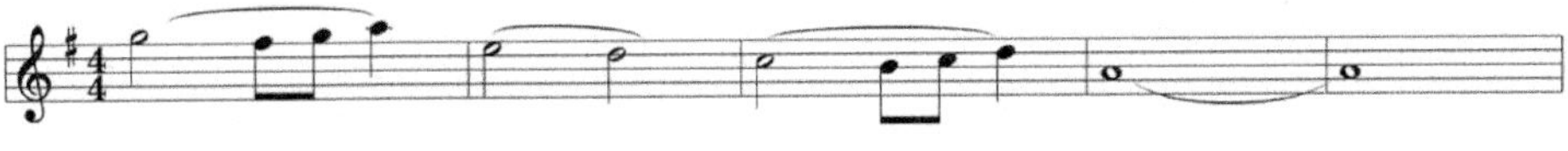

Elgar nimmt dort viele weitere Werke auf, unter anderem mit Yehudi Menuhin. Menuhin bleibt den Abbey Road Studios über Jahre treu und nimmt dort über 250 Werke auf. Die Abbey Roads Studios zeichnen sich als Ort ständiger technischer und künstlerischer Entwicklung aus. Viele Persönlichkeiten aus der Musikszene, unter anderem die Beatles, haben hier aufgenommen und viele technische Erneuerungen wurden hier erfunden oder entwickelt.

1931: Bändchenmikrofon (Ribbon microphone)
Harry F. Olsen von RCA entwickelt eines der ersten Mikrofone dieses Typs. Für die Musikindustrie ist dieses Mikrofon von besonderer Bedeutung. Die Entfernung zum Mikro muss nicht gleichbleibend eingehalten werden. Der Aufnahmebereich ist größer, sodass der:die Sänger:in/Sprecher:in sich bewegen kann. Sänger wie Bing Crosby und Frank Sinatra nannte man *Crooner*.

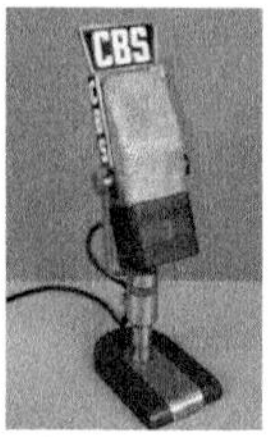

RCA-44

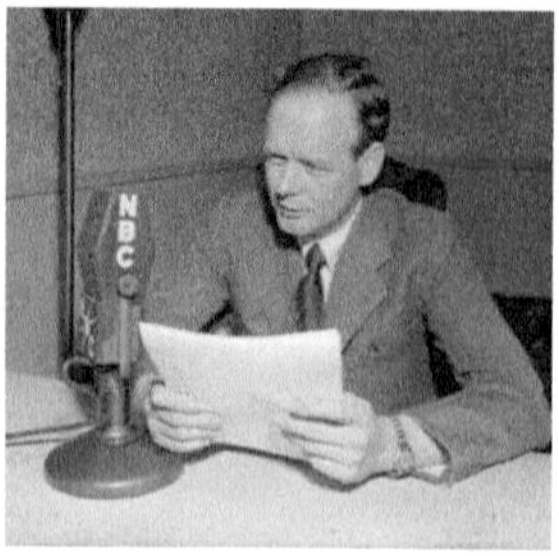

Charles Lindbergh am Mikrofon

1931: Die erste Langspielplatte
RCA produziert Schallplatten mit einer schnelleren Drehgeschwindigkeit. Mit 33 1/3 Umdrehungen pro Minute war es möglich längere Stücke abzuspielen. Das Material (Schellack) war bei dieser Geschwindigkeit anfälliger, sodass die bisherige Geschwindigkeit von 78 Umdrehungen pro Minute bis Ende der 1940er Jahre Standard blieb.

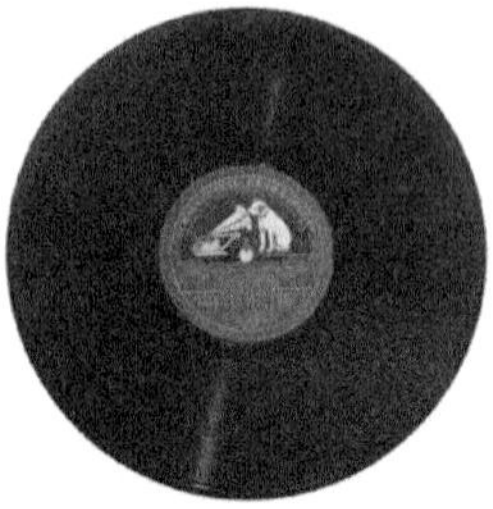

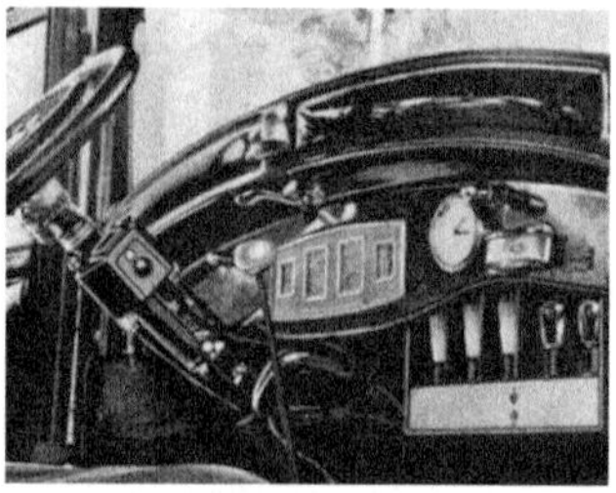

1932: Autoradios
Obwohl Autoradios aus Amerika bereits bekannt sind, sind sie auf dem deutschen Markt erst 1932 erhältlich. Auf der Internationalen Funkausstellung (IFA) 1932 in Berlin stellt die Firma Ideal (später Blaupunkt genannt) ihr Radio vor.

1933: Mickey-Mousing
Mit dem Film *King Kong* schreibt der Filmkomponist Max Steiner Geschichte. Er vertont einzelne Bewegungen (zum Beispiel als King Kong die weiße Frau kitzelt) mit nicht-melodischen Tonfolgen. Dadurch soll die Bewegung hervorgehoben werden.

King Kong (1933)
[King Kong und die weiße Frau]
Regie: Merian C. Cooper
und Ernest B. Schoedsack
Musik: Max Steiner

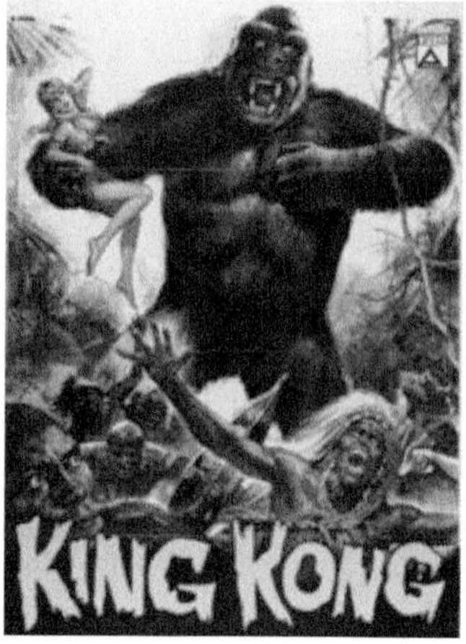

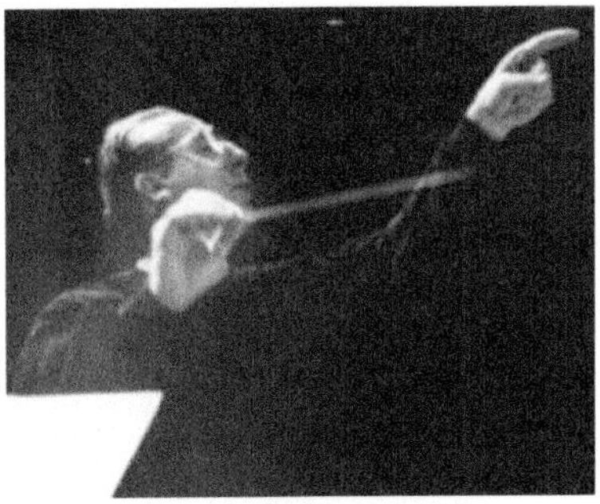

Franz Waxman, Filmkomponist
(Frankensteins Braut, Sunset Boulevard, Rear Window, MGM-Fanfare)

1933: UFA entlässt Juden
Zahlreiche Mitarbeiter:innen und Künstler:innen mit jüdischem Hintergrund werden von der UFA entlassen. Viele emigrieren in die USA, u. a. Fritz Lang, Peter Lorre, Franz Waxman und Billy Wilder.

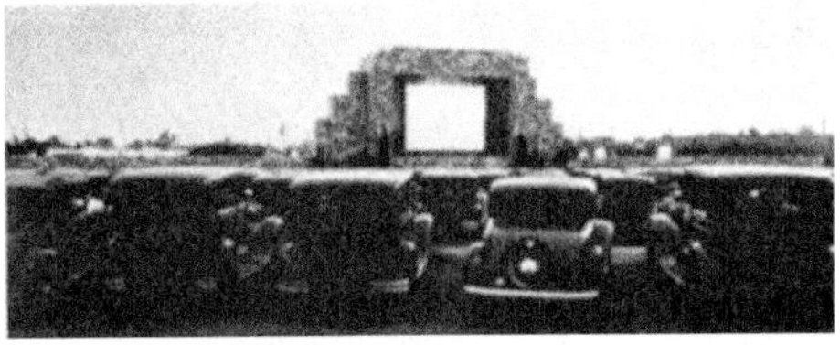

1933: Die ersten Autokinos
in den USA.

Erst 1960 können Autokinos sich in Deutschland etablieren.

1934: Hammond Orgel
Laurens Hammond patentiert seine elektrische Orgel. Sie kann sich gegen die Kirchenorgel nicht durchsetzen, wird aber von der Jazzszene stark eingesetzt.

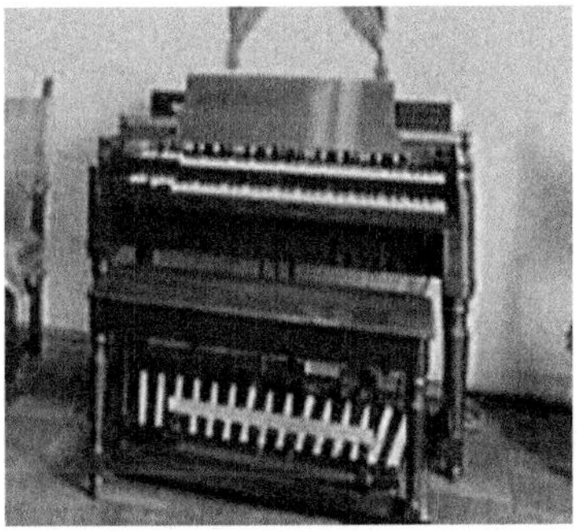

Der Leslie-Lautsprecher (von Don Leslie erfunden), der den Hammond-Sound sehr prägt, kommt in den 1960er Jahren dazu. Durch rotierende Teile in den Lautsprechergehäusen entsteht ein sogenannter Doppler-Effekt, eine schwebende Tonhöhenveränderung.

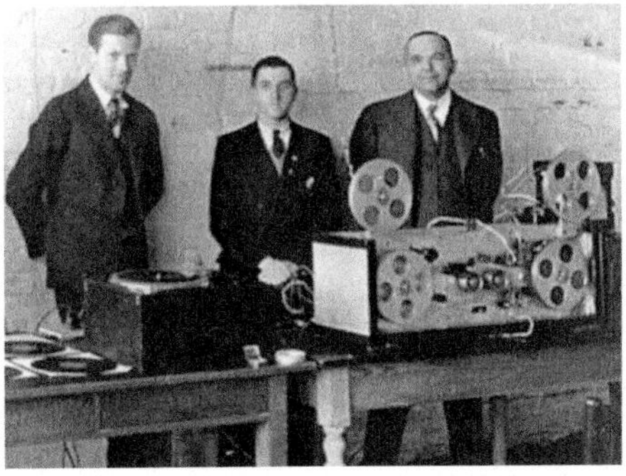

1935: Das erste Tonbandgerät
entwickelt von AEG
(das sogenannte Magnetophon)

1935: Auszeichnung für die Beste Musik
Zum ersten Mal verleiht die Academy of Motion Pictures einen Oscar für die beste Filmmusik.

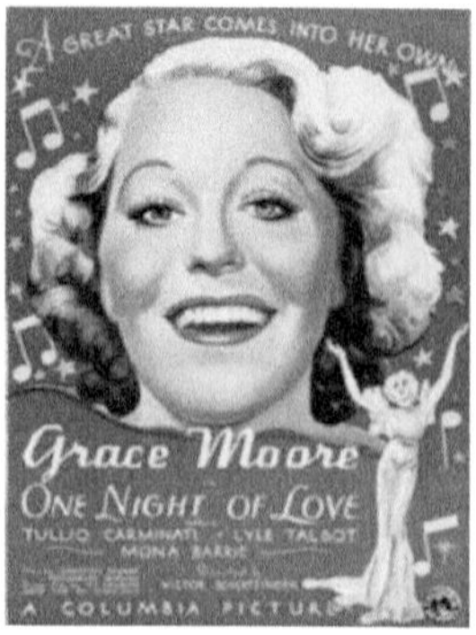

One Night of Love (1934)
[Das leuchtende Ziel]
Regie: Victor Schertzinger
Musik: Alfred Neuman, Louis Silvers und Victor Schertzinger
Ein Musicalfilm

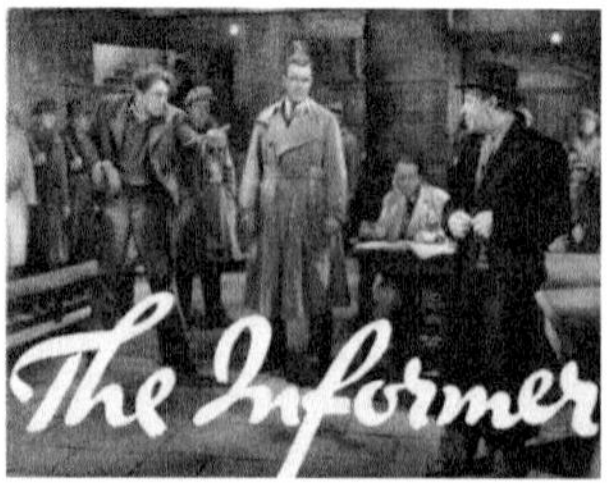

The Informer (1935)
[Der Verräter]
Regie: John Ford
Musik: Max Steiner

1935: Max Steiner
Mit dem Film *The Informer* komponiert Max Steiner eine vollständige Begleitung mit Orchester und prägt den Sound und die Bedeutung von Filmmusik nachhaltig. Er erhält dafür 1936 einen Oscar.

1935: Leni Riefenstahl
Triumpf des Willens wird uraufgeführt. Leni Riefenstahl geht neue Wege bei der Dreharbeit. Die Kameras werden auf die Fahnenmasten montiert, Kameramänner fahren Rollschuh, Nachtaufnahmen und Nahaufnahmen von Hitler schaffen eine bis dahin unbekannte Nähe zu einem Staatsoberhaupt.

Als René Clair, ein prominenter französischer Regisseur, den Film in New York zusammen mit Charlie Chaplin anschaut, erkennt er die Macht des Bildes/des Kinos und ist entsetzt. Riefenstahl bezeichnet ihr Werk als Dokumentarfilm. Die subjektive Darstellung und Gesamtgestaltung dient erheblich der Wahrnehmung und der Meinungsbeeinflussung.

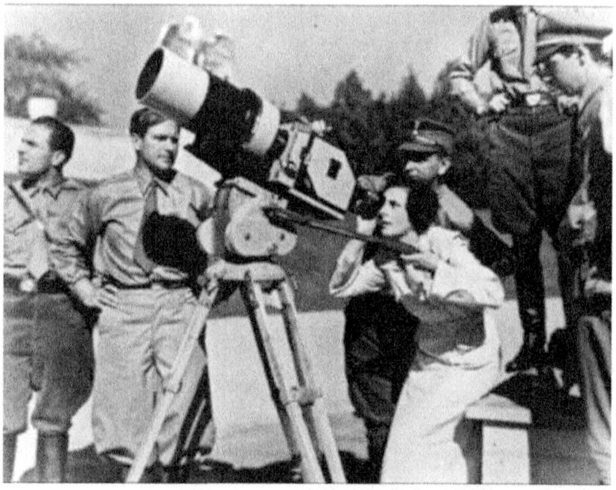

Triumpf des Willens (1935)
Regie: Leni Riefenstahl
Musik: Herbert Windt

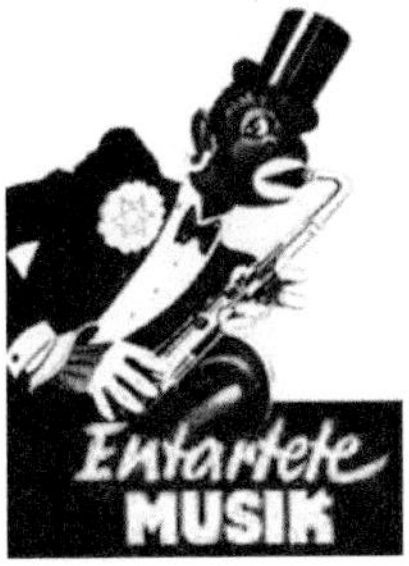

1935: Musikzensur
Reichssendeleiter Hadamovsky untersagt das Spielen von „Nigger-Jazz", wie die Nationalsozialisten bestimmte Musikstile bezeichnet haben, im gesamten Rundfunk. Im Prinzip ist sämtliche aus dem Ausland kommende Unterhaltungsmusik verboten.

1936: Lautsprecher System
Douglas Shearer entwickelt ein Kinobeschallungssystem, das von James Lansing bzw. von Lansing Manufacturing für die Kinos gebaut wurde. Das Zwei-Weg-System gilt für die nächsten 20 Jahre als Standard. Douglas Shearer erhält 1937 von der Academy den *Award of Merit* für diese technische Innovation.

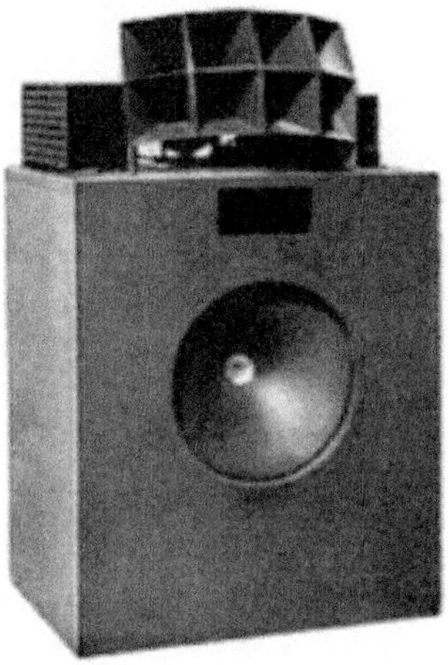

1936: Entartete Kunst/Entartete Musik
Nach einem Erlass der nationalsozialistischen Regierung werden die Werke vieler Künstler:innen, wie Vincent van Gogh, Emil Nolde, Paul Klee, Pablo Picasso), als *entartet* bezeichnet. Viele Objekte der modernen Kunst dürfen nicht mehr gezeigt werden und werden beschlagnahmt.

Ähnliches gilt nun auch für die Musik. Die Werke von namhaften Komponisten, wie Paul Hindemith, Arnold Schönberg, Igor Strawinsky, dürfen nicht mehr aufgeführt werden. Komponist:innen und Musiker:innen mit jüdischem Hintergrund haben Berufsverbot. Auch Jazz wird verboten.

Dies hat zur Folge, dass auch die Filmmusik nach den ästhetischen Vorgaben gestaltet werden muss: keine modernen Elemente (Dissonanz, moderne Instrumentierung, Takt und Rhythmus) und keine Jazz Elemente (Blues-Skale, Big-Band-Sound, Swing-Rhythmen).

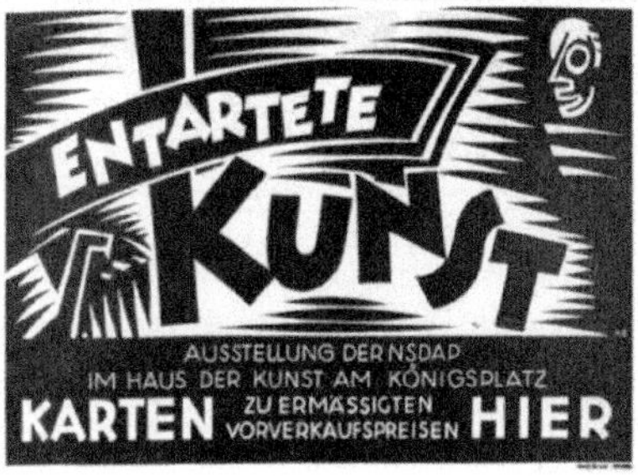

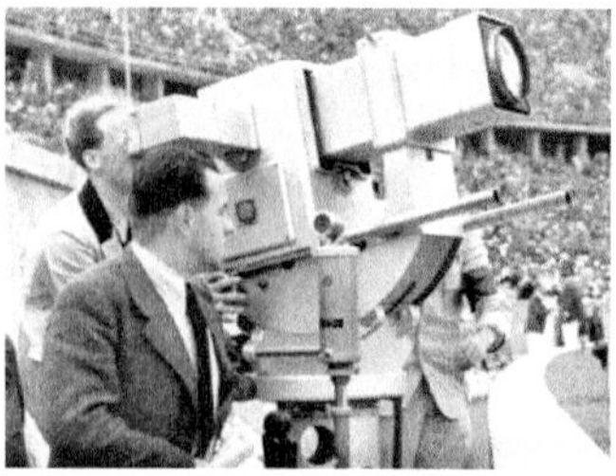

1936: Fernsehübertragung der Olympiade
Die Spiele werden vom Fernsehen begleitet. Die Bilder gehen um die Welt. Das NS-Regime versucht, sich in positives Licht zu setzen.

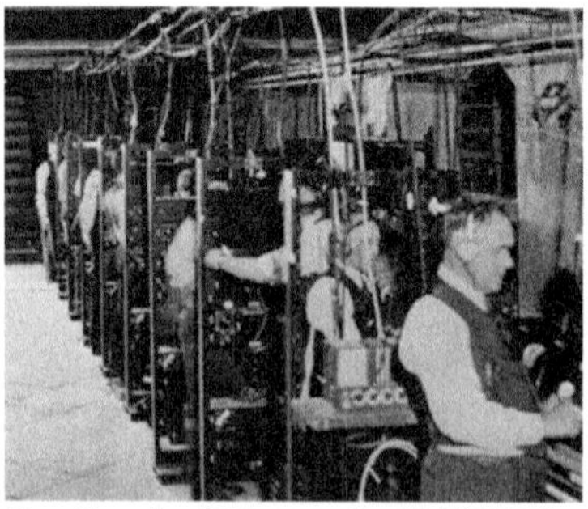

One Hundred Men and a Girl (1937)
[100 Mann und ein Mädchen]
Regie: Henry Koster
Musik: Charles Previn
Leopold Stokowski

1937: Mehrspurverfahren
Der Soundtrack des Films *One Hundred Men and a Girl* wird zum ersten Mal mit mehreren Spuren produziert. Das Verfahren wird von Bell Labs, RCA und the Philadelphia Academy of Music entwickelt. Neun Spuren, jeweils per Lichtton auf getrennten 35mm Filmen, werden zu einem optischen Soundtrack editiert. Der Film wird mit einem Oscar für die Beste Musik ausgezeichnet.

18. März 1937: Die UFA wird vereinnahmt
Die UFA wird Joseph Goebbels direkt unterstellt und von ihm kontrolliert. Goebbels hat somit auch direkt Einfluss auf die Produktionen. Die UFA ist damit praktisch verstaatlicht. Ernst Hugo Correll, leitender Produzent, wird in seiner Kompetenz beschnitten. Correll verweigert sich in die NSDAP einzutreten und wird 1939 entlassen.

1938: Russischer Historienfilm
Russische Filmkunst als Mittel der Propaganda. Der Film *Alexander Newsky* thematisiert die Expansion des Deutschen Ordens in Russland. Der Deutsche Orden wurde 1242 durch Fürst Alexander von Newsky besiegt. Diese Geschichte diente als Vorlage für den Film und war anti-deutsch.

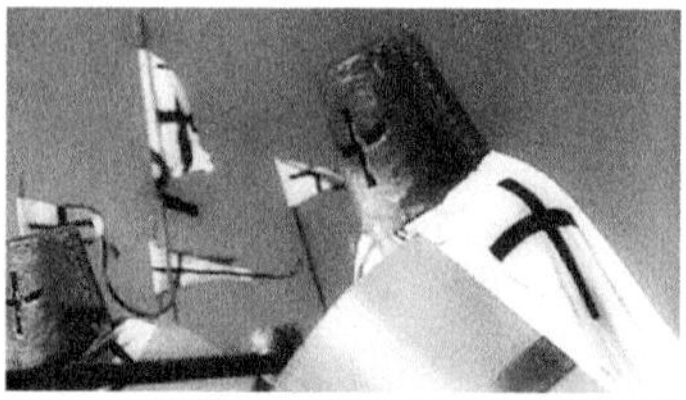

Alexander Newsky (1938)
Regie: Sergei Eisenstein
Musik: Sergei Prokofjew

Die Beziehung zwischen Deutschland und Russland ist zerrüttet und Stalin erwartet bereits einen Angriff. Der Film wird russischen Soldaten vorgeführt, um Kampfstimmung zu erzeugen.

Sergei Prokofjew, bekannt durch *Peter und der Wolf*, schreibt die Musik. Gemeinsam mit dem Regisseur Eisenstein erforschen sie eine genaue Abstimmung von Bild und Ton und deren Wirkung. Nach präzisen Vorgaben wird die Musik eingespielt und danach werden die Bilder zum Teil (z. B. bei der Schlacht am Eismeer) zu der Musik geschnitten.

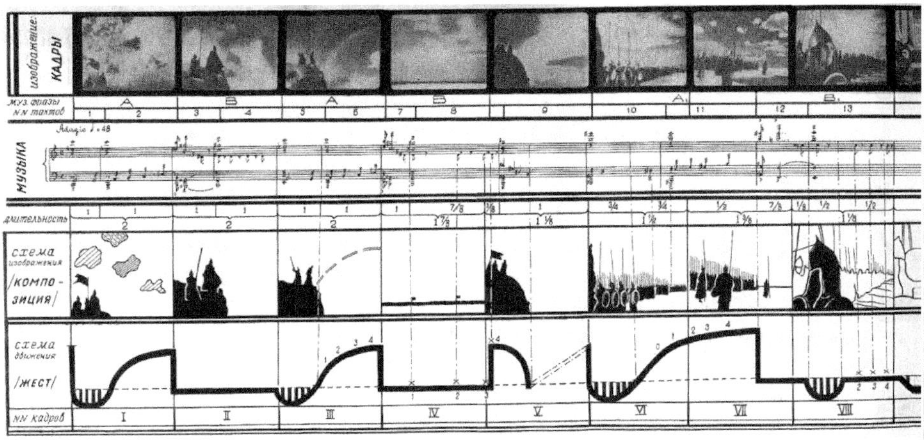

Close-up: 100 Männer gegen sieben Zwerge
Ein Skandal in Hollywoods Musikwelt

Es sollte am 3. März 1938 stattfinden, wurde aber auf den 10. verschoben. Los Angeles, Austragungsort der 10. Verleihung der Awards der Academy of Motion Picture Arts and Sciences, wurde von einer der schwersten Fluten in der Geschichte der Stadt heimgesucht.

Die besten Filme aus dem Jahr 1937 sollten im Biltmore Hotel gekürt und geehrt werden. *The Life of Emile Zola* [Das Leben der Emile Zola] wurde als bester Film ausgezeichnet, der beste Schauspieler war Spencer Tracy, Alice Brady die beste Schauspielerin. Leo McCarey wurde als bester Regisseur für seinen Film *The Awful Truth* [Die schreckliche Wahrheit] geehrt. Die meisten nominierten und prämierten Menschen und Filme aus diesem Jahr sind längst in Vergessenheit geraten.

An diesem Abend fand jedoch etwas statt, was für viele nicht nachvollziehbar war und zu einer Veränderung der Regeln der Academy führte. Die Verleihung „Beste Musik" ging an Charles Previn und das Universal Studio Music Department für den Film *One Hundert Men and a Girl [100 Mann und ein Mädchen]*. Aber warum?

Die Academy verlieh ab 1929 die begehrte Auszeichnung, einen Oscar, für verschiedene Disziplinen der Filmindustrie, wie bester Film, bester Regisseur, bester Schauspieler, etc. Erst seit 1935 wurde die Filmmusik ausgezeichnet. Bis zu dieser umstrittenen Verleihung bekam die gesamte Musikabteilung den Preis, nicht ein einzelner Komponist. Charles Previn war Chef der Musikabteilung Universal Studios. Er war sicher maßgeblich beteiligt, aber die Leistung war auf ein Team von Mitarbeiter:innenn zurückzuführen. Das ist übrigens noch heute so. Wenn der Credit am Ende des Films „Musik: John Williams" kommt, dann sollte man wissen, dass viele, viele weitere Menschen die Musik möglich gemacht haben: die Musikdramaturgie, die Orchestrierung, das Komponieren von Zwischenmusik, die Auswahl von Originalmusik, die Einspielung, Aufnahme, Audiobearbeitung, Kinoabmischung und mehr.

Bei *One Hundred Men and a Girl* wird deutlich, dass die Musik ohne Leopold Stokowski nicht entstanden wäre. Er hat die Stücke für Studioorchester arrangiert, experimentierte bereits mit Mehrspur-Aufnahmeverfahren und dirigierte die Hauptstücke. Hier eine kleine Übersicht:

Pjotr Iljitsch Tschaikowski: 4. Satz der 5. Sinfonie e-moll
Hector Berlioz: Rákóczi-Marsch aus La damnation de Faust
Ferdinand Hérold: Ouvertüre zur Oper Zampa ou La Fiancée de marbre
Richard Wagner: Präludium zu Akt 3 der Oper Lohengrin
Wolfgang Amadeus Mozart: Alleluja aus der Motette Exsultate, jubilate
J.S. Bach: Toccata und Fuge (gespielt am Klavier von Stokowski)
Franz Liszt: Lento a capriccio aus der Ungarische Rhapsodie Nr. 2
Giuseppe Verdi: Arie Libiamo ne' lieti calici aus der Oper La traviata

Lieder:

It's Raining Sunbeams von Friedrich Hollaender und Sam Coslow
A Heart That's Free von Alfred G. Robyn und Thomas Railey
For He's a Jolly Good Fellow (traditionell), nur instrumental

Die Incidental music (Hintergrundmusik für die Untermalung einiger Szenen) ist sparsam, insgesamt sind es nur rund 4 Minuten und 30 Sekunden.

Ob die Lieder *It's Raining Sunbeams* und *A Heart That's Free* eigens für den Film geschrieben wurden, ist nicht gesichert. Zumindest *A Heart That's Free* wurde 1936 vom Leo Feist Verlag in New York als Notenausgabe herausgegeben. *For He's a Jolly Good Fellow* ist ein Volkslied und wurde lediglich als Ständchen im Film verwertet.

Die Verwendung von klassischem Orchesterrepertoire ist folgerichtig, da der Hauptprotagonist ein berühmter Dirigent ist, gespielt von Leopold Stokowski selbst. Diese Stücke wurden als Situationsmusik eingesetzt. Diese entsteht aus der Handlung heraus als Teil der Inszenierung, etwa wie die Musik in einer Disco oder das Barpiano in einem Saloon. Sie entsteht nicht dort am Set, sollte aber so wirken.

So zeigt das Bild in *One Hundred Men and a Girl* jeweils ein Orchester mit Dirigenten im Konzert oder spielende Musiker:innen bei einer Probe.

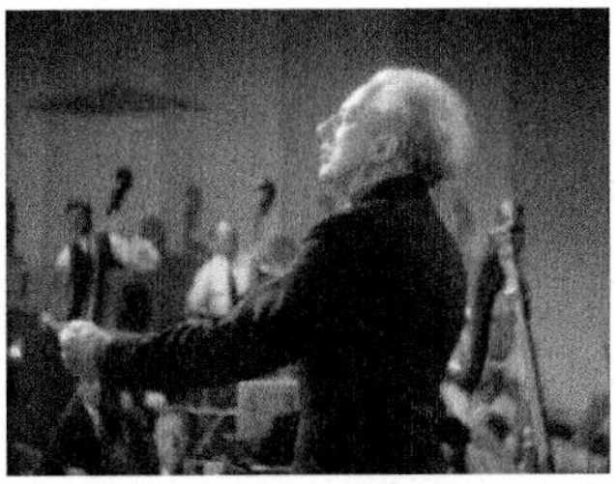

Leopold Stokowski

Auch das Ständchen *For He's a Jolly Good Fellow* ist ein Teil der Handlung und somit Situationsmusik.

Bei einem *Song & Dance Film* hält üblicherweise die Handlung an, dann wird das Lied gesungen, mehr oder minder von der Handlung losgelöst. Bei diesem Film werden die Lieder im Rahmen der Handlung von der Protagonistin vor einem Zuschauerkreis beziehungsweise mit dem Orchester zusammen vorgetragen. Deanna Durbin hat diese Rolle im Alter von 15 Jahren gespielt und gesungen.

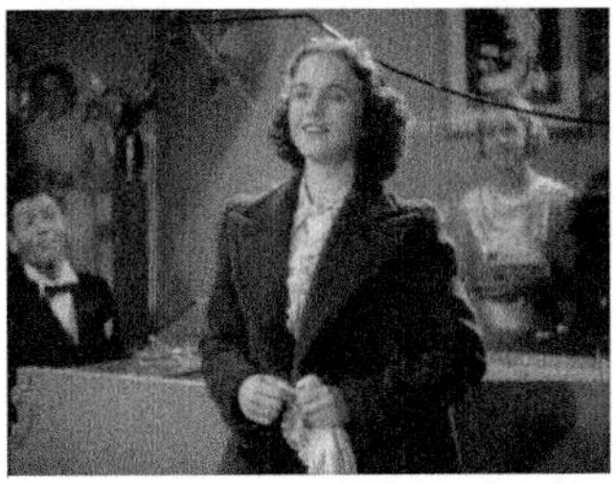

Deanna Durbin

Auch wenn nur ein geringer Teil der Musik eigens für den Film komponiert wurde, ist es insgesamt eine große musikalische Leistung von allen Beteiligten.

Leopold Stokowski war 54 Jahre alt, als der Film produziert wurde und bereits ein etablierter Dirigent. Einigen namhaften Orchestern hatte er vorgestanden, hatte unter anderem die amerikanische Premiere Igor Strawinskys *Le sacre du printemps* dirigiert und war Mitgründer der Boston Pops Orchester. Er hatte bereits in den 1930er Jahren mit Mehrspur-Aufnahmetechnik experimentiert. Das Aufnahmeverfahren zu der Zeit basierte auf Lichtton, also auf einer Spur, die auf den Filmstreifen mit beleuchtet wurde. Somit war die Synchronisierung zum Bild gewährleistet. Die Aufnahme auf Schallplatten war bereits abgelöst, Magnetverfahren gab es noch nicht.

Und hier ist es entscheidend: die Musik zu *One Hundred Men and a Girl* wurde zum ersten Mal mit mehreren Spuren aufgenommen. Das Verfahren wurde von Bell Labs, RCA and the Philadelphia Academy of Music entwickelt. Neun Spuren, jeweils per Lichtton auf getrennten 35mm Filmen, wurden zu einem optischen Soundtrack editiert.

Bis dahin war die Tontechnik nicht in der Lage, ein voll-sinfonisches Orchester ordentlich wiederzugeben. Daher mussten die Stücke reduziert werden, also mit weniger Musikern aufgenommen werden. Mit dem von Stokowski entwickelten Verfahren war es möglich, das Klangerlebnis eines großen Orchesters im Kino zu reproduzieren.

Nicht nur das Aufnahmeverfahren war revolutionär, sondern auch die Wiedergabe im Kinosaal. Der Klang erklang nicht mono, sondern zum ersten Mal als Panorama, durch mehrere Boxen hinter der Leinwand.

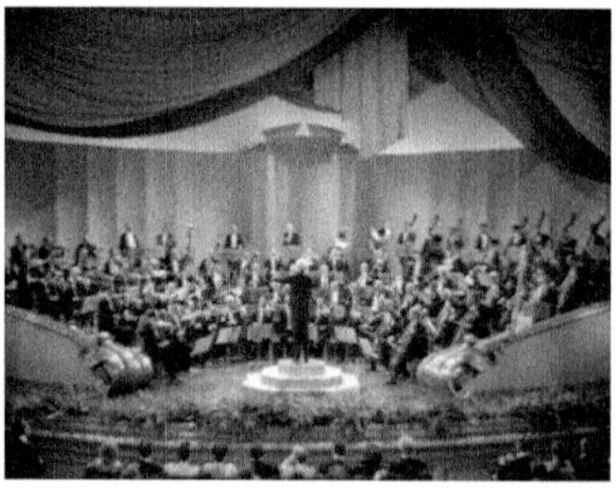

Im Film ist Stokowski mit einem vollen Orchester, unter anderem 4 Posaunen, 4 Hörnern und 7 Kontrabässen zu sehen. Diese Musiker:innen spielten zu einem Playback, was beim genaueren Hinsehen manchmal auffällt. Dennoch ist die Illusion perfekt!

Die Geschichte war sehr ansprechend: auf Betreiben einer jungen Sängerin wird ein Orchester aus arbeitslosen Musiker:innen gebildet, das Stokowski dirigieren soll. In den 1930er war die große Wirtschaftskrise in den USA, viele Menschen (nicht nur Musiker:innen) waren arbeitslos. Ein junges Mädchen namens Deanna Durbin wurde gecastet, mit einer Mischung von Frische und Naivität die etablierte Szene aufwühlt und sonst komplizierte Wege mit ungewollter Dreistigkeit überwindet. Das Publikum war begeistert.

Unter den Bewerber:innen für die begehrteste Auszeichnung der Filmindustrie waren für die Kategorie „Musik"weitere 13 Mitstreiter:innen am Start, auch Walt Disney mit *Snow White and the Seven Dwarfs* (Schneewittchen und die Sieben Zwerge).

Nach der Verleihung gab es riesige Proteste, vor allem von den Disney Studios. Der Soundtrack von *One Hundred Men and a Girl* bestand nicht aus Originalmusik, also Musik, die extra für einen Film komponiert wurde. Die Musikproduktion sei eine technische Errungenschaft, aber nicht authentische Filmmusik, lautete der Vorwurf. Ganz anders sei es bei den nominierten *Snow White and the Seven Dwarfs.*

Leigh Harline war Chef des Walt Disney Studio Music Departments. Die Musik dazu komponierten Frank Churchill, Leigh Harline und Paul Smith. Übrigens, die musikalischen Urheber wurden klar genannt, anders als bei *One Hundred Men and a Girl*, wo keiner der Komponisten bei der Ehrung erwähnt wurde.

Schneewittchen ist ein Animationsfilm, der erste full-length in der Filmgeschichte, also 83 Minuten lang. Wie sonst bei Animationsfilmen üblich, wurden die Musik, die Dialoge und die Soundeffekte zuerst konzipiert und eingespielt. Die endgültigen Figuren mit Betweening (die Vervollständigung der Bewegungsabläufe), Mundbewegungen etc. wurden zum Soundtrack gezeichnet. Nur so konnte die Bewegung der Figuren genau synchronisiert werden.

Frank Churchill war 35 Jahre alt, als Walt Disney ihn mit der Filmmusik zu *Snow White* beauftragte.

Die Lieder waren:

I'm Wishing	Gesungen von Adriana Caselotti
With a Smile and a Song	
Whistle While You Work	
Someday My Prince Will Come	
One Song	Gesungen von Henry Stockwell
Heigh-Ho	Gesungen vom Zwergenchor
Dig, Dig, Dig	
Bluddle-Uddle-Um-Dum (Das Waschlied der Zwerge)	
The Silly Song (Das Jodellied der Zwerge)	

Die Lieder wurden später als Schallplatten herausgebracht. Nicht alle Lieder wurden übernommen, *Dig, Dig, Dig* erschien nicht auf Schallplatte.

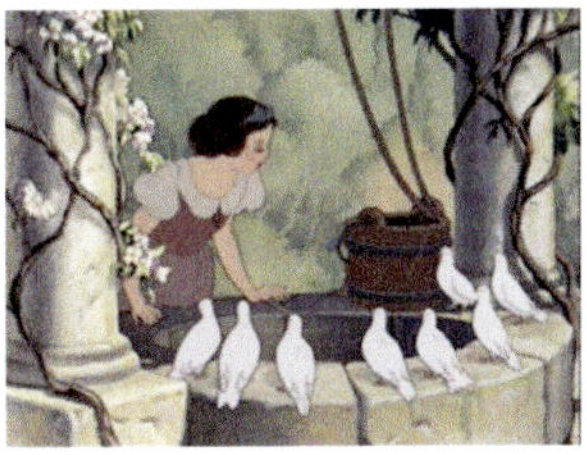

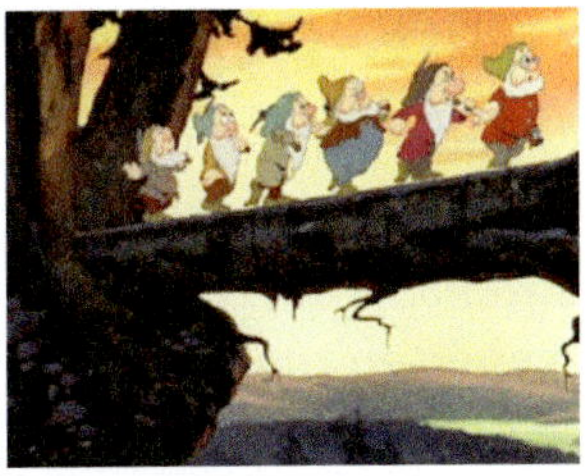

Die Liedertexte stammten von Larry Morey. Alle Lieder wurden explizit für diesen Film geschrieben. Adriana Caselotti war 19 Jahre alt, als Disney sie für die Rolle des Schneewittchens besetzte. Deanna Durbin (von *100 Men and a Girl*) hatte sich beworben, aber Disney fand ihre Stimme nicht kindlich genug. Harry Stockwell sang die Rolle als Prinz. Alle Lieder sind in die Handlung integriert. Schneewittchen singt, während sie das Haus der Zwerge aufräumt, die Zwerge singen auf dem Weg zur Arbeit oder während sie sich widerwillig waschen.

Sam J. Smith hatte bereits für Disney Musik komponiert und als Violinist und Flötist eingespielt. Leigh Harline fing bei Disney 1932 an und hatte bereits viele Kurzfilme (*Silly Symphonies*) für die Disney Studios vertont. Smith und Harline haben weitere Musik komponiert, die maßgeblich die Stimmung bei Snow White steuerte.

Bemerkenswert ist, dass nur selten im Film die Lieder wirklich mit einem ordentlichen Schlusston zu Ende gehen. Sie gehen einfach in die Filmmusik über. Dies treibt das Tempo des Films voran. Auch während der Dialoge läuft immer etwas Musik, meistens als Untermalung der Bewegungen (Mickey-Mousing).

Eine besondere Herausforderung des Animationsfilmes sind die Soundeffekte, unter anderem das Mickey-Mousing (die Vertonung einer Bewegung). Diese wurden gleichzeitig mit der Musik aufgenommen. Daher bestand die Musik aus viel mehr als nur Underscoring und Mood, also Untermalung und Stimmung.

Wenn die Figur zum Beispiel die Treppe hinaufläuft, spielt die Klarinette eine Tonleiter aufwärts. Anders als bei *King Kong* (1933, Musik von Max Steiner) wird der Effekt nicht „solo" gespielt, sondern in musikalischem Kontext, eingebettet in die sonstige Vertonung.

Die Soundmacher von Disney-Studios hatten bereits Erfahrung damit und besonders Harline konnte geschickt damit umgehen. Der Begriff Incidental Music ist nicht mehr anwendbar, denn die Musik von Snow White außerhalb der Lieder ist unmittelbar mit der Dramaturgie und Handlung des Films verbunden.

Die kreative Kraft, die für eine solche Produktion erforderlich ist, ist enorm. Aufgrund des Storyboards müssen die Bildgestalter:innen eng mit den Komponist:innen zusammenarbeiten. Im Prinzip entsteht der Film zuerst auf der Audioebene. Erst nach endgültiger Produktion des Soundtracks kann die finale Animation beginnen. Nur durch die geniale Vorstellungskraft aller Beteiligten war die Produktion von *Snow White and the Seven Dwarfs* überhaupt möglich.

Das hatte die Jury der damaligen Academy of Arts and Science nicht erkannt. Die neu komponierte Musik, so lang wie manche Symphonie, reichte für eine Nominierung, aber galt nicht als beste Filmmusik bei der 10. Verleihung der Oscars. Kein Lied aus dem Film wurde nominiert, obwohl jedes ein Ohrwurm ist.

Die Enttäuschung saß tief. Snow White konnte deutlich mehr Zuschauer:innen in die Kinos locken. Bereits 1938 brachte Disney als erster in der Filmgeschichte den Soundtrack auf den Markt – drei Schallplatten, die einzeln herausgegeben wurden (Victor J-8, 78 rpm). Sie waren sehr populär und gehörten zum Zeitpunkt der Preisverleihung bereits zum Kino-Bestseller.

Die Academy geriet unter Druck.

Bei der Verleihung im folgenden Jahr wurden Walt Disney und *Snow White* besonders ausgezeichnet, nämlich mit einem Oscar mit sieben zusätzlichen kleinen Statuetten, jeweils für jeden Zwerg. Es war das einzige Mal, dass ein Film zweimal von der Academy of Arts and Science geehrt wurde.

Heute ist – nach dem Guinness Buch der Rekorde – *Snow White and the Seven* Dwarfs der erfolgreichste Animationsfilm alle Zeiten mit Einnahmen in Höhe von 1,2 Milliarden USD (Stand 2018).

Frank Churchill (1901–1942)
war in den 30er und 40er Jahren für Disney tätig, vertonte zwei weitere Filme: *Dumbo* (1941) und *Bambi* (1942). Für *Dumbo* erhielt er einen Oscar, bei *Bambi* ist er gescheitert. Einige seiner Lieder wurden nach seinem Tod in verschiedenen Filmen verwendet.

1939: War of the Worlds
Orson Wells produziert eine Radiosendung, die zunächst als Musiksendung angekündigt ist und auch so begann. Die Sendung wird mehrmals unterbrochen für eine wichtige Eilmitteilung: Die Erde ist von Außerirdischen attackiert worden. Viele glauben die Nachricht und Wells löst somit eine Diskussion über die Verwendung von Falschnachrichten und deren Ethik aus. Der junge Bernard Herrmann ist für die Tanzmusik zuständig.

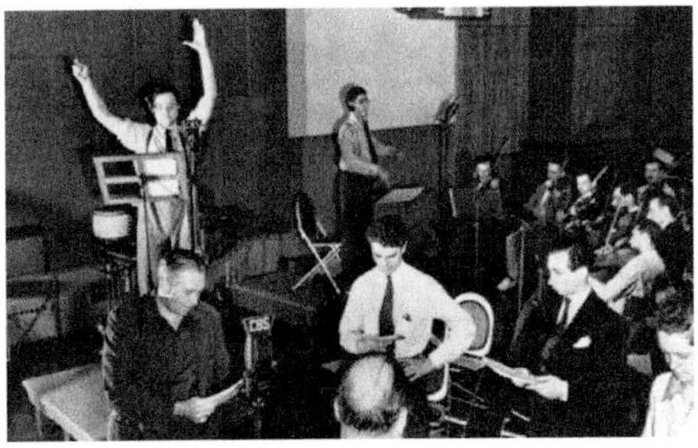

Orson Wells und Bernard Herrmann bei der Produktion von *Krieg der Welten*

1939: Der Monumentalfilm
Gone with the Wind ist 220 Minuten lang; die Musik ist von Max Steiner. Der Film wird 1940 als bester Film mit einem Oscar ausgezeichnet. Er wird zu einer der erfolgreichsten Filme in der Geschichte.

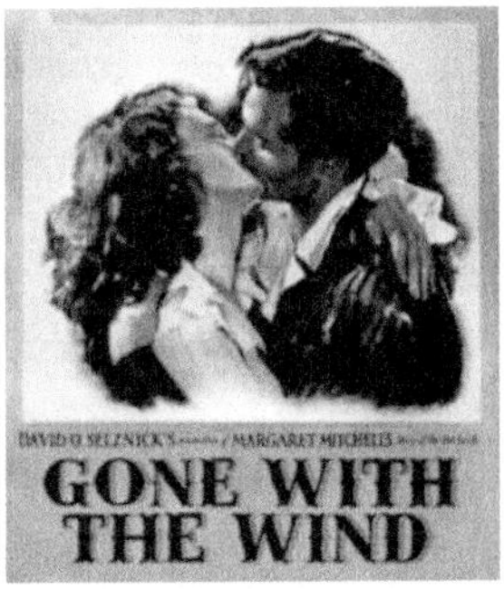

Gone with the Wind
[Vom Winde verweht]
Regie: Victor Fleming
Musik: Max Steiner
Produktion: David O. Selznick

1939: The Wizard of Oz
erhält 1940 einen Oscar für die beste Filmmusik.

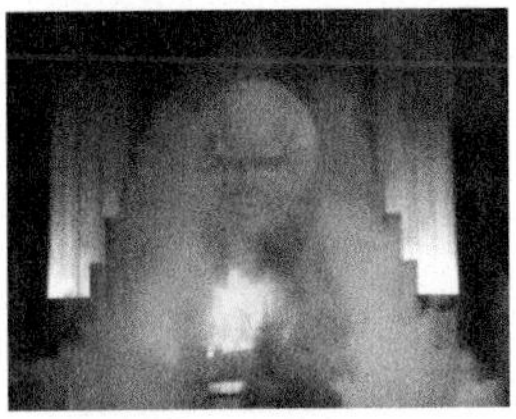

The Wizard of Oz (1939)
[Der Zauberer von Oz]
Regie: Victor Fleming
(und andere)
Musik: Herbert Stothart
Titellied: *Somewhere over the Rainbow*
von Harold Arlen

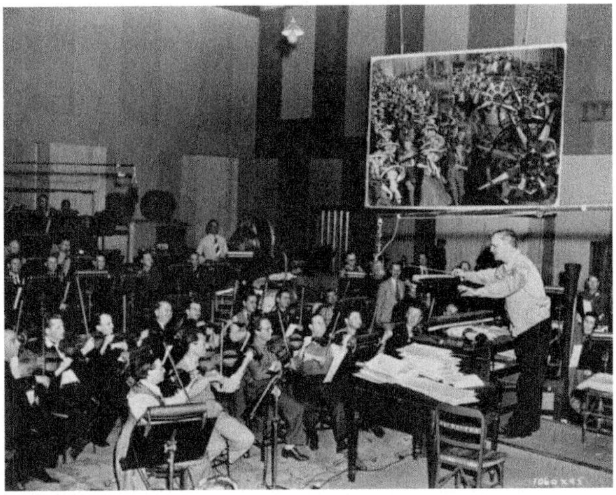

Herbert Stothart bei der Einspielung im MGM-Studio

1939: Snow White erhält nachträglich einen Ehrenoscar

Der Disney Film ist 1938 nominiert, gewinnt aber nicht. Dies löst eine Welle an Kritik und Protest aus und kostet die Academy viel Vertrauen. Weil die Entscheidung nicht rückgängig zu machen ist, erhalten Walt Disney und sein Team einen Ehrenoscar, gestaltet mit sieben kleinen Oscars, für jeden der sieben Zwerge. Kein anderer Film wird je von der Academy zweimal geehrt.

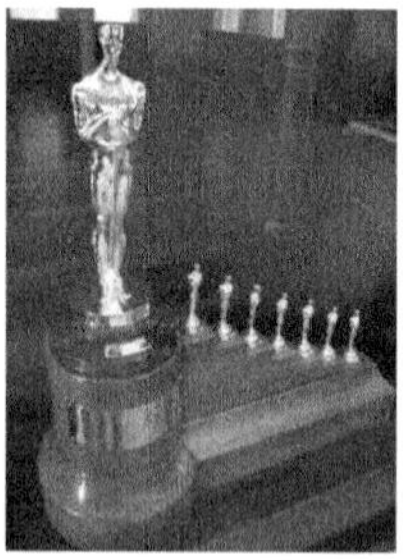

Snow White and the Seven Dwarfs (1937)
[Schneewittchen und die sieben Zwerge]
Regie: David Hand und andere
Musik: Frank Churchill
Paul Smith
Leigh Harline
Produktion: Walt Disney

Close-up: Wie *Gone with the Wind* im Winde zerstreut wurde

Ende der 30er Jahre erholte sich die Weltwirtschaft von einer der schwersten Krisen in der Geschichte. Der Gang zum Kino wurde populär und für viele Menschen war das Filmtheater eine willkommene Abwechslung zu ihrem Alltag. Das Kino war auch eine wichtige Informationsquelle, denn Fernsehen gab es zwar bereits, so zum Beispiel bei den Olympischen Spielen 1936, es war aber kaum verbreitet. Im Kino konnten Nachrichten aus aller Welt mit Bild und Ton betrachtet werden, internationale Stars standen vis-á-vis mit den Zuschauer:innen, großartige Musik erklang im Raum, fast so gut wie im Konzert.

Gone with the Wind [Vom Winde verweht] erreichte die Kinos in den USA 1939, in Deutschland erst 1953. Der Film hatte eine Länge von 238 Minuten. Wie bei einem Broadway Musical hatte der Film eine Ouvertüre, eine Pausenmusik (Intermezzo) und eine Abgangsmusik (die nach dem Theaterstück/Film gespielt wird, während das Publikum das Theater/das Kino verlässt). Das Kinoereignis war wie ein Theaterereignis angelegt.

Gone with the Wind wurde in Technicolor gedreht und war einer der ersten Filme in Farbe. Die Regie hatte zuerst George Cukor. Kurz nach Drehbeginn wurde er durch Victor Fleming, der gerade die Regie von *Wizard of Oz [Der Zauberer von Oz]* innehatte, ersetzt. Ein weiterer Regisseur, Sam Wood, war ebenfalls beteiligt.

Die Musik sollte Max Steiner komponieren, der allerdings bei Warner Brothers unter Vertrag stand. Der Produzent David O. Selznick konnte erreichen, dass Steiner für *Gone With the Wind* „ausgeliehen" werden durfte.

Max Steiner wurde 1888 in Wien geboren. Sein Pate war Richard Strauß, der ihn in seiner musikalischen Entwicklung maßgeblich beeinflusst hat. Er studierte an der kaiserlich-königlichen Akademie für Musik und darstellende Kunst (heute: Universität für Musik und darstellende Kunst) in Wien. Dort erhielt er Unterricht von Gustav Mahler.

1914 emigrierte Steiner in die USA. Er konnte als Orchestrierer und Dirigent bei diversen Musicals und Operetten erfolgreich arbeiten, auch am Broadway unter anderem mit Jerome Kern und George Gershwin. Filmmusik schrieb er ab 1915. 1933 war seine Filmvertonung von *King Kong* revolutionär. Als *King Kong* die Protagonistin Ann Darrow kitzelte, erklang ein trillerähnlicher, instrumentaler Effekt. Mickey-Mousing in einem Realfilm fand sein Debüt.

Steiner konnte für die Vertonung von *Gone with the Wind* gewonnen werden. Er arbeitete 12 Wochen und komponierte eine Musik, die länger war als jede Mahler-Sinfonie. Wegen des enormen Zeitdrucks bekam er Unterstützung von Hugo Friedhofer, Adolph Deutsch und Heinz Roemhild. Alle waren renommierte Filmkomponisten.

Um aus der Klavierpartitur eine orchesterfähige Fassung zu bauen, wirkten darüber hinaus Maurice de Packh, Bernard Kaun und Reginald Bassett mit. Vollständigkeitshalber sei erwähnt, dass kurze Exzerpte von Franz Waxmann und William Axt (beide prominente Filmkomponisten) verwendet wurden.

Steiner entwickelte eine neue Kompositionstechnik. Bestimmte Stellen im Film sollten mit einem musikalischen Effekt untermalt werden: einem Triller, einem Lauf, einem orchestralen Effekt. Diese mussten genau mit dem Bild synchronisiert werden. Im Zeichentrick war das bereits üblich, beim Realfilm war dies zu Steiners Zeit völlig neu.

Er ließ ein Klick-Spur an den Filmstreifen montieren. Der Klick wurde per Kopfhörer dem Dirigenten und bestimmten Instrumentalist:innen übermittelt. So konnte das Orchester die Musik taktgenau einspielen, in perfektem Tempo und entsprechend synchronisiert. Steiner verwendete diese Methode zum ersten Mal im großen Umfang bei diesem Film.

Das Ganze – von der Idee bis zum ersten Klangergebnis – war eine Teamleistung, eine Meisterleistung.

In das Gesamtwerk sind sehr viele typische Melodien der Südstaaten der USA eingewoben. Viele der musikalischen Zitate stammen von Stephen Forster, einem amerikanischen Komponisten des 19. Jahrhunderts, so wie *Beautiful Dreamer* oder *Old Folks at Home.* Das Lied *Dixie*, die inoffizielle Nationalhymne der Südstaaten, kommt mehrfach vor: zuerst als stimmungsvolle Aufbruchsmusik sowie zwischendurch immer wieder, als die Verwundeten nach Hause kommen – in einer traurigen Fassung.

Dixie – Dur und flott

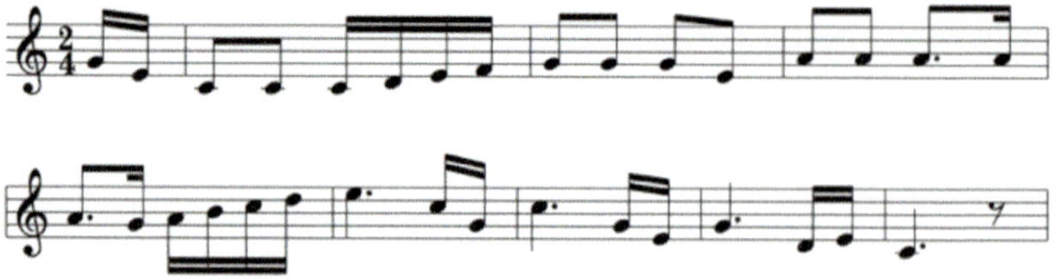

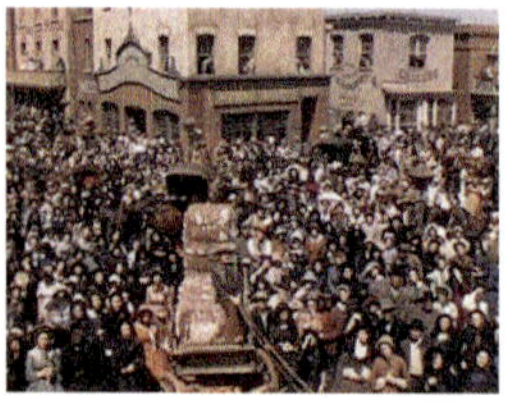

Moll und traurig

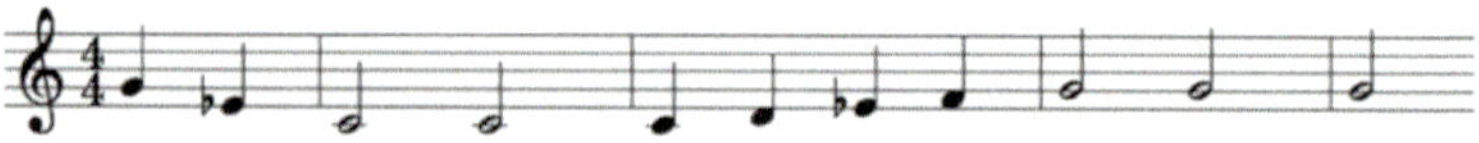

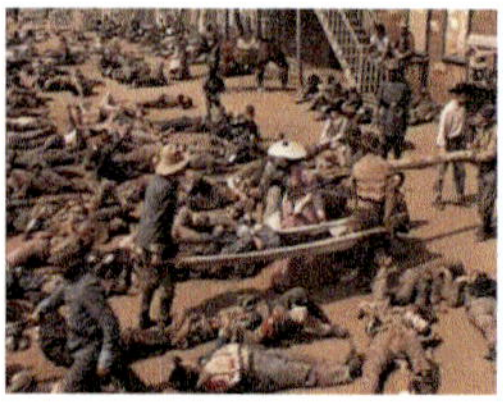

Gone with the Wind war äußerst populär und gut besucht. Innerhalb der ersten vier Jahre haben 60 Million Menschen allein in den USA den Film gesehen, fast die Hälfte der Einwohnerzahl zu dieser Zeit. Die Academy ehrte den Film mit acht Oscars, fünf weiteren Nominierungen und zwei Ehrenauszeichnungen. Die Filmmusik erhielt lediglich eine Nominierung.

The Wizard of Oz *[Der Zauberer von Oz]*
Fünf Regisseure waren für die Dreharbeit zu The Wizard of Oz verantwortlich:

- Norman Taurog war der erste Regisseur.
- Richard Thorpe übernahm die Regie zum offiziellen Beginn der Dreharbeiten im Oktober 1938.
- George Cukor (der auch später bei *Gone with the Wind* beteiligt war) folgte Thorpe.
- Victor Fleming wurde im November 1938 engagiert und wird gerne als Hauptregisseur bezeichnet (er war später auch bei *Gone with the Wind* beteiligt).
- King Vidor drehte den Film zu Ende.

Die Filmmusik umfasst einige Lieder:

- *Over the Rainbow* (Oscar für das beste Lied 1940)
- Zehn Kurzlieder in der Sequenz des Munchkindlandes
- *Ding-Dong, The Witch is Dead*
- *Follow the Yellow Brick Road / We're Off to See the Wizard*
- *If I Only Had a Brain*
- *If I Only Had a Heart*
- *If I Only had the Nerve*
- *Optimistic Voices*
- *The Merry Old Land of Oz*
- *If I Were King of the Forest*
- *The Jitterbug* (wurde bei der Endfassung des Films gestrichen)

Die Lieder wurden vor den Dreharbeiten aufgenommen, die restliche Musik mit Beginn der Postproduktion.

Wizard of Oz war kein Musical und somit nicht vorher auf dem Broadway zu sehen. Es gab keine Bühnenfassung. Die Lieder wurden eigens für den Film von Harold Arlen (Texte von Yip Harburg) komponiert. Die Handlung besteht aus einer Fantasiegeschichte (von L. Frank Baum) und ist nicht als Song und Dance Film angelegt. Somit konkurrierten *Oz* und *Gone with the Wind* in der gleichen Kategorie bei der Academy of Science and Arts Awards der Filme aus dem Jahre 1939.

Der Filmkomponist Herbert Stothard hat nur wenige musikalische Zitat eingebaut, wie *Der Fröhliche Landmann* von Robert Schumann und *Eine Nacht auf dem Kahlen Berge* von Modest Mussorgski. Ansonsten zauberte er eine Musik, die ein breites Spektrum an Traum, Angst, Hoffnung, Heimatgefühl, Hexerei und viel mehr ausdrückte. Die Lieder ergänzten die Handlung, zum

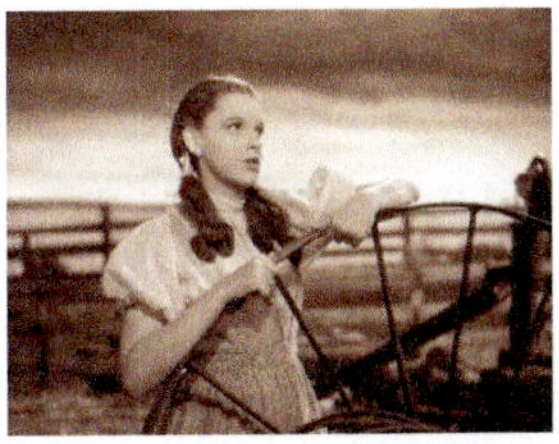

Beispiel ist *We're Off to See the Wizard* das immer wiederkehrende Stimmungslied während der Reise nach Oz. Nur *Over the Rainbow* ist ein klassischer Liedvortrag, wie man ihn aus einem Musical kennt. Die Handlung setzt aus, die Sängerin (Judy Garland) wird portraitiert, ansonsten findet keine besondere Bildgestaltung statt.

Stothard verwendete einige musikalische Themen (Leitmotive), zum Beispiel:

- Miss Gulch/Die Hexe
- Professor Marvel
- Glinda (die gute Hexe)

Ein Blick in die Partitur verrät, mit welchen Mitteln Stothard die Tornadosequenz vertont hat. Die Bilder zeigen meisterhaft die Übergang zwischen Kansas und dem Land von Oz in einer wilden Collage. Miss Gulch auf dem Fahrrad wird zur

Hexe auf einem Besen, das Haus fliegt durch die Luft und landet auf der bösen Hexe des Ostens, mit dem Öffnen der Haustür tritt Dorothy in ein fremdes aber wunderschönes Land. Übrigens wurde erst ab hier in Farbe gedreht, Kansas bleibt auch nach der Rückkehr ohne Farbe.

Die Sequenz ist gerade wegen der Musik gelungen: eine wunderbare Wechselwirkung zwischen Bild und Musik.

Besonders innovativ sind die Lieder der Munchkins. Die Stimmen der kleinen Sänger sollten ulkig klingen. Mit Hilfe von Doug Shearer, einem der Supermänner der Audiotechnologie, wurden die Stimmen „normal"

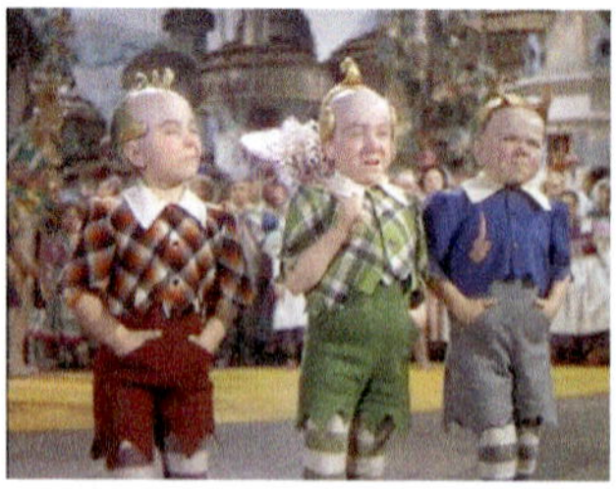

eingesungen, jedoch viel langsamer als vorgesehen. Da die Aufnahme auf Magnetband aufgezeichnet wurde, konnte Shearer das Tonband schneller abspielen lassen. In der analogen Welt wird somit die Tonhöhe beeinflusst. So erklingen die Stimmen in der vorgesehene Tonlage, wirken aber unnatürlich und ulkig, passend zu den Figuren.

Gesungen:

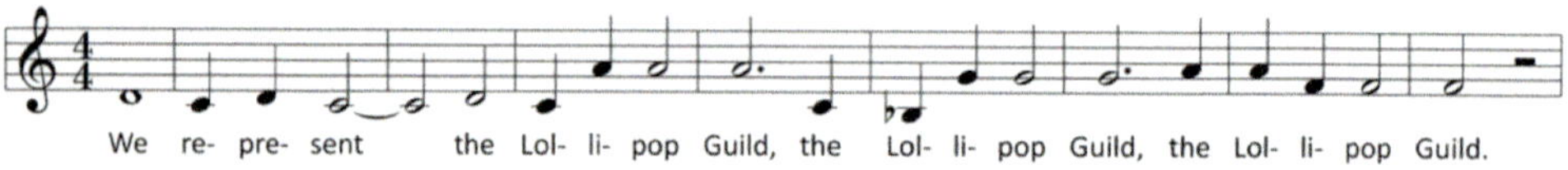

Klangresultat:

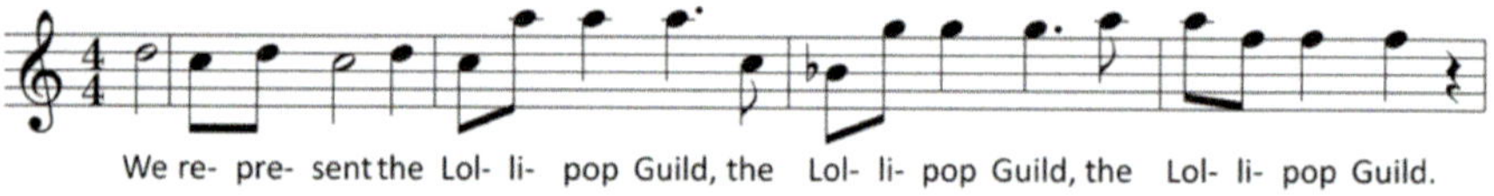

Der Film hat eine Länge von rund 100 Minuten. Davon sind etwa 75 Minuten mit Musik unterlegt.

Es bleibt die Frage, wieso *The Wizard of Oz* den Oscar für die beste Filmmusik bekommen hat und nicht *Gone with the Wind*?

Die Academy hatte es sicher nicht leicht, diese Entscheidung zu begründen. Es gab eine Teilung zwischen Musikfilmen (zum Beispiel Musicals, die verfilmt werden) und Originalmusik. *The Wizard of Oz* bewegte sich irgendwo dazwischen. Die Musik und die Lieder sind für den Film komponiert worden, wie bei *Snow White and the Seven Dwarfs* ein Jahr zuvor. Eine enorme Kreativität war erforderlich, um die untermalende Musik und die Lieder in einer einheitlichen Vertonung zu gestalten.

Die Tatsache, dass musicalähnliche Lieder für einen Film zuerst verwendet wurden, statt wie üblich ein fertiges Musical zu verfilmen, hatte Symbolwirkung: Hollywood siegte somit über die Musicals vom Broadway.

Steiners Vertonung war eine Meisterleistung für die Zeit, aber die zauberhaften Melodien vom Zauberer von Oz gewannen die Herzen der Juror:innen – und Millionen von Menschen seitdem.

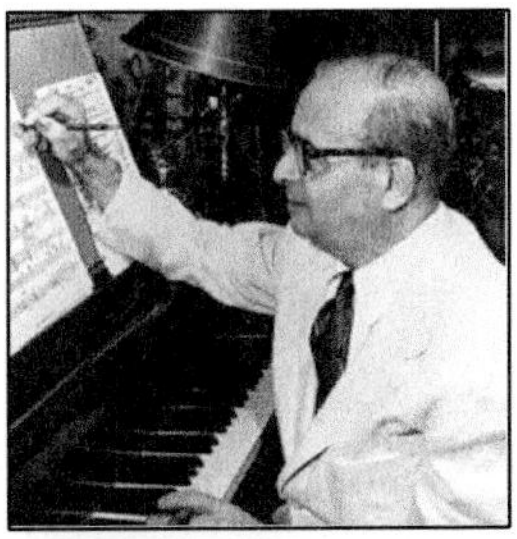

Max Steiner (1888–1971)
wurde in Österreich geboren und war als Komponist und Dirigent tätig. Er schrieb die Musik für über 300 Filme und wurde vielfach ausgezeichnet.

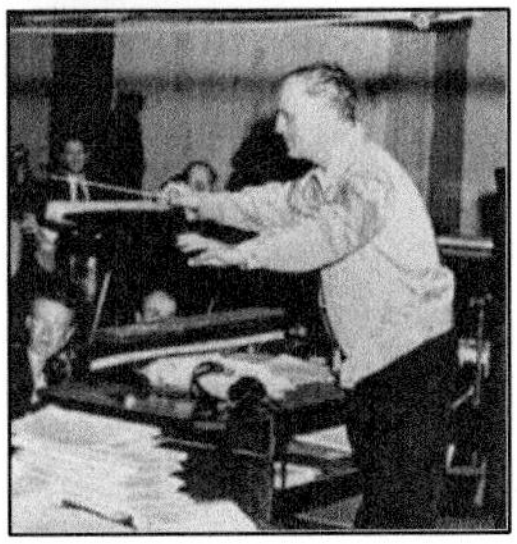

Herbert Stothart (1885–1949)
war zuerst am Broadway tätig. Er bekam viele Auszeichnungen für seine Filmmusik.

Harold Arlen (1905–1986)
schrieb über 400 Lieder und war an vielen Broadway Musicals beteiligt.

= = = = = = = = = = = = = = =

Die 1940er Jahre: Zwischen den Fronten

= = = = = = = = = = = = = = =

= =

Die 1940er Jahre: Zwischen den Fronten

= =

In Europa und im Pazifik tobte der Zweite Weltkrieg. Das Kino wird zur Kriegswaffe. Neben der Zeitung und dem Radio war das Lichtspielhaus erfolgreicher Übermittler von Nachrichten, Propagandainstrument, aber auch Unterhaltsort, wo die Zuschauer:innen für einige Stunden ihren Alltag verdrängen konnten.

Unter anderem produziert Hitchcock Propagandafilme und Göbbels setzt die UFA verstärkt zu Propagandazwecken ein.

Close-up: Kino als Kriegsinstrument

Als Charlie Chaplin mit dem Regisseur René Clair den Film *Triumph des Willens* (1935) von Leni Riefenstahl bei einer Vorführung im Museum of Modern Art in New York gesehen hatte, war er entsetzt über die Wucht ihrer Bildsprache. Leni Riefenstahl, die ein gutes Verhältnis zu Hitler und Goebbels hatte, bewies mit bis dahin unüblichen Methoden, dass das Medium Film die Macht des Meinungsmachens verkörpern konnte.

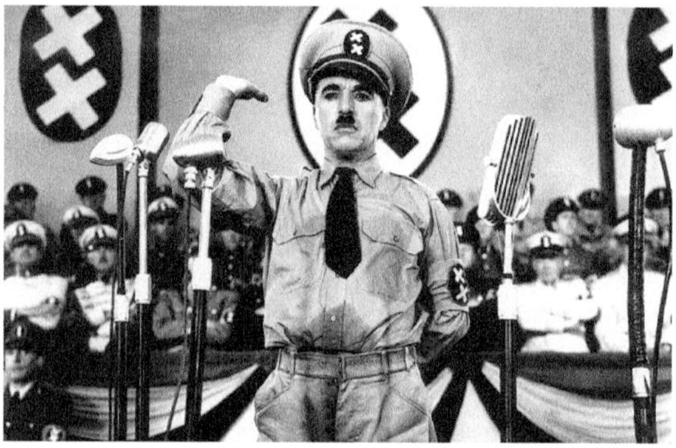

Die Kameraleute kletterten auf Masten, fuhren im Rollstuhl, sie drehten bei Nacht und nahmen Portraitaufnahmen von Hitler auf. Entscheidend war: Was nicht passte oder was fehlte, wurde nachgedreht, also inszeniert. So wurde die Grenze zwischen Fiktion und Realität überschritten, was zumindest in Chaplins Augen unethisch war.

Im Laufe der Vorkriegsjahre erkannte die Filmindustrie das Potenzial des Mediums. Zum einen konnten Informationen und Nachrichten vermittelt werden, zum anderen bot der Film auch die notwendige Unterhaltung in dieser schwierigen Zeit. Der Bedarf an Unterhaltung als Gegengewicht zu Armut und sozialen Engpässen, welche durch die Weltwirtschaftskrise verursacht worden waren, war evident. Nachrichten über das Geschehen in der Welt waren nur über Radio, Zeitung und Kino erhältlich. Gerade in den Kriegszeiten nahm das Interesse an internationalen Nachrichten, besonders in den USA, erheblich zu.

Schon sehr früh hatte die Filmindustrie in allen Ländern die Macht der Informationssteuerung entdeckt. Ein Sieg oder eine Niederlage konnte durch die

Darstellung bestimmt werden. Der Sportler, der eigentlich keine Chance hatte, konnte sich trotzdem durch die Darstellung eines aussichtlosen Kampfes rühmen. Der eigentliche Sieger konnte gut in Vergessenheit geraten, da die Kamera nicht auf ihn gerichtet war. Der Afroamerikaner Jessie Owens erlebte dies bei der deutschen Berichterstattung der Olympischen Spiele 1936 in Berlin, obwohl er vier Goldmedaillienn gewann und als schnellster Mann der Welt galt.

Oft wurde die von den Produzenten gewollte Message subtil verpackt. Die Filmindustrie hat gut verstanden, die Pille in einer leckeren Wurst zu verstecken, die vom Publikum verschlungen wird, ohne dass Skepsis entsteht. *Unterhaltung* ist die Wurst. Ein Beispiel ist *Ich klage an* (1941) von Wolfgang Liebeneiner, wo es um Werbung für Euthanasie im Nationalsozialistischen Staat ging.

Charlie Chaplin, der Meister der Leinwandkomik, war in Europa bekannt und beliebt. Mit der Machtergreifung Hitlers wurden jedoch *Modern Times (Moderne Zeiten)* (1936) und andere Filme von Chaplin in Deutschland verboten. Chaplin hoffte aber, mit *The Great Dictator (Der große Diktator)* ein politisches Zeichen setzen zu können, um so auf die ungerechte Behandlung der Jüd:innen in Deutschland aufmerksam zu machen oder zumindest dem NS-Regime einen Seitenhieb zu verpassen.

Obwohl zahlreiche prominente Regisseure, Schauspieler:innen, Filmkomponisten und sonstige Filmleute aus Deutschland geflohen waren und obwohl die Filmindustrie seit einiger Zeit Finanzmittel für die Produktion von anti-faschistischen Filmen kassieren konnte, taten sich die Hollywood Produzenten schwer damit. Die amerikanische Öffentlichkeit war lange nicht gegen Nazi-Deutschland gestimmt und die Kinogänger:innen sollten nicht vergrault werden. Chaplin schwebte vor, das Thema mit Ironie und Humor zu behandeln.

Der Protagonist seines Films war ein jüdischer Friseur, der wie Hitler aussah. Übrigens trugen Chaplin und Hitler den gleichen Oberlippenbart, und Hitler war ein Bewunderer Chaplins. Die Szene im Friseursalon ist ein Highlight in der Filmgeschichte. In einem Take rasiert der Frisör einen Kunden, choreographiert zum Ungarischen Tanz Nr. 5 von Johannes Brahms.

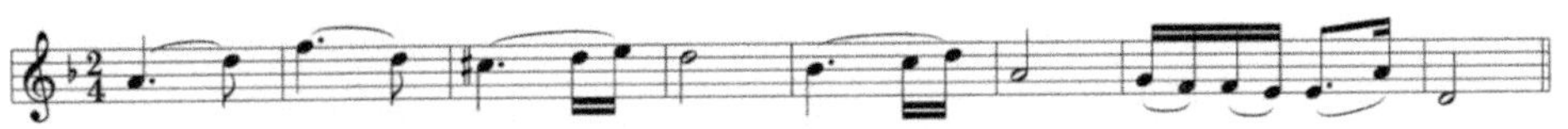

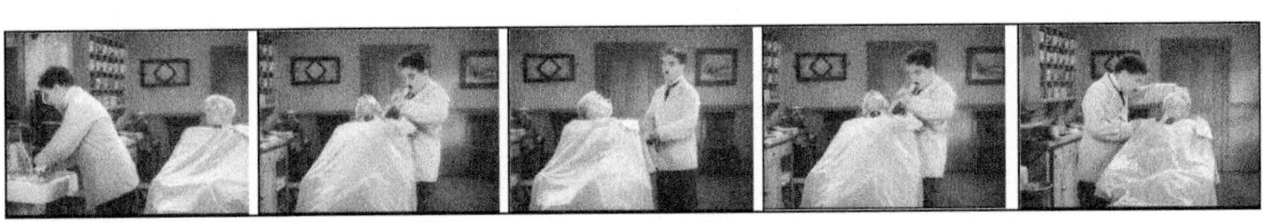

Bei einer späteren Sequenz wurde ein Teil des Auftakts zum dritten Akt von *Lohengrin* (Richard Wagner) verwendet.

Obwohl nicht im Abspann erwähnt, stammt die Musik hauptsächlich von Meredith Willson. Chaplin hat aber zur Gestaltung der Filmmusik maßgeblich beigetragen. Er hat viel vorgegeben, eigene Melodien und Ideen entwickelt und die Gestaltung genau kontrolliert. Zu Recht kann er als Mitautor der Filmmusik bezeichnet werden. Willson war allerdings für die Adaption der Musik und die Einspielung zuständig. 1941 wurde Meredith Willson für einen Oscar nominiert, in der Kategorie *Beste Filmmusik*.

Chaplin hat in seinem Film erstaunliche Details aufgegriffen, wie jüdische Soldaten, die für ihr „Vaterland" im ersten Weltkrieg gekämpft haben, oder den nachgebauten Reichskabinettssaal. Auch die Bildführung sollte Riefenstahls Stil imitieren.

Der Film wurde in Deutschland verboten. Ob Hitler ihn gesehen hat, ist strittig. Erst 1958 wurde *Der große Diktator* in (West-)Deutschland gezeigt.

Auch wenn die Parodie Hitlers und das Veräppeln des NS-Regimes manches Schmunzeln hervorriefen und sein Appell gegen Faschismus und für Demokratie (am Schluss des Films) beeindruckend war und trotz fünf Nominierungen, ging *The Great Dictator* völlig leer aus. Den Oscar für den besten Film bekam *Rebecca* von Alfred Hitchcock und den Oscar für die beste Originalmusik und den besten Song bekamen Leigh Harline, Paul J. Smith und Ned Washington, die für die Musik zum Disneyfilm *Pinocchio* verantwortlich waren.

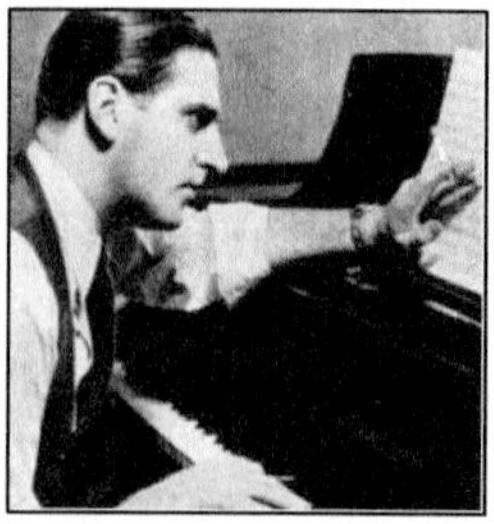

Meredith Willson (1902-1984)
komponierte nur wenig Filmmusik, war aber häufig in der Musikproduktion tätig. Er war für das Fernsehen und den Broadway tätig. *The Music Man* (1962) und *The Unsinkable Molly Brown* (1964) sind seine berühmtesten Musicals. Beide wurde verfilmt. The Beatles spielten *Till There Was You* von Willson. Das Lied wurde zum Welthit.

Charlie Chaplin (1889-1977)
war ein Pionier der Filmindustrie. Er begleitete die Ära des Stummfilms und den Übergang zum modernen Kino bis ins hohe Alter. Er hat sich immer mit der musikalischen Gestaltung seiner Filme intensiv auseinandergesetzt und komponierte einiges selber.

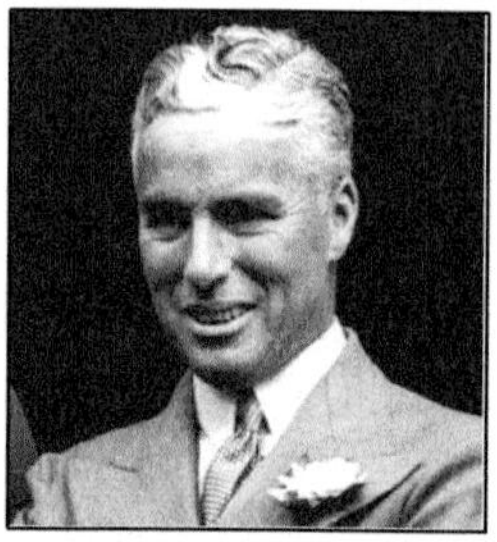

1940: Jud Süß
Dieser Film ist ein Beispiel von Propaganda und Antisemitismus im Film. Dabei spielt die Musik eine wesentliche Rolle. Die Obrigkeit und das Volk werden mit glorreicher Marschmusik begleitet, die Judengasse mit Dissonanzen und dunklen Tönen. Die Zuschauer:innen werden somit durch das Bild und die Musik beeinflusst. So vertritt der Film die NS-Ideologie und wirbt dafür, ohne dies direkt zu benennen.

Jud Süß (1940)
Regie: Veit Harlan
Musik: Wolfgang Zeller

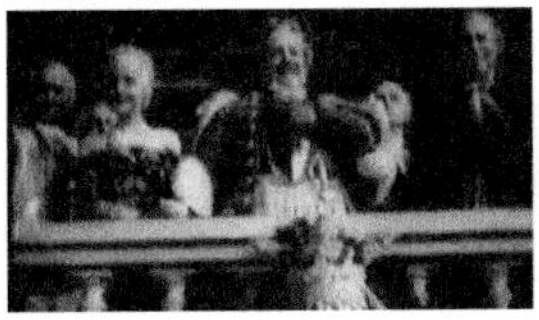

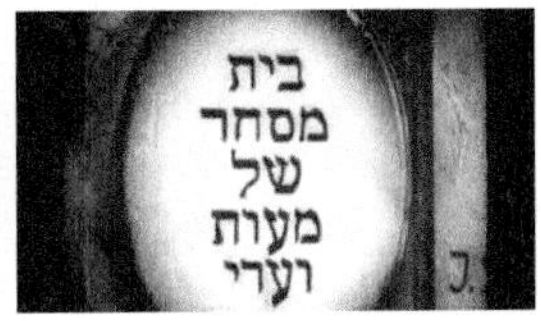

1940: Fantasia
Ein full-length Zeichentrickfilm von Walt Disney. Die Musik wird von Leopold Stokowski mit acht Spuren (zuzüglich einer neunten Spur als Click für die spätere Synchronisation) produziert und auf vier optische Spuren gemixt (drei für die Musik, Sprache und Effekte, eine Spur für die Steuerung der Lautstärke). Für diesen Film werden drei Boxen hinter der Leinwand und 65 kleinere Lautsprecher im Theaterraum an den Wänden platziert.

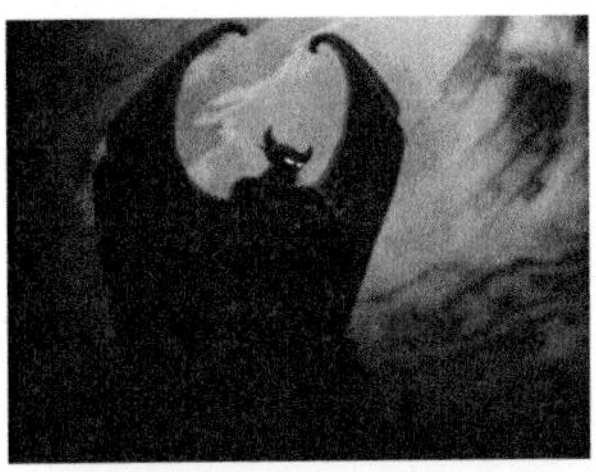

Der Film wurde 1942 mit zwei Ehrenoscars ausgezeichnet, für „visualisierte Musik und den herausragenden Beitrag zur Nutzung des Tones“

Fantasia (1940)
Walt Disney
Regie: James Algar und Samuel Armstrong
Musikadaptionen: Leopold Stokowski

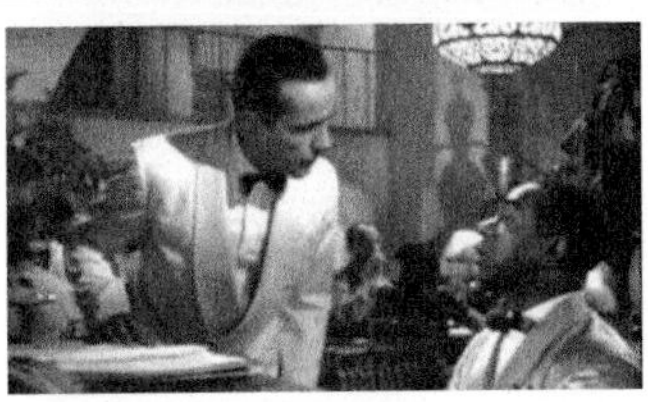

Casablanca (1942)
Regie: Michael Curtiz
Musik: Max Steiner
Titellied: Herman Hupfeld
Oscar für den Beste Film 1943

1942: Casablanca
Dieser Film sollte die öffentliche Meinung beeinflussen. Die Message des Filmes ist „Du musst dich entscheiden: entweder passiv zuschauen, wie die Welt sich verschlechtert oder aktiv etwas gegen die Nazis tun“. Die Musik umfasst Motive aus der französischen Nationalhymne *Marseillaise* und dem Lied *As Time Goes By*.

Die Musik deutet immer wieder auf die Nationalität der Protagonist:innen und vermittelt uns, wo Gefahr lauert. Der Urheber des Liedes, Herman Hupfeld, wurde nicht in den Credits erwähnt. Das Lied wurde jedoch durch den Film zum Welthit und ist heute in verkürzter Form die Logomusik von Warner Brothers.

1942: Realistische Dialoge
Bis dahin mussten die Schauspieler:innen ihre Texte jeweils zu Ende sprechen, bevor der nächste anfangen konnte. Ab dem Film *The Magnificent Ambersons* wurden die Texte mit leichtem Überlappen und Überschneidungen produziert, sodass der Sprachfluss authentischer klang.

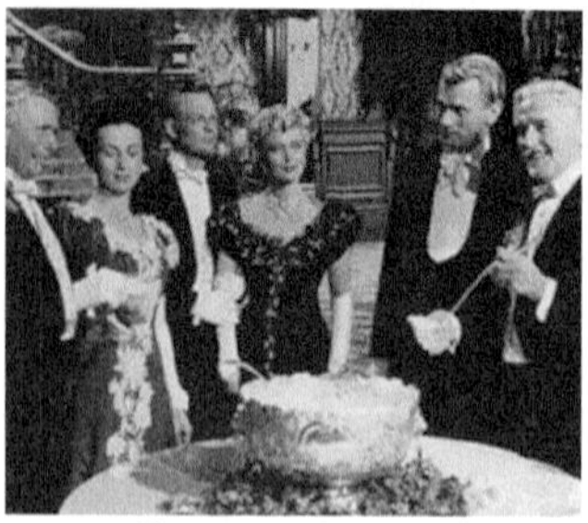

The Magnificent Ambersons (1942)
[Der Glanz des Hauses Amberson]
Regie: Orson Wells
Musik: Bernard Herrmann

1943: Die Filmindustrie als Meinungsmacher
Zu diesem Zeitpunkt sind die USA zwar offiziell im Kriegszustand mit Deutschland und Japan, leisten den Briten militärische Unterstützung, sind aber noch nicht in Kampfhandlungen in Europa direkt beteiligt. Die amerikanische Bevölkerung soll auf einen möglichen, aufwendigen und verlustreichen Angriff eingestimmt werden. Da viele Amerikaner:innen europäische Wurzel haben, ist es wichtig, die öffentliche Meinung positiv zu beeinflussen. Die Filmindustrie ist bereits ein Teil dieser Kampagne. Die Filme *Education for Death* und *Bon Voyage* haben mit einer starken Emotionalisierung die Notwendigkeit einer Einmischung der USA in Europa verstärkt.

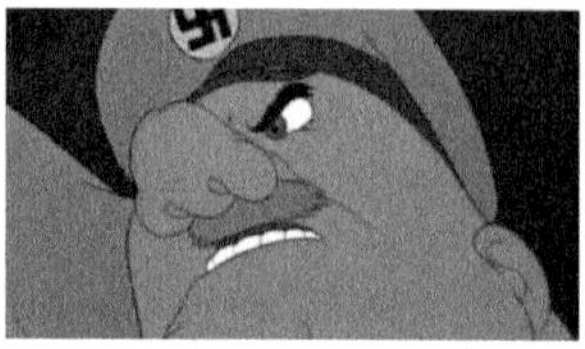

Education for Death (1943)
Regie: Clyde Geronimi
Produktion: Walt Disney
Musik: u.a. Richard Wagner

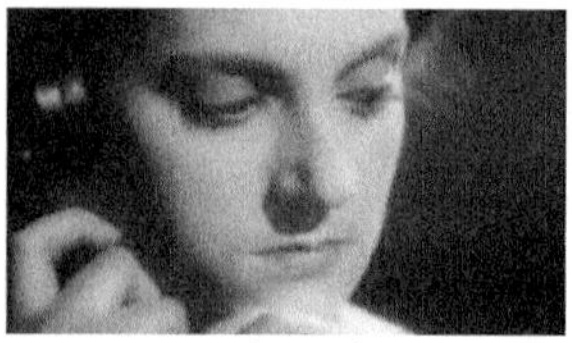

Bon Voyage (1944)
Regie: Alfred Hitchcock
Musik: Benjamin Frankel

1945: Kolberg
Eine Lieblingsproduktion von Propagandaminister Goebbels. Die Bevölkerung soll motiviert werden, die Verteidigung Deutschlands gegen die Streitmächten der Alliierten selber in die Hand zu nehmen. Die Handlung findet zwar Anfang des 19. Jahrhunderts statt, die Botschaft ist aber eindeutig.

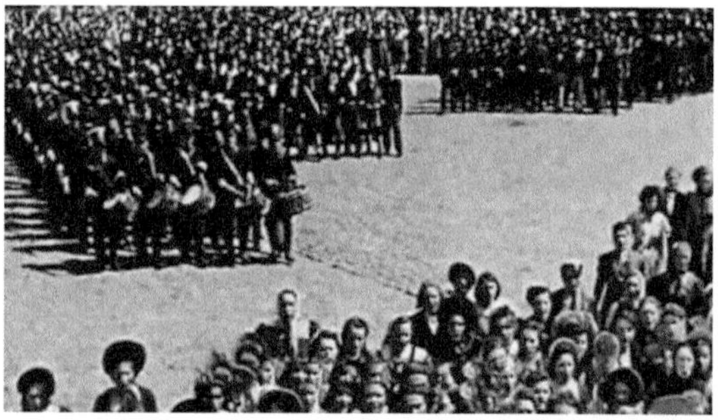

Kolberg (1945)
Regie: Veit Harlan
Musik: Norbert Schulze

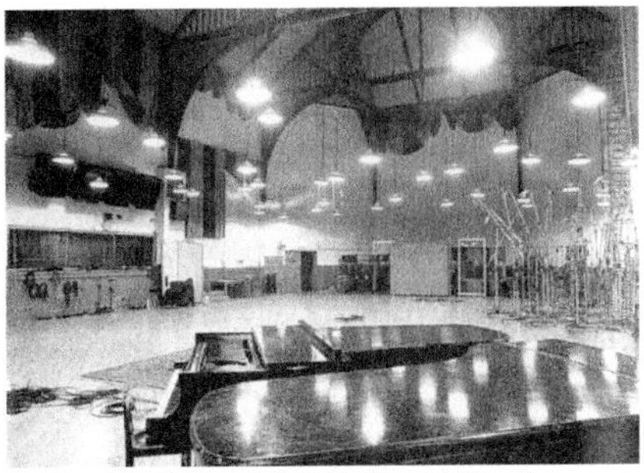
Columbia Records' 30th Street Studio (The Church)

1947: Raumhall
Bisher wird Hall nur durch die Entfernung des Mikros zum:zur Sänger:in oder zum Instrument gesteuert. Räume mit besonderen Schallverhältnissen werden umgebaut, um einen berechenbaren Hall erzeugen zu können. Das Columbia Records' 30th Street Studio, eine ursprüngliche Kirche, ist wegen der akustischen Verhältnisse begehrt. Das Studio ist von 1948 bis 1981 in Betrieb.

Ob Jazz, Rock oder Klassik, das Studio mit dem Spitznamen *The Church* war begehrt. Das legendäre Album von Miles Davis *Kind of Blue* (1959) und Pink Floyds *The Wall* wurden dort aufgenommen. Glenn Gould und Leonard Bernstein arbeiteten ebenfalls häufig dort. Das Verfahren hatte nur den Nachteil, dass nach der Aufnahme nichts mehr geändert werden konnte. Die Bearbeitung einer Aufnahme war nach dem Schnitt nicht mehr möglich.

1947: Nachträglicher Hall
Bill Putnam Sr.,ein Urgestein der Tonstudiotechnik, entwickelt die Möglichkeit den Hall nachträglich, also nach dem Schnitt, auf die fertige Aufnahme zu legen. Das trockene Signal wird über Lautsprecher, die in einem Raum mit starkem Hall stehen, eingespielt und dann neu aufgenommen. Angeblich hat Putnam die ersten Versuche auf dem Klo des Studios durchgeführt. So entstehen zwei Aufnahmen, trocken (dry) und mit Hall (wet), die entsprechend gemischt werden können. Die erste Aufnahme mit diesem Verfahren ist von den Harmonicats und trägt den Titel *Peg o' My Heart.*

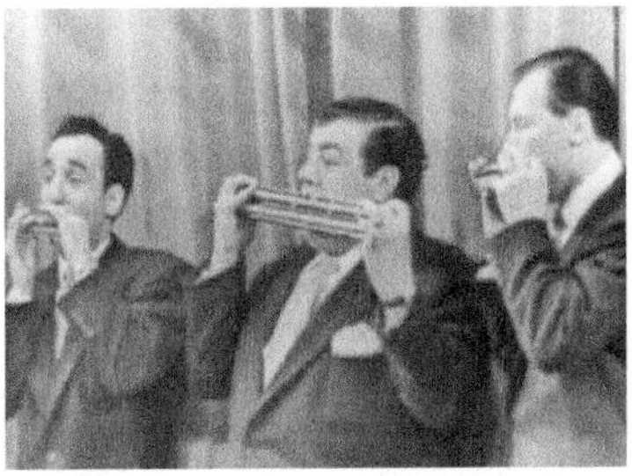
Harmonicats

1948: Vinyls
Peter Carl Goldmark entwickelt die ersten Schallplatten aus Plastik, die Vinyls. Die Standardgeschwindigkeit ist 33 Umdrehungen pro Minute (rpm). In Deutschland wird die Langspielplatte 1951 von der Deutschen Grammphon-Gesellschaft auf der Deutschen Musikmesse vorgestellt.

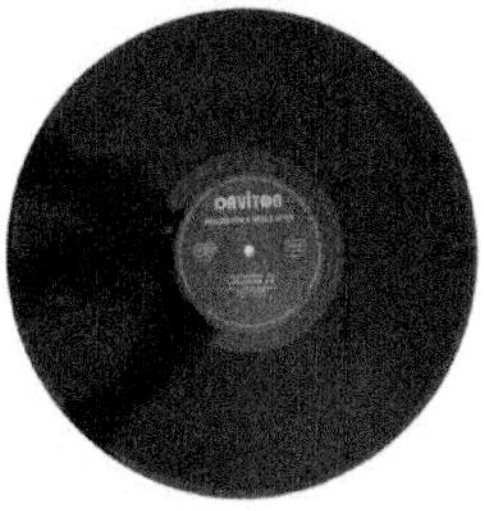

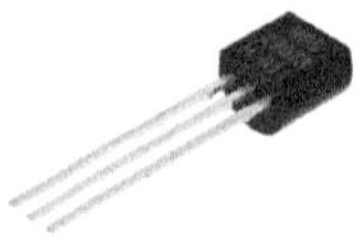

1948: Der Transistor

William B. Shockley, Walter H. Brattain und John Bardeen entwickeln den Transistor. Dieser hat erhebliche Auswirkung auf die elektronische Technologie.

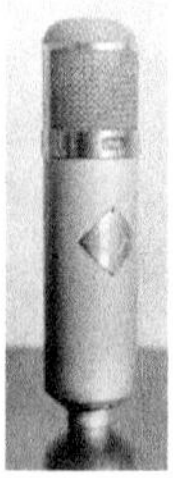

1949: U47 Neumann

Dieses Mikrofon ist von Nierencharakteristik zu Omnidirektional schaltbar. Frank Sinatra nimmt kein anderes Mikrofon. Noch heute gilt das U47 als legendär.

1949: Die Single

RCA Victor stellt kleinere Schallplatten her mit nur 7" (17 cm) Durchmesser und 45 Umdrehungen pro Minute (rpm). Üblich war es, ein Lied pro Seite zu pressen.

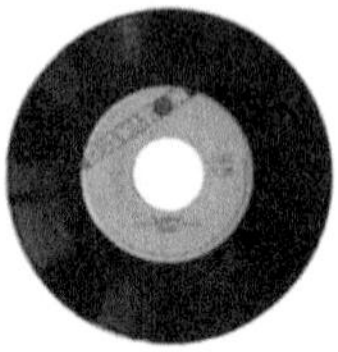

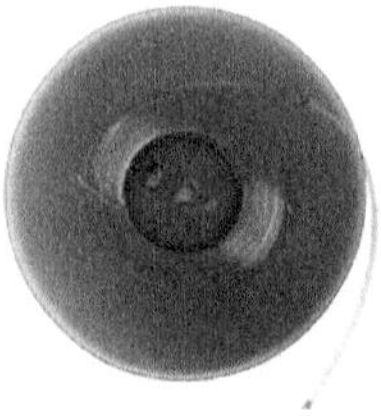

1949: Tonband

Tonbandgeräte und Tonbänder werden auch für den semiprofessionellen Gebrauch unter anderem von Willi Studer entwickelt. Anfang der 50er Jahre sind die ersten europäischen Tonbandgeräte erhältlich und bezahlbar.

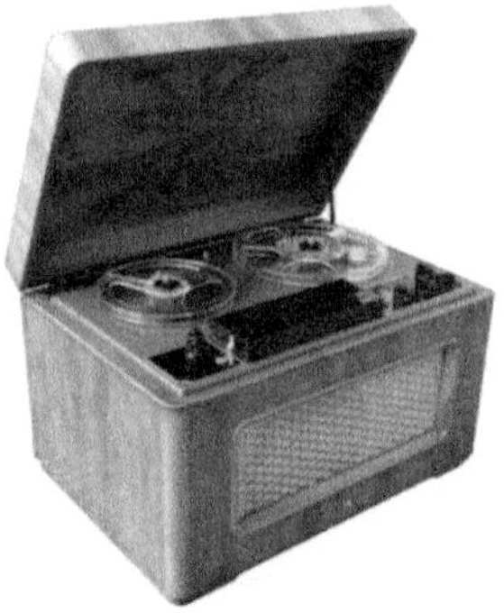

Revox (Studer) T26

= = = = = = = = = = = = = = =

Die 1950er Jahre: Fernsehen versus Kino

= = = = = = = = = = = = = = =

= =

Die 1950er Jahre: Fernsehen versus Kino

= =

Der Krieg ist vorbei, eine Aufbruchsstimmung begleitet die neue Zeit; ein modernes, neues Bild des Mannes wird gesucht. Vorhandene Kriegsschäden, wachsende soziale Veränderungen und politische Spannungen sollen in den Hintergrund geraten.

Das Kino bekommt heftige Konkurrenz: Das Fernsehen bringt Bild und Ton, Abenteuer und Liebesgeschichten, Nachrichten und natürlich Werbung in die Wohnzimmer.

Fernübertragungen gab es schon seit den Olympischen Spielen 1936. Die Technologie wurde aber während der Kriegsjahre nicht marktmäßig vorangetrieben. Nun entsteht mit voller Wucht eine neue Industrie. Hollywood muss sich umstellen und erleidet manchen Rückschlag.

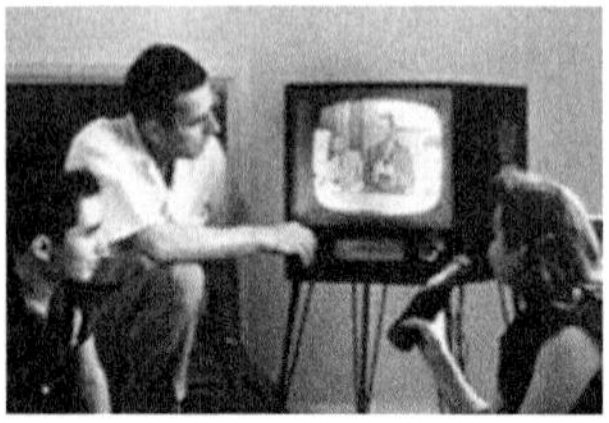

1950er: Der Fernseher kommt

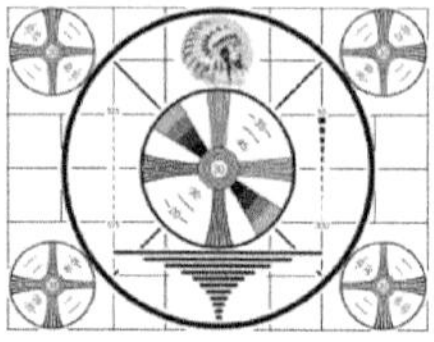

Noch war das Fernsehen schwarz-weiß. Große Shows werden von Stage-Bands und Hammond-Orgel begleitet. 1952 startet der Nordwestdeutsche Rundfunk (NWDR) als erste öffentliche Rundfunkanstalt Deutschlands.

1950er: Fernsehserien der USA

The Lone Ranger (1949–1957)
Titelmusik: Wilhelm Tell Overture (Rossini)
Adventures of Superman (1952–1958)
Titelmusik von Leon Klatzkin
Alfred Hitchcock Presents (1955–1965)
Titelmusik: Marche funèbre d'une marionnette (Gounod) Nach und nach werden viele Serien übernommen und in Deutschland ausgestrahlt.

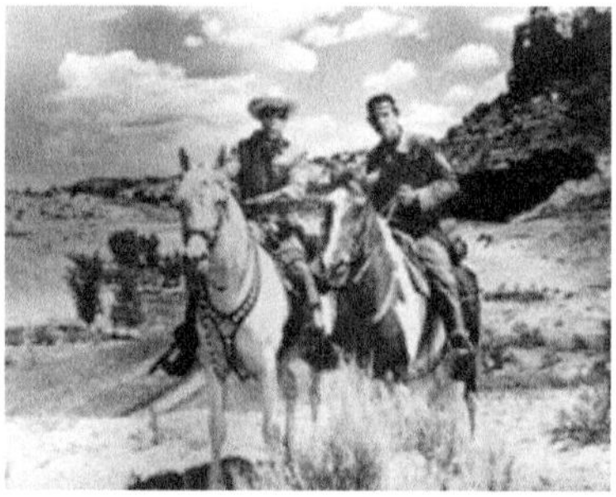

The Lone Ranger

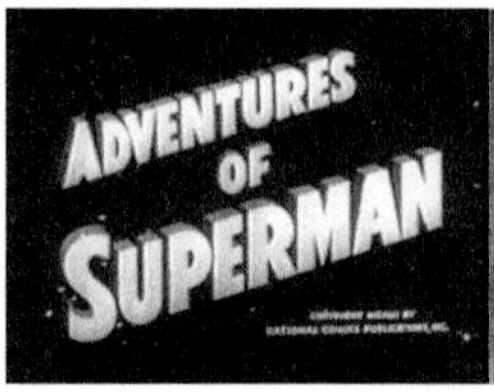

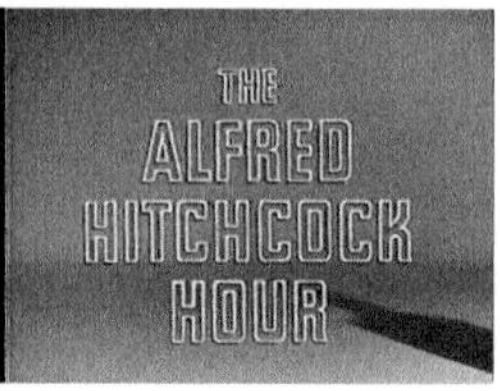

1950er: Mechanischer Hall (Reverb)

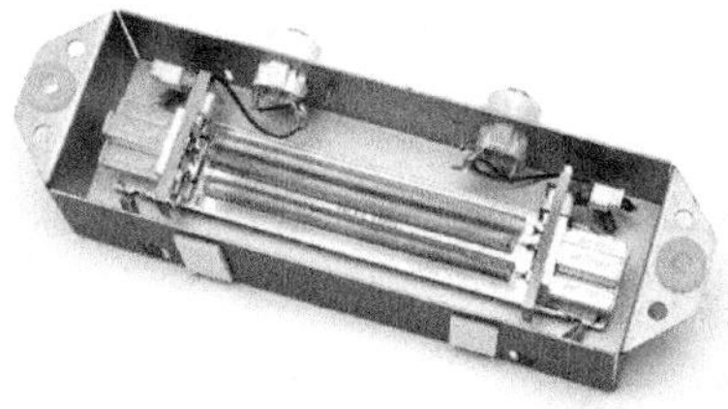

Obwohl Lauren Hammond bereits 1939 den sogenannten Spring Reverb (Federhall) entwickelt und patentieren lässt, findet die Verwendung von mechanischen Hallerzeugungsgeräten erst in den 1950er Jahren statt. Seine Erfindung, die zunächst für seine Orgel konzipiert war, wird in Gitarrenverstärker (Fender) eingebaut und als Hallerzeuger für instrumentale Aufnahmen im Studio verwendet.

1950er: Autokinos

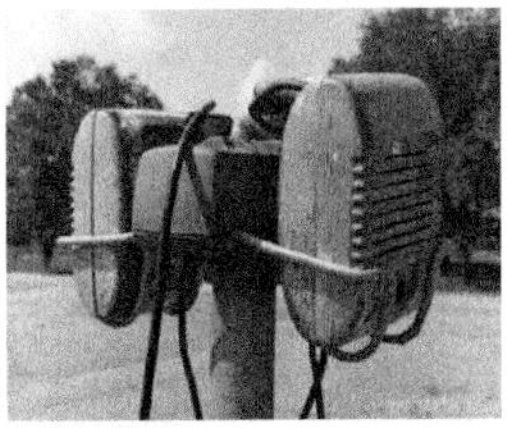

erleben in den USA große Popularität und werden auch ein Treffpunkt besonders für junge Leute. In den 1970er Jahren können Autokinos sich auch in Deutschland etablieren.

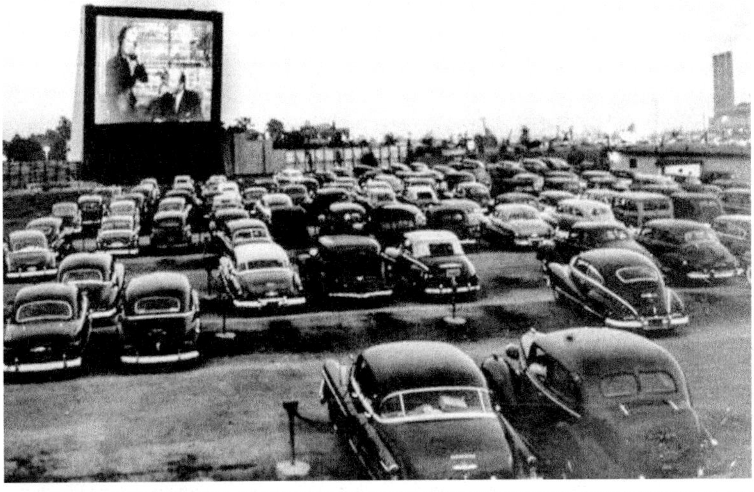

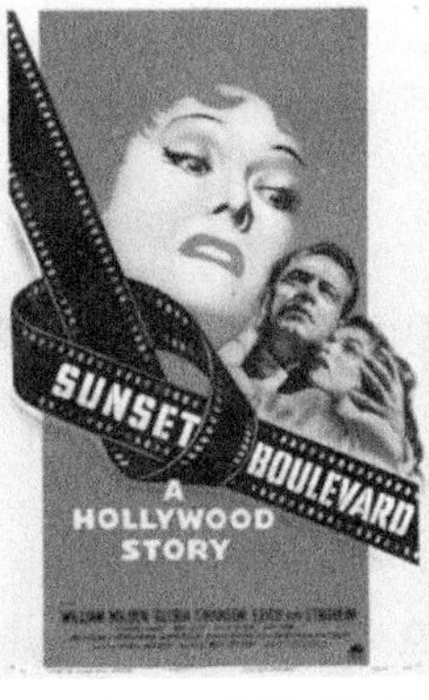

1951: Oscar für die beste Musik

Franz Waxman hat seit seiner Emigration nach Amerika in weniger als 20 Jahren bereits über 110 Filme mit diversen Stilrichtungen (Grusel, Jazz, Dramatik, Comedy und mehr) vertont und gilt als Meister der Filmmusik. Erst jetzt bekommt er seinen ersten Oscar für die beste Filmmusik in *Sunset Boulevard*.

Sunset Blvd (1950)
[Boulevard der Dämmerung]
Regie: Billy Wilder
Musik: Franz Waxman

1952: Musiksequenz

Regisseur Fred Zinnemann und Filmkomponist Dimitri Tiomkin konstruieren eine Szene in *High Noon*, wo die Bilder lediglich mit Musik, ohne Dialoge, untermalt werden. *High Noon* erhielt einen Oscar für die beste Filmmusik.

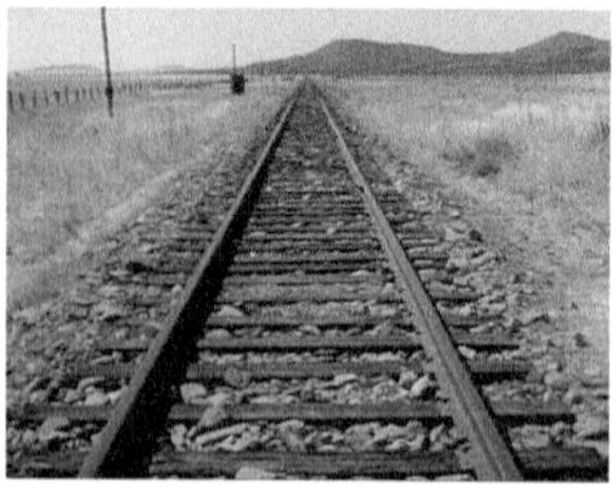

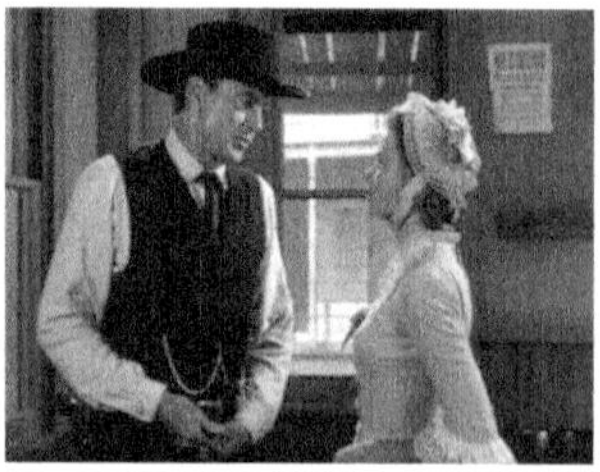

High Noon (1952)
[Zwölf Uhr mittags]
Regie: Fred Zinnemann
Musik: Dimitri Tiomkin

Close-up: Der Schlusston von High Noon

1952 kam *High Noon* in die Kinos der USA. Schwarzweiß, noch im 4:3 Format, Audio = mono, 35 mm Film. Dies war kein richtiger Western, nur eine Auseinandersetzung zwischen einem alleingelassenen, pflichtbewussten Sheriff und rachesüchtigen Schurken. Der Western Star John Wayne bezeichnete den Film als „unamerikanisch", Präsident Bill Clinton aber liebte ihn.

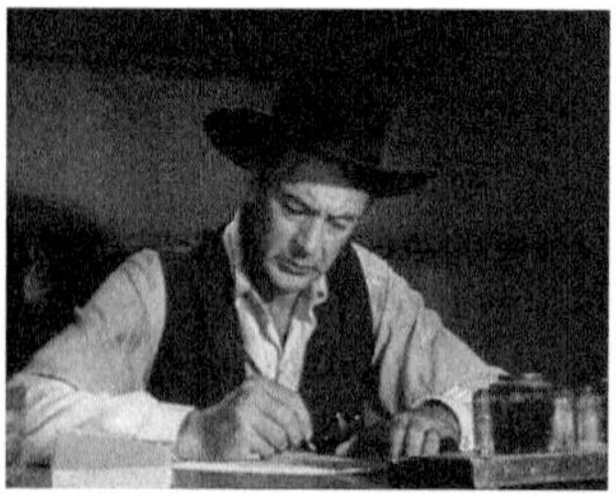

High Noon erreichte immense Popularität und erhielt viele Ehrungen einschließlich vier Oscars, unter anderem für das beste Titellied und die Filmmusik. Der Hauptdarsteller, Gary Cooper, feierte sein Comeback; die Nebendarstellerin, Grace Kelly, genoss ihren ersten Kinoerfolg.

Warum ist die Musik großartig? Hat die Musik den Film besonders gemacht?

Direktor Fred Zinnemann bat Dimitri Tiomkin die Musik für *High Noon* zu schreiben. Tiomkin stammte ursprünglich aus Russland, emigrierte 1925 in die USA und war ein etablierter Filmkomponist. Wie immer in der Vorproduktion, wurde die musikalische Gestaltung besprochen:

- Titelmusik
- Situationsmusik
- Szenenmusik

Das **Titellied** hieß ursprünglich *Do not Forsaken Me, Oh My Darling*. Die Melodie stammt von Tiomkin, der Text von Ned Washington. Der Text ist schlicht und unkompliziert. Das Lied ist im Country-Western Stil geschrieben und wurde für den Film von Tex Ritter, einem bekannter Country-Sänger, eingesungen. Begleitet wurde er nur von Gitarre und Akkordeon, die Trommelgeräusche wurden von einem Hammond-Novachord, einem frühen Synthesizer, produziert. Es gab keine pompöse Orchesterbegleitung, alles war bewusst einfach gehalten.

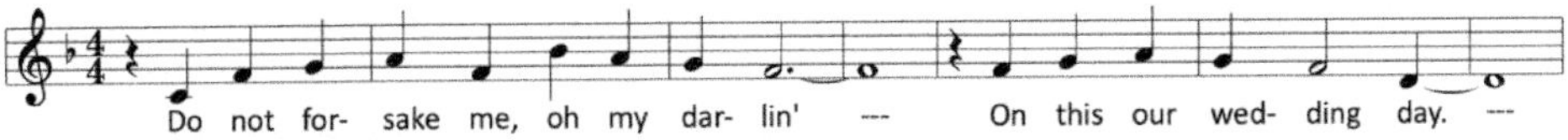

Das Lied wurde schnell Symbol für das Genre „Western" und häufig im Stil nachgeahmt. Tex Ritter wurde 1953 der Oscar für das Beste Lied in einem Film verliehen.

Da es verschiedene Versionen des Lieds gab, wie von Lita Roza und Frankie Laine, einige davon bereits vor dem Kinostart von *High Noon*, wurde der Titel einfach auf *High Noon* geändert. Der Oscar gilt nicht dem Lied generell, sondern nur der Fassung im Film.

Das Lied wurde in Deutschland unter dem Titel *Sag' warum willst du von mir gehen?* populär. Stars wie Bruce Low, Peter Alexander und Freddy Quinn nahmen das Lied auf.

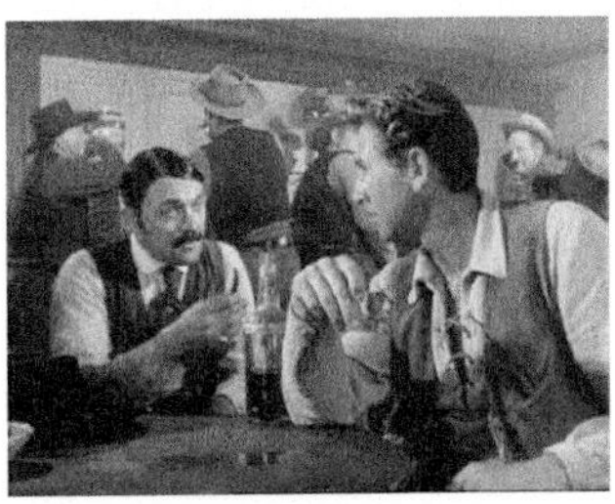

Bei den Saloon-Szenen war wie üblich **Situationsmusik** erforderlich. Natürlich muss ein Barpiano her. Tiomkin verwendete Stephen-Forster-ähnliche Melodien und zitierte *Do not Foresaken Me*. Im Hintergrund war nur ein Klavier zu hören.

Die Szenenmusik hatte wie immer die Aufgabe die Stimmung zu steuern und Übergänge zu gestalten. Und hier findet etwas Neues statt. Normalerweise startet die Musik auf ein Stichwort, läuft während der Sequenz und endet irgendwann. Anfang und Ende müssen nicht unbedingt auffallen. Ein ordentlicher Schlusston hindert eher den Fluss, eine Ausblendung ist nicht wirklich kreativ, aber üblich.

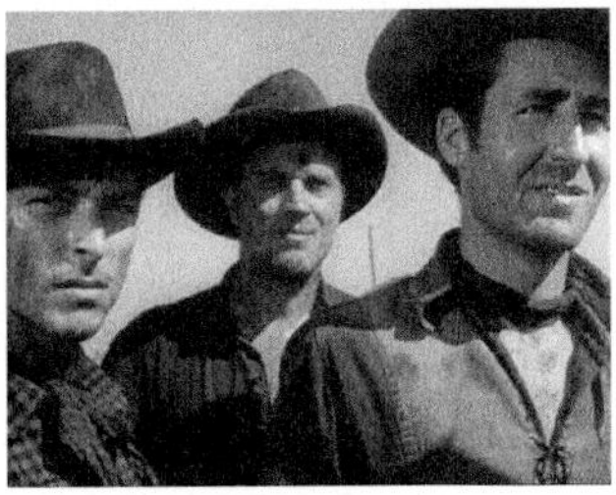

Zinnemann und Tiomkin dagegen haben das Ende der jeweiligen Musikpassage mit einem Geräusch oder Dialog gestaltet. In fast allen Ausschnitten endet die Musik nicht mit einem Schlusston oder einer Ausblendung, sondern mit

- Kirchenglocken
- einer sich schließendenTür
- Geräuschen einer Menschenmenge
- dem Ticken der Uhr

- Kirchengesang
- dem Anklopfen an einer Tür
- oder einem Dialog.

Die Musikgestaltung war eine gelungene Abstimmung zwischen Bild und Musik.

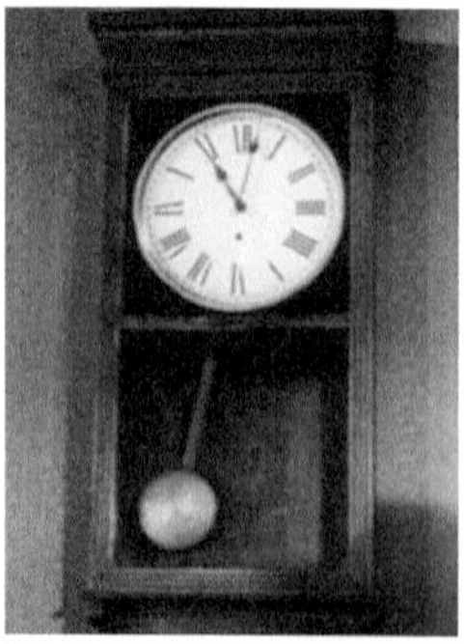

Aber es wird noch besser kommen. Zinnemann bat Tiomkin um etwas, was bisher nicht üblich war. Für die Schlüsselszene, in der das Eintreffen des Zuges mit den Killern erwartet wird, sollte durch die Musik das schmerzhafte Warten, das ewig lange Zeitgefühl untermauert werden.

Zinnemann hatte vor, die Bilder zur Musik zu schneiden. Tiomkin sollte eine Musik erfinden, ohne die finale Fassung der Bilder zu kennen.

Beginnend mit dem Ticken der Uhr, mit einer stetigen Steigerung, einem riesigen Crescendo, vollem Orchester, immer weiter, immer lauter...

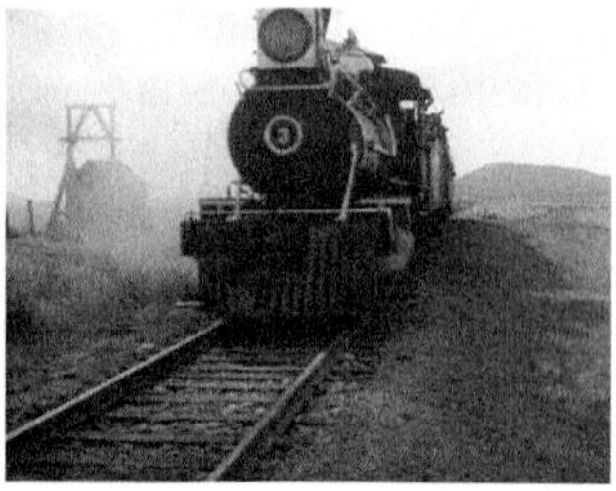

Beim Höhepunkt der Musik wird sie abrupt unterbrochen von der Pfeife der Dampflok, die den kommenden Schicksalsschlag einläutet. Die Musik bekommt keinen ordentlichen Schlusston, wie sonst üblich, sondern wird durch O-Ton gekappt.

Eine neue Gattung der Filmmusik war geboren, nämlich die *Musiksequenz*: Die Musik bekommt eine eigenständige Form, die Bilder werden zur Musik montiert, die Wechselwirkung wird neu definiert.

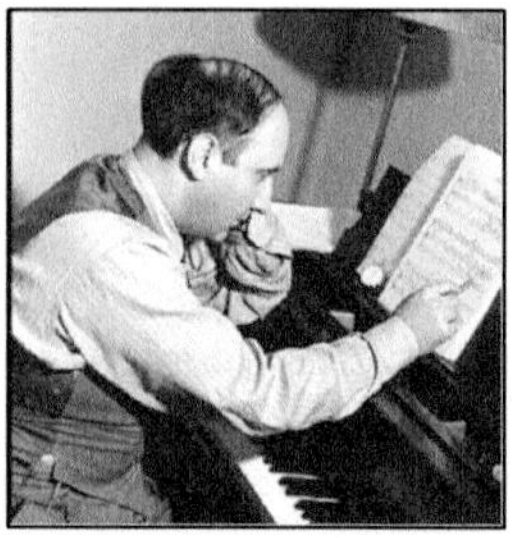

Dimitri Tiomkin (1894–1979)
War Filmkomponist und stammte aus Russland. 1921 kam er nach Deutschland und ging 1925 in die USA. Vier Oscars und weitere Auszeichnungen waren der Lohn für seine Arbeit als Komponist in 126 Filmen.

1952: Kino im Großformat: Cinerama
Cinerama ist für drei Projektoren, 35 mm Film (3x), sieben Spuren Magnetton und gewölbte Großleinwand konzipiert. Leider ist das System sehr teuer und aufwendig. Daher werden nur sehr wenige Filme dafür produziert.

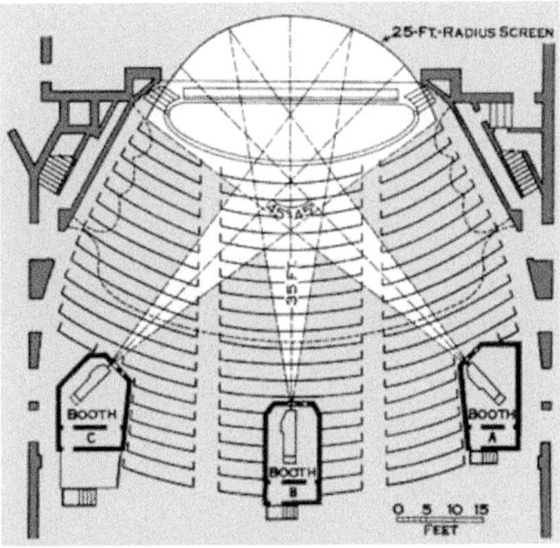

Cinerama (3 Projektoren)

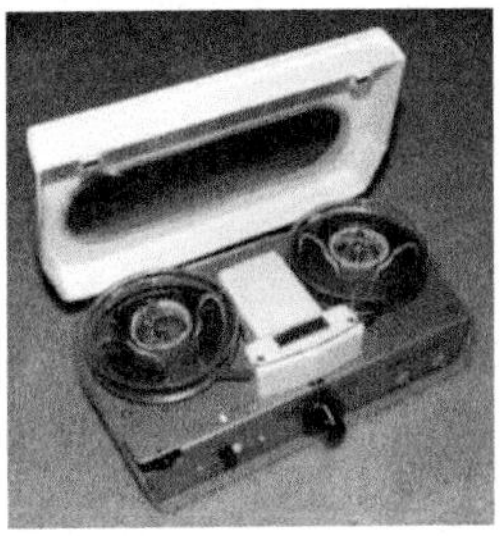

1952: Tragbare Tonbandgeräte erhältlich
Diese Modelle werden für den allgemeinen Gebrauch hergestellt. Neben der Schallplatte soll das Tonband ein weiterer allgemein-erhältlicher Tonträger für das Massenpublikum werden. Das bezahlbare Gerät ist bei jungen Menschen sehr begehrt.

1953: 16 mm Film
Der Kino-Standard ist 35 mm. Das Filmmaterial ist entsprechend teuer. Für das Fernsehen, Dokumentarfilmer und viele Einrichtungen außerhalb der großen Profiindustrie ist 16 mm ein willkommenes Format. Es erleichtert das Schneiden durch den in diesem Jahr auf den Markt kommenden Schneidetisch. Er hat drei Teller, zwei für den Film, einen für den Ton, der auf Magnetband aufgenommen wurde.

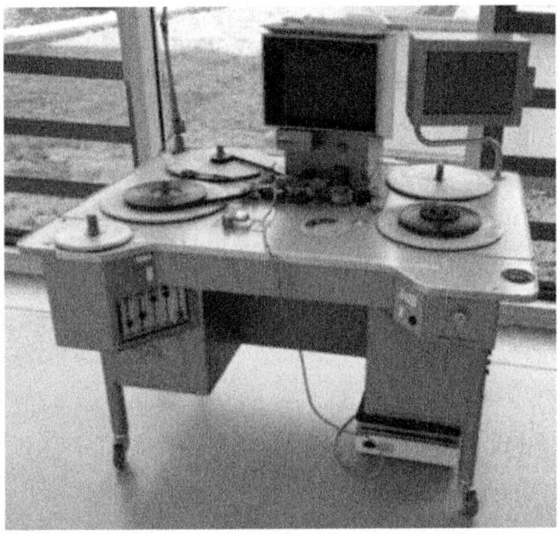

1953: Cinemascope
Die Idee der großen Projektion setzt sich aber relativ schnell durch. Durch das Cinemascope Projektionsverfahren können Kinos ein Jahr später ohne komplizierten Umbau Filme im Großformat zeigen. Da die Bilder anamorphotisch sind, ist nur ein Objektivadapter erforderlich.

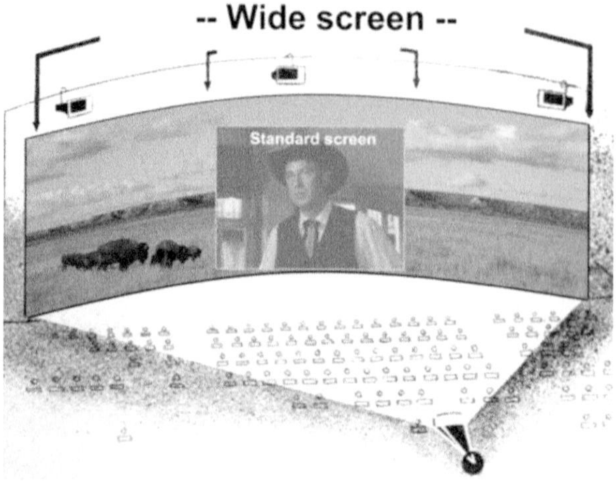

Cinemascope (Wide screen und 1 Projektor)

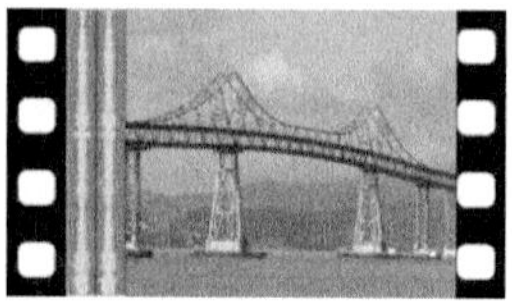
Der Film

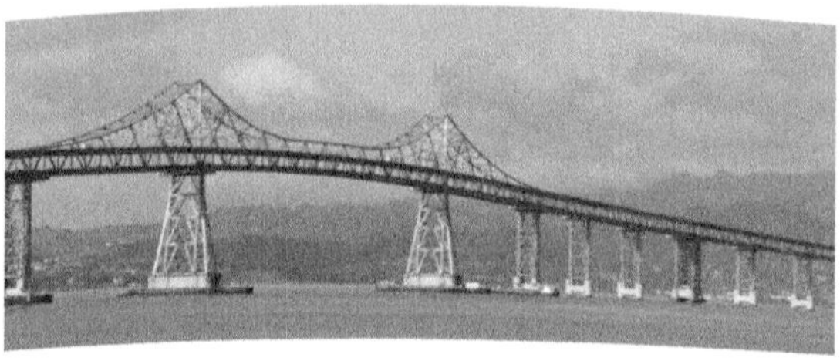
Die Projektion

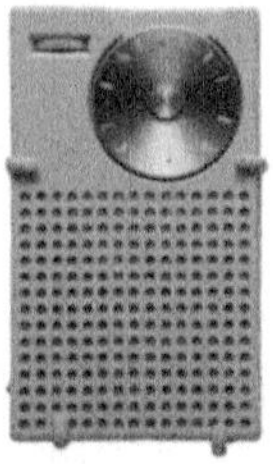

1954: Transistorradios
Weil diese Radios batteriebetrieben sind, wird es möglich unabhängig auch im Freien Musik zu hören. So wird die Gute Stube als alleiniger Ort des Hörens abgelöst. Die Musikindustrie erlebt einen neuen Boom.

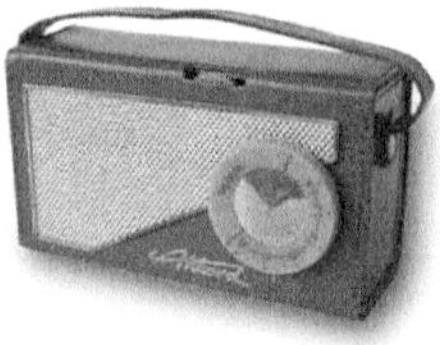

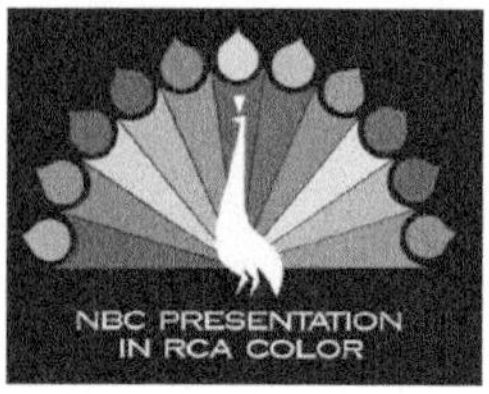

1954: Farbfernsehen in den USA
Die ersten farbigen Bilder flackern in die Wohnzimmer. Erst 1967 kommt das Farbfernsehen nach Deutschland. Das Farbsystem in Deutschland, genannt PAL, wurde von Walter Bruch bei Telefunken in Hannover entwickelt.

1955 8-Spur Mischpult mit Röhrentechnik

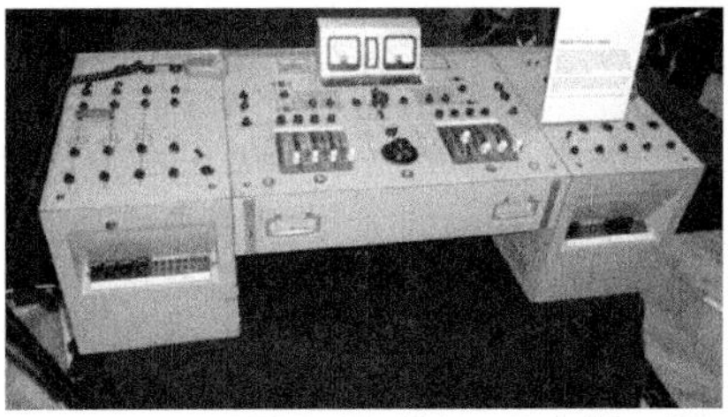

REDD.17, Abbey Road Studios

Bill Putnam Sr. (Gründer von Universal Audio) entwickelt in den USA Mischpulte mit Röhrentechnik. In England wird EMIs Recording Engineer Development Department (REDD) von Abbey Road Studios gegründet. Lenn Page soll eine Technologie entwickeln, die dem relativ neuen Stereoformat gerecht sein und über mehr Spuren zur gleichzeitigen Aufnahme verfügen sollte. Bald wird die REDD.1 mit acht Kanälen produziert, zwei Jahre später folgte die REED.17, entwickelt von Peter Burkowitz (EMI Electrola Germany). Dieses Mischpult gilt als das erste mit einer Equalisationsfunktion pro Kanal.

1956: Die erste Speichermöglichkeit wird von IBM entwickelt. Mit 50 Aluminiumplatten je 61 cm im Durchmesser ist das Gehäuse 173 cm hoch, 152 cm breit und 74 cm tief, also so groß wie zwei Kühlschränke. Die Speicherkapazität beträgt 5MB.

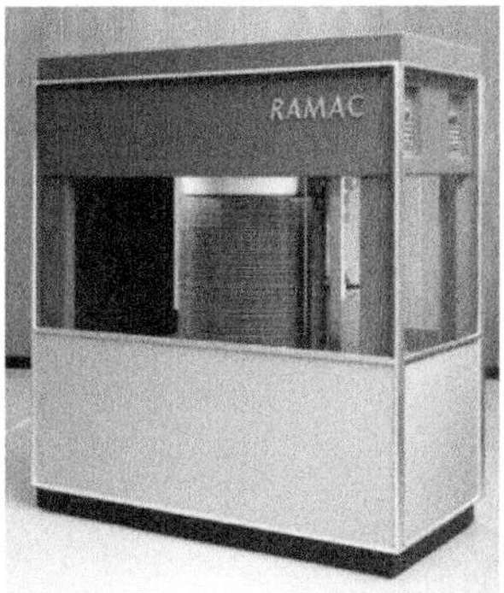

RAMAC 350

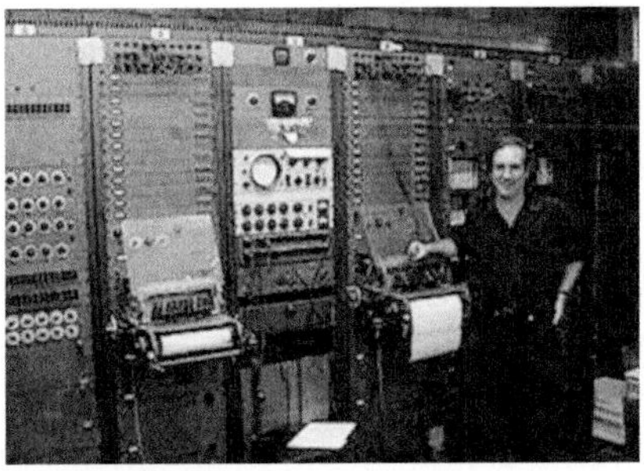

RCA den MKII

1956: Science-Fiction

Elektronische Musik wird bei der Filmmusik eingesetzt, zuerst lediglich für Alien- Effekte.

1954 wird der RCA-Music Synthesizer vorgestellt, entwickelt von Harry F. Olson und Herbert Belar. Der Nachfolger der MKII besitzt eine umfangreiche Technik, zwei Tastaturen und kann sechs-kanalig aufnehmen, ähnlich wie ein Sequenzer. Der eigentliche Klang ist allerdings monofon. Das Instrument hat zu seiner Zeit ca. 200.000,- DM gekostet. Noch bis in die Mitte der 60er Jahre wird es häufig eingesetzt.

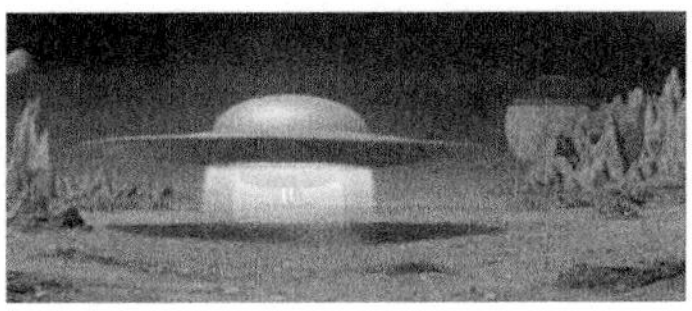

Forbidden Planet (1956)
[Alarm im Weltall]
Regie: Fred M. Wilcox
Musik: Louis und Bebe Barron

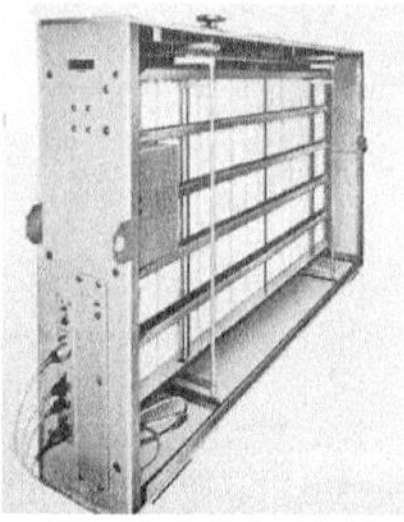

1957: Plattenhall (Plate reverb)
Die deutsche Firma Elektro-Mess-Technik (EMT) entwickelt ein Verfahren mit Metallplatten zur Erzeugung von künstlichem Hall. Das EMT 140 ist das erste kommerzielle Gerät dieser Art. Auf dem Album *TIME* von Pink Floyd wird diese Technologie verwendet.

1958: Stereo-Schallplatten
Obwohl es die erste Stereo-Schallplatte bereits in den 1930er Jahren gab, startet erst jetzt die Vermarktung. Mercury Records entwickelt einen Tonabnehmer, der die Wiedergabe mit zwei Kanälen möglich macht.

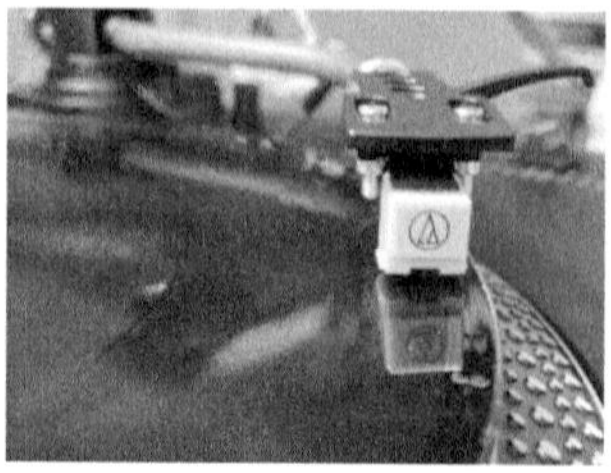

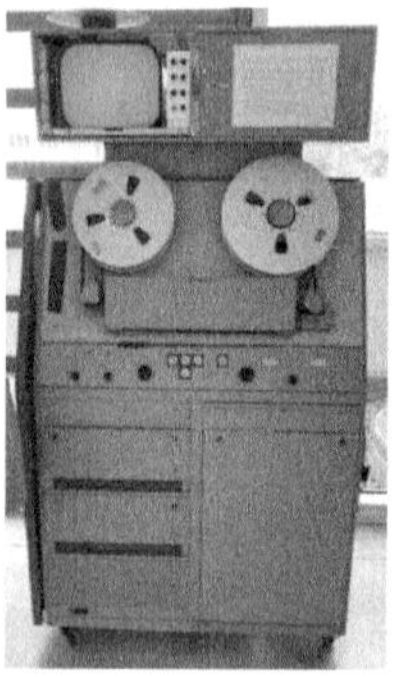

1958: Magnetaufzeichnung
für Fernsehen (Videorecording). Nun können TV-Shows und Fernsehbeiträge auf Magnetband aufgenommen werden. Die Live-Übertragung ist nicht mehr zwingend. Die Sendungen können auch mehrfach verwendet bzw. an andere Sender verkauft werden.

Close-up: Ein Mann gegen 100 Orchestermusiker:innen
Ascenseur pour l'échafaud

Normalerweise sind viele Musiker:innen an der Herstellung der Filmmusik beteiligt. Es ist sehr ärgerlich, dass nur selten deren Namen beim Abspann gelistet werden. Ärgerlich deshalb, weil der:die Trompeter:in oder der:die Querflötist:in möglicherweise während des ganzen Films zu hören ist, ohne dass der:die Musiker:in für diese Leistung namentlich erwähnt wird.

Obwohl der große Sound mit vollem Orchester eindeutig der Favorit der meisten Filmemacher:innen ist, gibt es einige wenige Beispiele, bei denen die Musik hauptsächlich von einer Person gestaltet wird. Nicht nur als Filmkomponist:in, sondern auch aus Ausführende.

Mit *Ascenseur pour l'échafaud [Fahrstuhl zum Schafott]* hat Miles Davis einen riesigen Schritt in seiner Karriere gemacht. Gerade 30 Jahre alt, spielte er in Jazzclubs in Paris, als der Regisseur Louis Malle, ein Jazzfan, Davis entdeckte. Malle drehte gerade *Ascenseur pour l'échafaud* und fragte Davis, ob er eine Musik für den Film einspielen könnte.

Alle Bedenken konnten beseitigt werden, als Miles Davis die Rohfassung des Films anschaute. So ging er mit seiner Begleitband, bestehend aus französischen Musiker:innen, ins Studio. Er beschrieb die jeweilige Szene, die er vertonen wollte, wie die Szene im Lift, gab das Tempo vor und improvisierte.

Bis zum Morgengrauen wurde aufgenommen. Die Montage erfolgte und seitdem ist die Musik von Miles Davis unmittelbar verbunden mit der Stimmung des Films:

- Urban/Großstadt
- Einsamkeit
- Aussichtslosigkeit
- Schuldgefühle

Der Film kommt 1958 in die Kinos. Sein Sound ist unverkennbar und oft imitiert.

Es ist Musik von Miles Davis, in Stil und Komposition. Aber ohne seine Band, die ihn bei der Aufnahme unterstützte, wäre das Ergebnis nicht möglich gewesen. Das hat viel mit der Stimmung in der Musik zu tun, aber auch mit dem Gefühl der Musiker:innen zueinander. Es ist zu hören, wie sie aufeinander eingehen und gemeinsam die Grundlage für die geniale Improvisation bilden.

- Kenny Clarke Drums
- Pierre Michelot Bass
- René Urtreger Klavier
- Barney Wilen Tenorsaxofon

Zwei Szenen aus dem *Ascenseur pour l'échafaud* zeigen besonders wie Miles Davis die Stimmung verstanden und in Musik umgesetzt hat:

Florence, gespielt von Jeanne Moreau, läuft wie in Trance durch die Stadt, verzweifelt, in ihren Gedanken verloren, einsam, ungewiss über das Nichterscheinen ihres Freundes. Die Szene ist ohne Dialog und die Trompete übernimmt perfekt die Gedanken- und Seelenwelt der Frau.

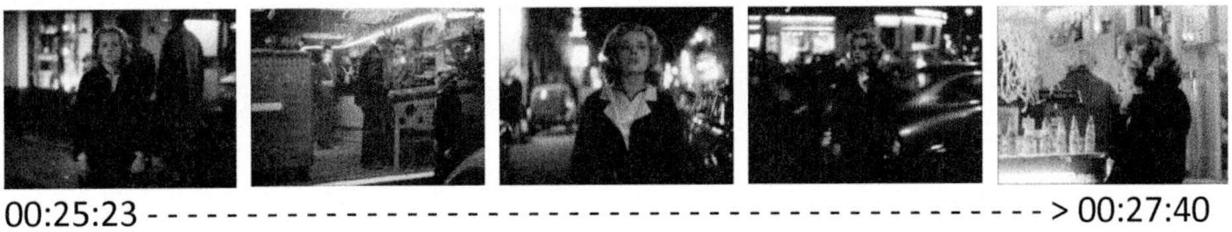

00:25:23 --- > 00:27:40

Besonders rund ist das Ende dieser musikalischen Passage. Bis dahin wird nichts gesprochen. Dann aber, als Florence meint, Julien zu erkennen und seinen Namen ruft, stoppt die Musik.

Ihr Freund Julien, gespielt von Maurice Ronet, steckt in einem Aufzug fest. Hier muss er warten und kann nicht zu der Verabredung mit seiner Freundin kommen. Ungeduld und Hilflosigkeit quälen ihn.

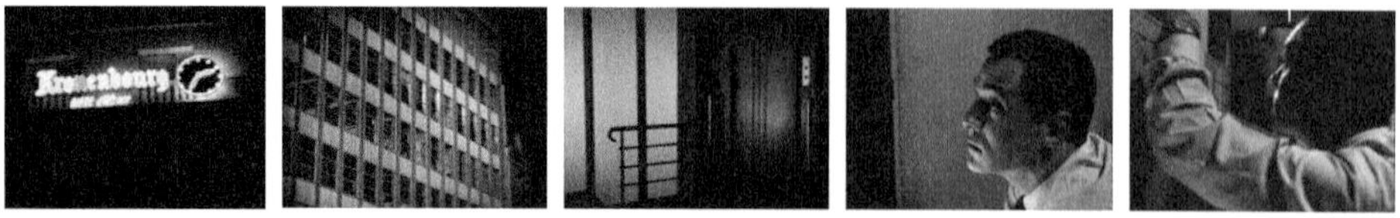

00:21:52 - > 00:22:32

Es entsteht eine schöne Wechselwirkung zwischen Bild und Musik. Fast zusammen mit der Musik blinkt ein Reklameschild. Die jeweils wenigen Sekunden Licht sind die Momente, in denen Julien, im Dunkel des Fahrstuhls, etwas sehen kann.

Miles Davis hat mit seiner unverkennbaren Musik eine beispielhafte Filmvertonung geleistet. Das große Orchester ist nicht immer notwendig. Die Musik weniger Musiker:innen mit einer gewissen Transparenz erfüllt völlig ihren Zweck, holt die Zuschauer:innen ab und vermittelt perfekt die gewollte Stimmung.

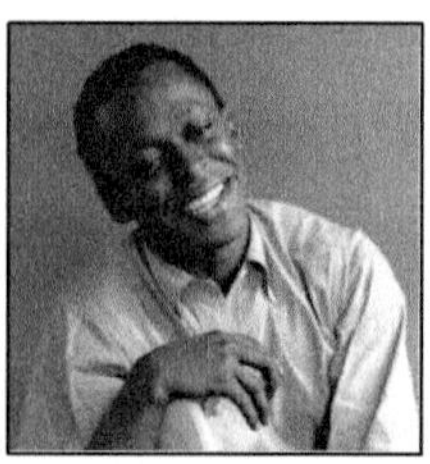

Miles Davis (1926-1991)
Jazztrompeter, stammte aus Illinois, Amerika. Er arbeitete mit vielen prominenten Musikern zusammen, wie John Coltrane, Chick Corea und John McLaughlin. Er hat über 100 Alben herausgebracht.

= = = = = = = = = = = = = = =

Die 1960er Jahre: Der Computer kommt

= = = = = = = = = = = = = = =

= =

Die 1960er Jahre: Der Computer kommt

= =

Diese Dekade ist durch Computer, das Wettrennen zum Mond und Spionagegeschichten geprägt. Viele bekannte Fernsehenserien entstehen, wie *Star Trek* und *Mission Impossible*. Die Fernsehengesellschaften kämpfen hart um das Publikum, das Kino bekommt Konkurrenz.

1961: Der erste „singende" Computer
wird im Jahre 1961 von Bell Labs und IBM entwickelt. Die Stimme ist nicht gesampelt, sondern programmiert.

Das Lied heißt *Daisy*. 1968 bekommen der singende Computer und das Lied eine prominente Darstellung im Film *2001 – A Space Odyssey* von Stanley Kubrick. HAL, der Bordcomputer, singt das Lied, während er abgeschaltet wird.

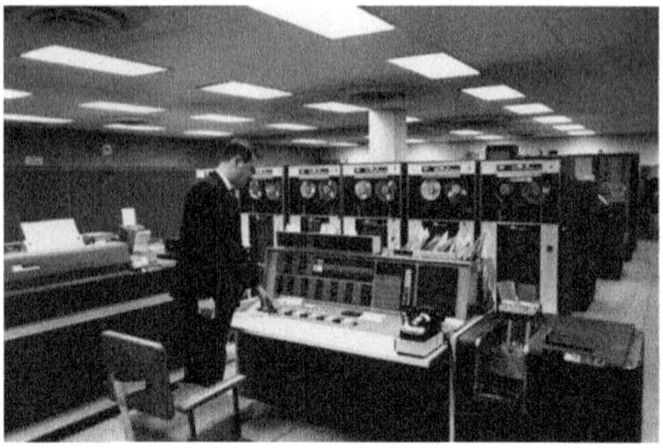

IBM7094

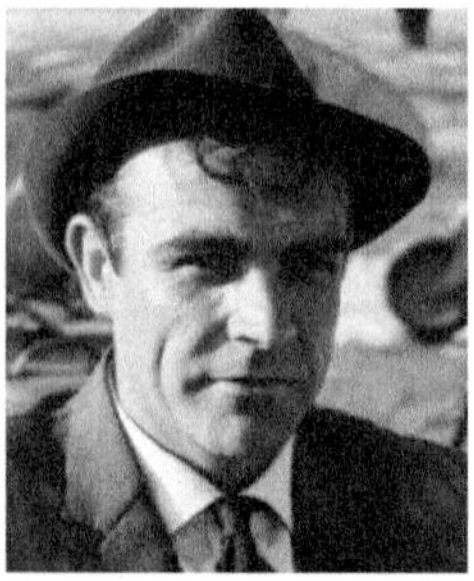

Sean Connery

1962: Die erste Verfilmung von James Bond
Sean Connery spielt in *Dr. No.* Produzent Albert R. Broccoli gründet die erfolgreiche Reihe nach den Romanen von Ian Fleming. Die deutsch-schweizerische Schauspielerin Ursula Andress ist das erste Bondgirl.

Dr. No (1962)
[James Bond 007 jagt Dr. No]
Regie: Terence Young
Musik: Monty Norman

1962: Telstar
Der erste Kommunikationssatellit wird ins All geschossen. Telstar 1 wog 77 Kilo und war 88 Zentimeter groß. Nur 60 zweiseitige Telefonverbindungen sind gleichzeitig möglich. Die erste Liveübertragung aus den USA nach Europa (Eurovision) dauert allerdings nicht länger als 10 Minuten. Telstar 1 war nur sieben Monate im Einsatz.

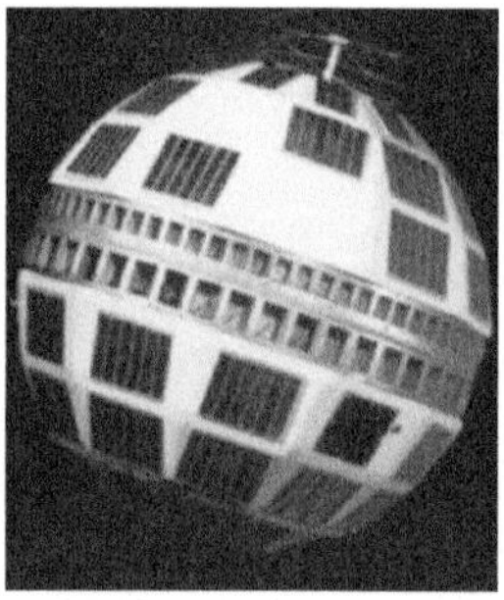

1963: Das Zweite Deutsche Fernsehen startet. Anders als das erste Programm, das durch die Arbeitsgemeinschaften der Rundfunkanstalten (ARD) produziert wird, wird das ZDF von Mainz produziert und bundesweit gesendet.

1963: Die Kompaktkassette

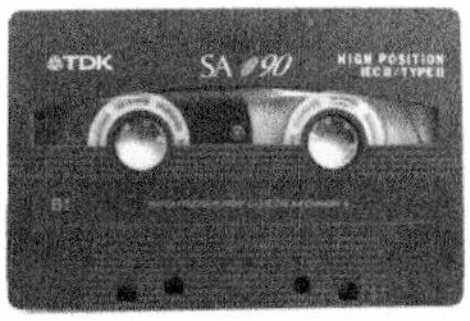

Als unempfindliches und handliches Medium setzte sich die Kassette gegenüber anderen Tonträgern für den privaten Gebrauch durch. Tonband, DC-International, 8-Spur-Cartridge und andere Magnetband-Medien verschwinden nach und nach.

Mit der Kassette war auch das Aufnehmen vom Radio oder von der Schallplatte erheblich leichter. So beklagt die Industrie das unerlaubte Kopieren und die Verbreitung von Musik durch die Kassette.

Das Band ist 3,81 mm breit, läuft mit einer Geschwindigkeit von 47,625 mm pro Sekunde und spielt zwei Spuren (bzw. Stereo) in beide Richtungen. Philips stellt den ersten Rekorder und die Kassette bei der 23. Großen Deutschen Funk-Ausstellung (heute: IFA) in Berlin vor.

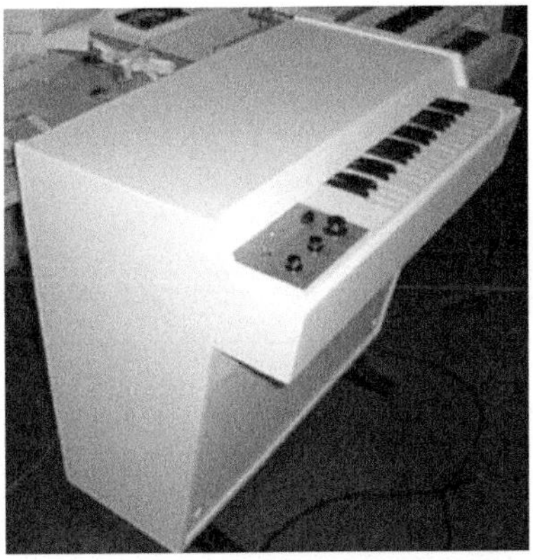

1963: Das Mellotron

Der Urvater des Samplings beginnt mit der Erfindung des Mellotrons durch Harry Chamberlin. Einzelne Töne werden von „echten“ Instrumenten aufgenommen und auf Tonband überspielt. Taste für Taste hängt im Kasten des Mellotrons ein Stück Tonband, das mit dem Tastendruck von einem Tonkopf abgespielt wird. Der Tonumfang umfasst 35 Töne (3 Oktaven, chromatisch). Das Tonband ist 3/8 Zoll breit und wird mit drei Spuren bespielt, sodass drei verschiedene Klänge abgerufen werden können.

Besonders die Streicher- und Chorklänge sind begehrt. Unter anderem haben die Beatles und die Moody Blues das Instrument eingesetzt.

1963: The Birds
Oscar Sala, ein deutscher Komponist, vertont bestimmte Szenen in Hitchcocks *The Birds*, insbesondere die Vogelgeräusche, mit seinem Mixtur-Trautonium elektronisch.

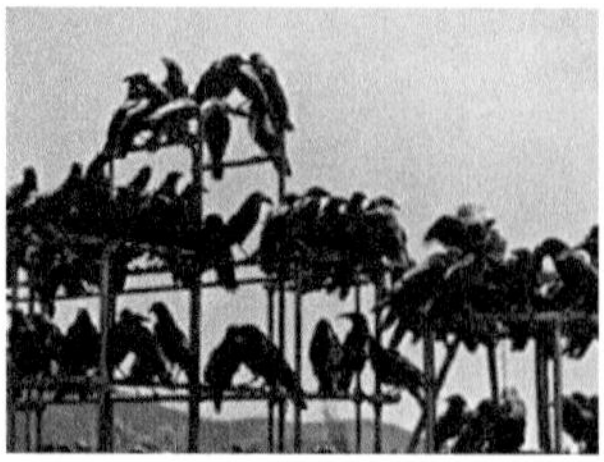

The Birds (1963)
[Die Vögel]
Regie: Alfred Hitchcock
Musik: Oscar Sala

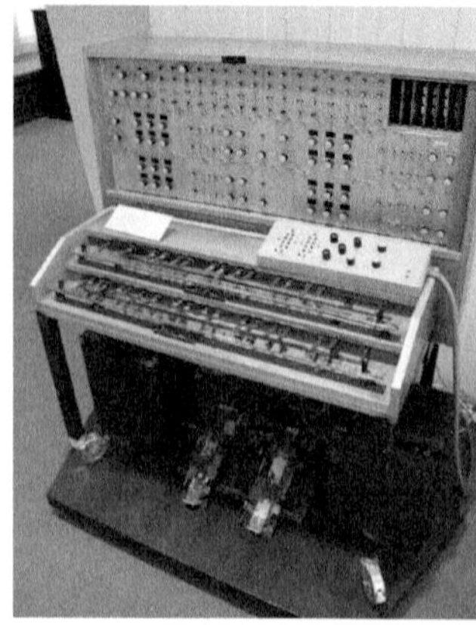

Mitte der 1960er Jahre: Aufnahmen mit 4 Spuren
Die Tonstudios rüsten auf 4-Spur Tonbandgeräte um. Anders als herkömmliche Tonbandgeräte, läuft das Band nur in einer Richtung. Es kann nicht gewendet werden. Die Spuren können einzeln eingespielt und verändert werden.

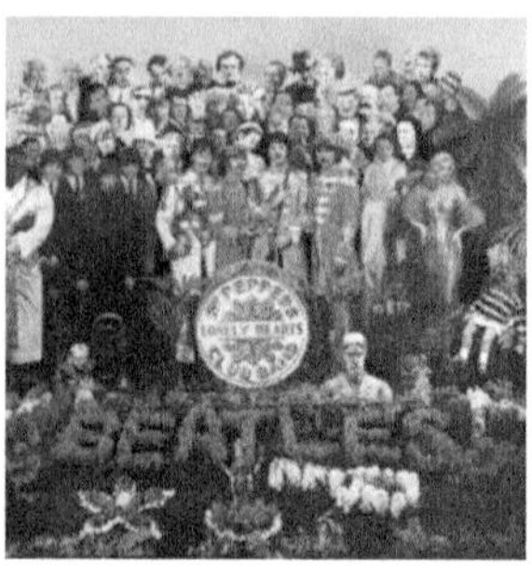

1967 produziert George Martin *Sgt. Pepper's Lonely Hearts Club Band* mit The Beatles mit lediglich 4 Spuren.

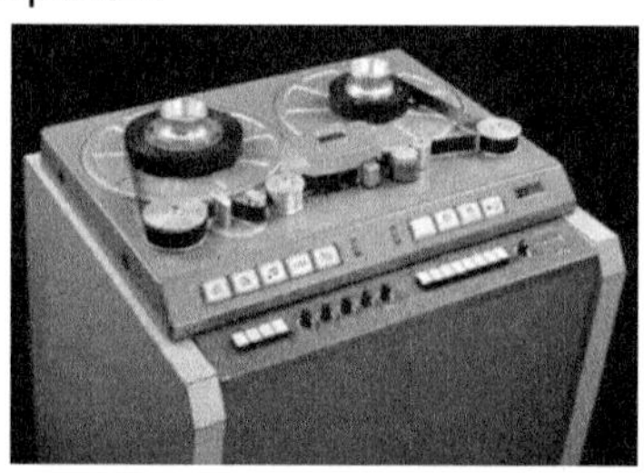

Studer J37

1960er: Effektgeräte für die Soundbearbeitung
Neben Hall und Klangbearbeitung (Equalization) werden weitere Effekte und Bearbeitungsmöglichkeiten entwickelt. Neil Young experimentiert mit Verzerrung (Distortion). George Harrison versucht zwei Tonbandgeräte zu synchronisieren, erzeugt zufällig eine Phasenverschiebung und nennt sie *Flanging.* Bill Putnam Sr. entwickelt ein Verfahren zur Kompression. Weitere Effekte wie Delay, Phasing, Ringmodulation und Chorus werden als Rackmodell und Fußpedal hauptsächlich für Gitarre entwickelt.

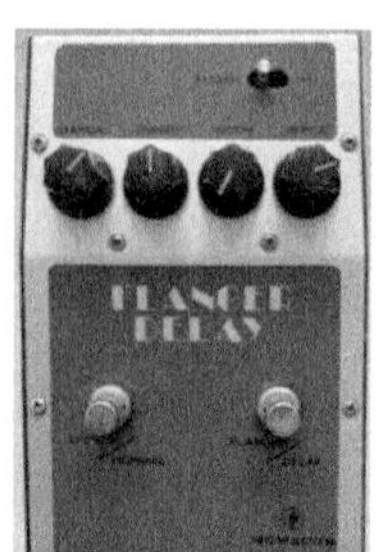

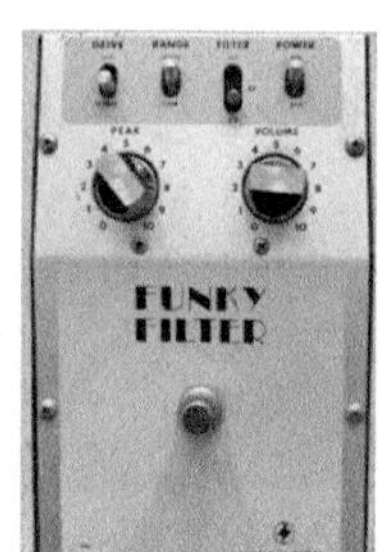

1964: Solid-state Mischpult
Rupert Neve entwickelt das erste Audiomischpult auf der Basis von Transistorentechnologie für das Phillips Recording Studio in London. Erst Ende der 1960er Jahre werden die Mischpulte produziert und weltweit verkauft. Neve erhält 1997 den Technical Grammy Award.

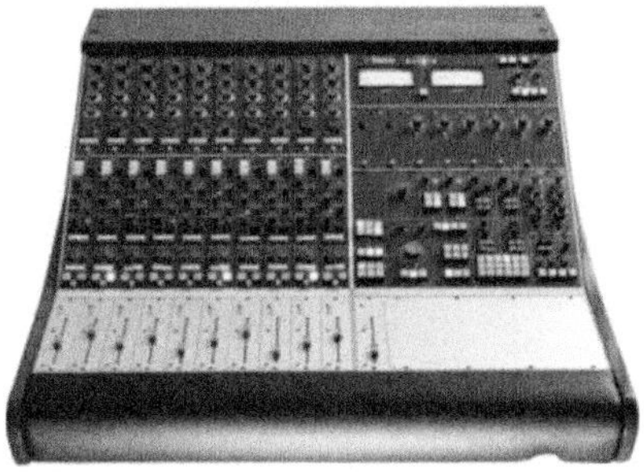

Neve BCM10/2 Mk2
10-channel Mischpult

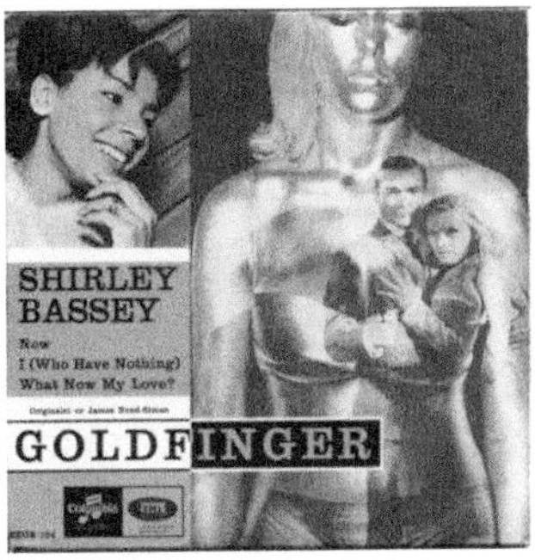

Goldfinger (1964)
[Goldfinger]
Regie: Guy Hamilton
Musik: John Barry

1964: Goldfinger wird ein Welthit
In der Tradition der bisherigen James Bond Filme wird die Titelmusik mit Gesang gestaltet. Shirley Bassey singt das Lied *Goldfinger*, Text von Leslie Bricusse und Anthony Newley, Musik von John Barry. Das Lied wird als Single veröffentlicht und wird rasch zum Welthit. Ein gelungenes Beispiel einer Crossover-Möglichkeit zwischen der Film- und Musikindustrie.

Aus *Goldfinger* festigt Barry die bekannten James Bond Motive, die bis heute ihren Platz in jedem 007-Film finden.

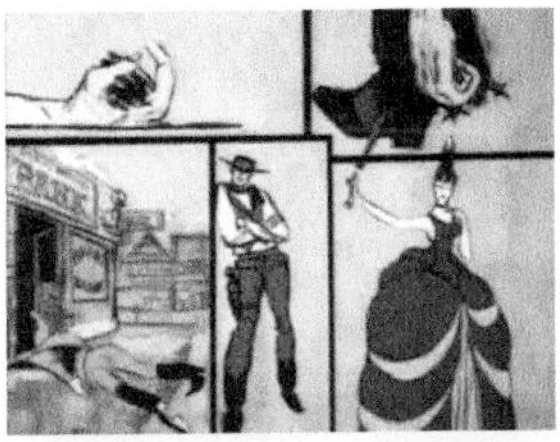

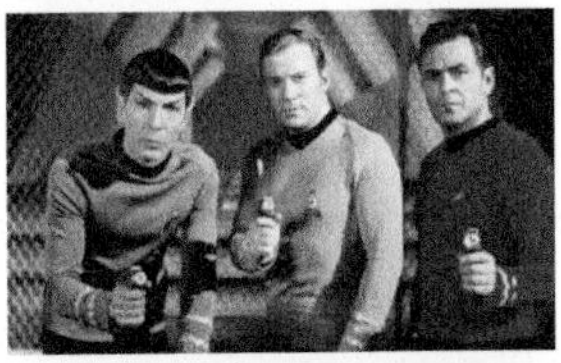

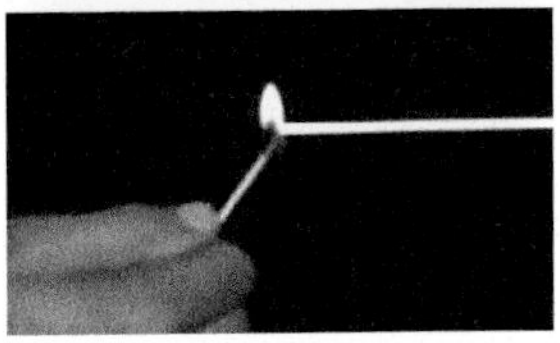

1960er: Weitere TV-Serien

Wild Wild West 1965–1969
[Verrückter Wilder Western]
1989 Erstausstrahlung in Deutschland
Titelmusik: Richard Markowitz

Star Trek 1966–1969 (1. Staffel)
[Raumschiff Enterprise]
1972 Erstausstrahlung in Deutschland
Titelmusik: Alexander Courage

Mission: Impossible 1966–1973
[Kobra übernehmen Sie]
1967 Erstausstrahlung in Deutschland
Titelmusik: Lalo Schifrin

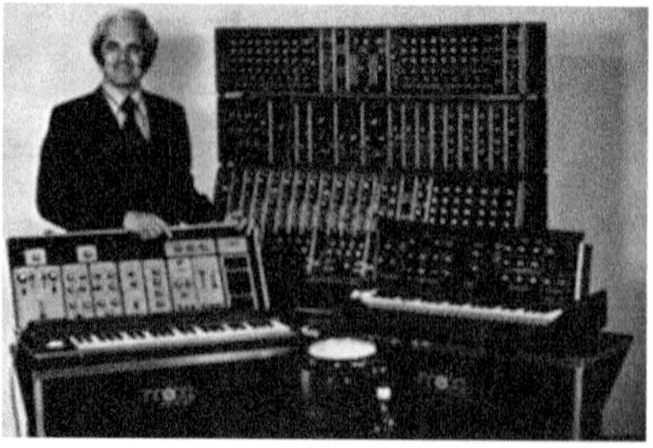

1965: Moog Synthesizer

Im Jahre 1963 schließen sich Herbert Deutsch und Robert Moog zusammen. Ein Synthesizer wird im Sommer 1964 fertig und ab 1965 produziert. Der bekannte Moog-Synthesizer ist geboren.

Als dann Walter Carlos, heute Wendy Carlos, die Schallplatte *Switched on Bach* im Jahre 1968 mit Moog Synthesizermodulen aufnimmt und herausbringt, wird der Moog-Synthesizer von heute auf morgen weltweit bekannt.

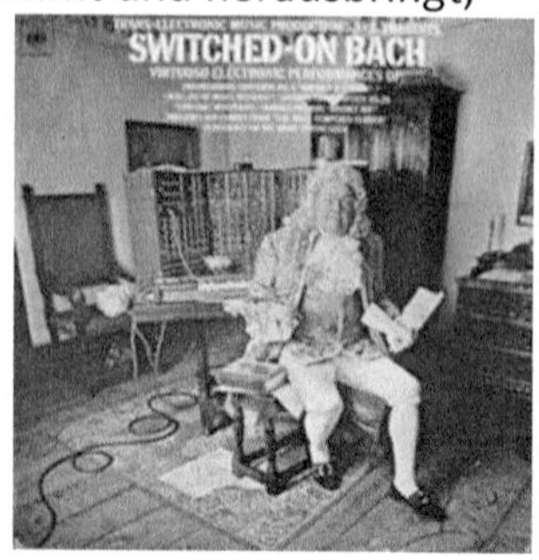

Close-up: Was ist hinter dem zerrissenen Vorhang passiert?

Nach 10 Jahren engster Zusammenarbeit feuerte der prominente Regisseur Alfred Hitchcock seinen Filmkomponisten und Freund Bernard Herrmann. Wie konnte es dazu kommen?

Alfred Hitchcock entdeckte sehr früh seine Liebe zur Audiogestaltung. 1928 drehte er den Film *Blackmail [Erpressung]*, der eigentlich als Stummfilm nur mit Klavierbegleitung herausgebracht werden sollte. Tonfilme wurden jedoch zu diesem Zeitpunkt in der Filmgeschichte rasch zum Publikumserfolg. Zur gleichen Zeit wurden *The Broadway Melodie* in den USA und *Melodie des Herzens* in Deutschland gedreht. Beide Filme waren bereits als Tonfilm angekündigt. Der Stummfilm war out, seine Zeit vorüber.

So entschieden die Produzenten und Hitchcock noch während der Produktion aus *Blackmail* einen Tonfilm zu machen. Da in England viele Kinos noch nicht für Sound ausgestattet waren, wurde 1929 der Film mit zwei Fassungen herausgegeben, als Tonfilm und als Stummfilm. Bis heute streiten sich Expert:innen, welche Fassung besser ist.

Um den Reiz des Tonfilms zu verstärken und damit indirekt die Kinos unter Druck zu setzen, auf den Tonfilm umzurüsten, musste Hitchcock den höheren Wert und die Besonderheit des Hörerlebnisses deutlich machen. Andernfalls wären die Kinogänger:innen zu Beginn der Weltwirtschaftskrise genauso gerne in die Stummfilmfassung gegangen, statt einen höheren Eintritt zu bezahlen für etwas, das sie nicht kannten. Dieser Film war kein Musikfilm. Keiner singt ein Lied, keiner tanzt los, das Thema hat nichts mit Musik zu tun, denn *Blackmail* sollte ein Thriller werden. Dennoch musste der Soundtrack aus mehr als ein paar gesprochenen Worten bestehen, um das Publikum in die Kinos zu locken und zu begeistern.

Hitchcocks Anspruch war es daher, eine Audiogestaltung zu erfinden, die eine eigene Erzählebene darstellte. Die konstante Musik des Klaviers bei Stummfilmen sollte weichen, um Platz zu schaffen für Sprache und Foleys. Musik erklingt an nur wenigen Stellen im Film.

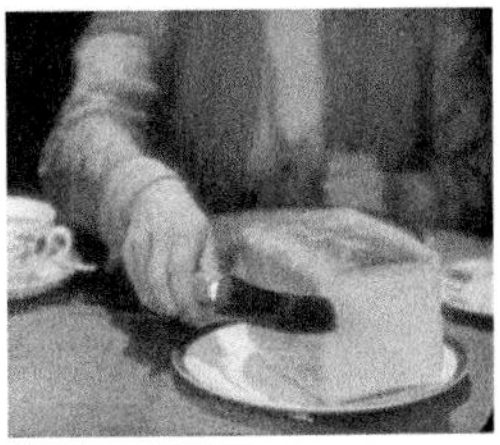

Ein hervorragendes Beispiel des Gestaltungswillens Hitchcocks ist die Szene mit dem Buttermesser. Die Kamera ist nur auf die Protagonistin gerichtet. Aus den Worten der im Raum befindlichen Frau hat Hitchcock eine Collage gebaut, die ihren Höhepunkt findet, als die Protagonistin nach dem Messer greift. Die Tonspur – eine tontechnische Meisterleistung für die Zeit – ermöglicht den Zuschauer:innen einen Einblick in die Gedanken der Protagonistin. Die Wechselwirkung von Bild und Ton ist optimal.

So hat Hitchcock sehr früh in seiner Karriere seine Liebe zur Audiogestaltung und seine Abneigung zur „Dauermusik“ entdeckt. Das erfahren die Zuschauer:innen in den weiteren Filmen Hitchcocks. Viele Szenen sind ohne Musik, dafür mit einer intensiven Audiogestaltung.

Bernard Herrmann feierte als Filmkomponist seinen ersten großen Erfolg 1941 bei *Citizen Kane* (Regie: Orson Wells). *All that Money can Buy* (zuerst *The Devil and Daniel Webster*, deutscher Titel *Der Teufel und Daniel Webster*) wurde mit einem Oscar für die Beste Musik geehrt. Er wurde als Filmkomponist begehrt und schrieb bereits in den 1950er Jahren Musik für TV-Sendungen.

In *The Trouble with Harry [Immer Ärger mit Harry]* (1955) arbeiteten Bernard Herrmann und Alfred Hitchcock zum ersten Mal zusammen und setzten danach ihre Zusammenarbeit bei folgenden Filmen fort:

- *The Man Who Knew Too Much [Der Mann, der zuviel wusste]* (1956)
- *The Wrong Man [Der falsche Mann]* (1956)
- *Vertigo [Vertigo – Aus dem Reich der Toten]* (1958)
- *North by Northwest [Der unsichtbare Dritte]* (1959)
- *Psycho* (1960)
- *The Birds [Die Vögel]* (1963) – Sound Consultant
- *Marnie* (1964)

Aus der Zusammenarbeit mit Hitchcock wurde auch eine Freundschaft.

Bei der Zusammenarbeit mit Bernard Herrmann bei *Psycho* gab es bereits Streit um die musikalische Gestaltung der Duschszene. Hitchcock wollte keine Musik, nur Sounds, denn nur die Messerstiche sollten zu hören sein. Tatsächlich ist beim fertigen Schnitt kein Treffer zu sehen. Dennoch fühlt man mit der Protagonistin jeden schmerzhaften Stich.

Herrmann vertonte die Szene und spielte die Musik ein – ohne ein ausdrückliches Einverständnis Hitchcocks. Nur von Celli gespielt, ertönen hohe, kreischende Töne, die immer tiefer werden, bis die erstochene Protagonistin langsam an der Badewannenwand herunterruscht und schließlich unten auf dem Fußboden des Badezimmers liegt.

Nach langem Zögern stimmte Hitchcock der Verwendung der Musik zu. Heute gilt diese Vertonung als wegweisend, die Horrortöne von Bernard Herrmann werden immer wieder zitiert.

Bei *The Birds [Die Vögel]* (1960) bestimmte Hitchcock, dass es keine explizite Filmmusik geben sollte. Bernard Herrmann durfte lediglich beraten. Die Vogelgeräusche sind elektronisch produziert und zwar von Oscar Sala, einem deutschen Pionier der elektronischen Musik. Abgesehen davon wurde Stille als gestalterisches Mittel eingesetzt. Dies hängt mit der Handlung des Films zusammen; mit der aggressiven Reaktion der Vögel auf laute Geräusche.

In der Szene, in der die Protagonistin einen Freund per Motorboot besucht, wurden alle Foleys sorgfältig gestaltet und nur sehr sparsam eingesetzt. Die Stöckelschuhe auf dem Holzsteg, das Paddeln im Wasser, das Aufschließen der Haustür etc. sind kaum zu hören. Als sie danach zurückfahren will und den Motor des Boots wieder startet, ist das Geräusch laut und aggressiv. Erst viel später verstehen die Zuschauenden, dass die Tongestaltung aus der Perspektive der Vögel gestaltet ist. Folgerichtig wurde die Szene nicht musikalisch vertont.

Hitchcock war überzeugt, dass das Sounddesign neben der Musik und der Sprache einen festen Platz in der Gestaltung eines Films hat und zwar über eine Foley-Gestaltung hinaus. Es war nicht mehr notwendig die Bilder mit einer konstanten Musik zu unterlegen wie zur Zeit der Stummfilme.

Hitchcock nannte die Rolle der Musik „underscoring", also Untermalung. Bernard Herrmanns Stil war es, möglichst viel Musik zu schreiben, fast wie eine musikalische Darstellung der Handlung. Seine Musik hatte eine gewisse Dominanz, jedenfalls mehr als Hitchcock zulassen wollte.

Bei *Torn Curtain* hatte Hitchcock eine genaue Vorstellung, wie die Musik zu sein hatte. Er gab Herrmann eine detaillierte Aufstellung über die Folge der Szenen, in denen Musik vorgesehen war. Die Musik sollte nicht zu wuchtig sein, eher unauffällig, mit Ausnahme des Filmanfangs. Dazu schreibt Hitchcock:

"I feel that the Main Title should be an exciting, arresting and rhythmic piece of music whose function would be to immediately rivet the audience's attention."

[Ich glaube das Hauptthema sollte eine erregende, fesselnde und rhythmische Musik sein, mit der Funktion, die Aufmerksamkeit der Zuschauer sofort zu fesseln.]

[Quelle: Hitchcocks Notebook, S. 527]

Hitchcock schickte ein Telegramm an Herrmann mit einer Beschreibung des Zielpublikums und seiner Erwartung. Hitchcock wollte eine „beat und rhythm" Musik. Da *Torn Curtain* von Spionage handelt, stand der Film in direkter Konkurrenz mit James Bond. 1964 war *Goldfinger* mit Musik von John Barry ein großer Erfolg, der Big Band Sound errang einen festen Platz in der Filmmusikgeschichte und die jazzigen Harmonien wurden untrennbar Bestand des Genres.

Hitchcock erklärte Herrmann, dass die Musik nur sparsam sein und nur an bestimmten Stellen im Film angebracht werden sollte. Hier ein Auszug aus seiner Aufstellung:

Musikbeginn	Szene 11	Klopfen an Kabinentür
Musikende	Szene 17	Armstrong schließt die Kabinentür
Musikbeginn	Szene19	Manfreds „Die Lounge. Gut."
Musikende	Szene 26	Sarah in Armstrongs Zimmer: „Liebling, unsere Zimmer sind nebeneinander."
Musikbeginn	Szene 26A	Armstrong stürzt hastig aus der Dusche „Nein, warte!"
Musikende	Szene 28	Manfred zu Sarah in der Lounge: „Ah, Frau Sherman."

[Quelle: *Hitchcock's Notebooks*, S. 527–528]

Hitchcock war verärgert, dass nach Orchestrierung und Einspielung zu wenige Möglichkeiten der Veränderung bestanden. „Friss oder stirb" machte eine gemeinsam Gestaltung unmöglich. Die knapp bemessene Produktionszeit war sicher auch ein Hindernis. Jede:r Filmkomponist:in kennt das Problem. Die Bilder sind noch nicht fertig, für die Musikproduktion ist zu wenig Zeit eingeplant, keiner kann die Musik auf Grund des Notenblatts beurteilen, also trifft man Entscheidungen in der Hoffnung, dass die Musik ankommt und der Vorstellung des Regisseurs entspricht. Zeit zum Experimentieren gibt es nicht.

Bernard Herrmann ging an die Arbeit und war der Überzeugung, dass er wisse, was seinem Freund Hitch gefallen würde. Er begann sogleich die Musik mit dem Orchester einzustudieren. Die ersten Ergebnisse, im herrmannschen Stil dunkel und bombastisch, wurden Hitchcock im Soundstudio vorgespielt. Herrmann war total begeistert, Hitchcock völlig entsetzt.

Das Orchester war üppig besetzt, keinesfalls fein und diffizil, wie Hitchcock es gern gehabt hätte. Er stellt Herrmann zur Rede, dieser geriet in Rechtfertigungsnot und wurde auf der Stelle gefeuert. Dies alles vor dem Orchester. Die Demütigung vor den eigenen Kolleg:innen war ein Desaster für Herrmann.

Es gab eine hitzige Telegramm-Korrespondenz mit der Produktionsleitung, keiner war bereit nachzugeben, es blieb dabei: Herrmann war von der Produktion entbunden.

Hitchcock suchte rasch einen Ersatz und konnte John Addison engagieren. Addison füllte die Lücke und schrieb die Musik nach Vorgabe von Hitchcock, letztlich in einem ähnlichen Stil wie Herrmann, aber etwas zahmer und mit einer kleineren Orchesterbesetzung.

Bemerkenswert ist die Mordszene, gespielt von Paul Newman, Wolfgang Kieling und Carolyn Conwell. Hier die Anweisung Hitchcocks:

	Armstrong fragt die Bäuerin: „Ist hier eine Hintertür?“
Musikbeginn	Wenn die Suppentasse gegen das Telefon an der Wand geschleudert wird
Musikende	Wenn das Gas zum Ofen von der Bäuerin aufgedreht wird.
Musikbeginn	Wenn der zweite Gashahn von der Bäuerin abgedreht wird.
Musikende	Armstrong geht in Gerhards Büro

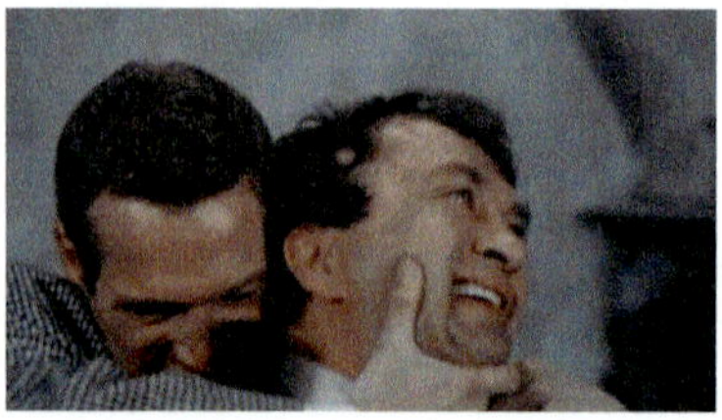

Die Vertonungen von Herrmann und Addison sind erhältlich und können verglichen werden. Es ist vermutlich Geschmacksache, welche der beiden Untermalungen besser ist. Hitchcock konnte sich für keine der beiden Fassungen entscheiden. Die Szene hat eine detaillierte Soundgestaltung, aber keine Musik, und vermittelt ganz im Sinne Hitchcocks, wie schwer es eigentlich ist, jemanden ohne Waffe umzubringen, vor allem dann, weil der Hauptcharakter dazu nicht wirklich fähig war.

Herrmann empfand diese Auseinandersetzung als Bruch der Freundschaft. Er vertonte keinen weiteren Film von Hitchcock. Er fiel in eine schwere persönliche Krise, seine Frau trennte sich von ihm und er ertränkte seinen Ärger in Alkohol.

Ein guter Freund Hitchcocks, Francois Truffaut, konnte Herrmann bewegen für seinen Film *Fahrenheit 451* die Musik zu komponieren. Manche Kritiker:innen sind der Meinung, dass diese Filmmusik die beste Herrmanns ist.

Herrmann schrieb weiterhin für Film und Fernsehen. Martin Scorsese bat Bernard Herrmann die Musik für *Taxi Driver* (1976) zu schreiben. Dies war Herrmanns letzter Film, er starb einige Stunden nach Vollendung der letzten Einspielung im Hotel.

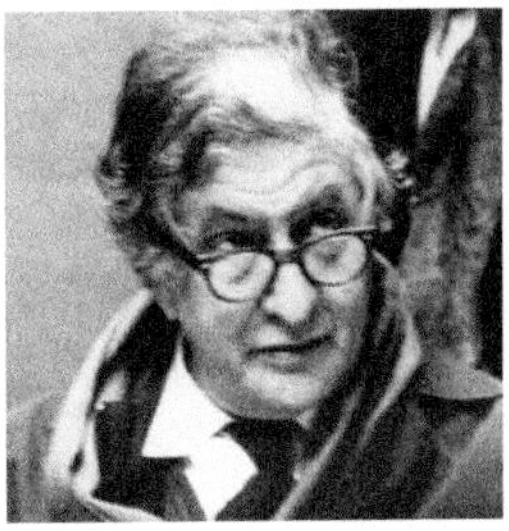

Bernard Herrmann (1911–1975)
war einer der meistgefragten Komponisten Hollywoods. Er studierte bei der renommierten Julliard School of Music und war zuerst beim Radio (CBS) tätig. Er hatte unter anderem die musikalische Leitung des legendären *War of the Worlds* (Krieg der Welten) inne, einem Hörspiel von Orson Wells. Er vertonte viele Filme und erhielt viele Auszeichnungen.

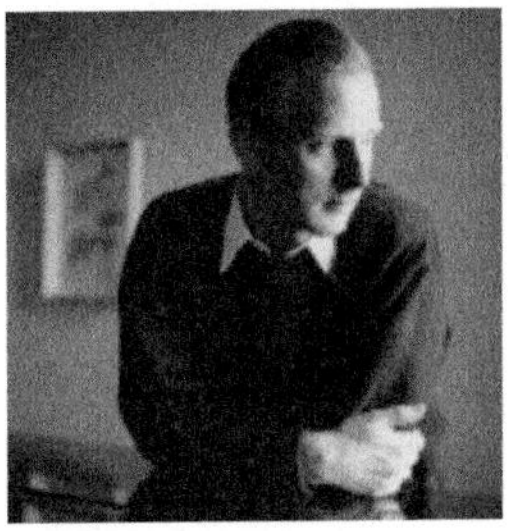

John Addison (1920–1998)
war ein britischer Komponist. Er studierte Komposition am Royal College of Music und schrieb für Film und Fernsehen, wie die Titelmusik zu *Mord ist ihr Hobby* mit Margaret Rutherford in der Hauptrolle als Miss Marple. Für seine Musik zum Film *Tom Jones [Tom Jones – Zwischen Bett und Galgen]* erhielt er 1964 einen Oscar für die beste Originalmusik.

1966: Oscars für gute Musik

Doctor Zhivago gewinnt fünf Oscars, vor allem die Auszeichnung *Best Music.* Die Filmmusik komponierte Maurice Jarre. *The Sound of Music* gewinnt ebenfalls fünf Oscars, auch für die beste adaptierte Musik, die aus dem gleichnamigen Musical für den Film neu arrangiert und produziert wurde. Diese wurde ursprünglich von Richard Rodgers (Liedtexte von Oscar Hammerstein) geschrieben und von Irwin Kostal neu verfasst.

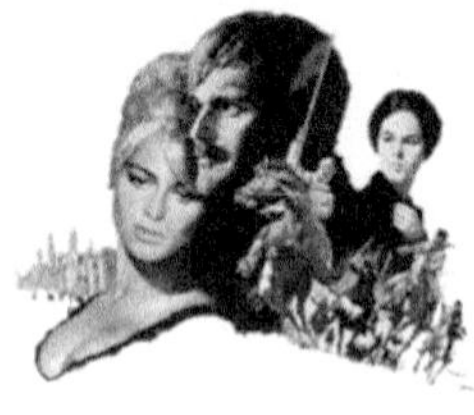

Doctor Zhivago (1965)
[Doktor Schiwago]
Regie: David Lean
Musik: Maurice Jarre

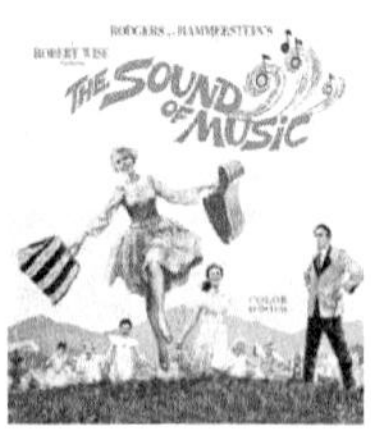

The Sound of Music (1965)
[Meine Lieder – meine Träume]
Regie: Robert Wise
Musik: Richard Rodgers und Oscar Hammerstein II
Filmbearbeitung: Irwin Kostal

1967: Filmmusik aus der Popmusik

Das Duo Simon & Garfunkel ist bereits bekannt, als es für die Filmmusik für *The Graduate* gewonnen wird. Bei einer Sequenz wechselt die Handlung mehrmals zwischen Autofahrt und Dialog. Am Ende der Sequenz stottert das Auto und fährt langsam aus, da es kein Benzin mehr hat. Während der Produktion der Musik, die hauptsächlich aus Liedern bestand, gestalten Simon & Garfunkel die Szene mit einem zusätzlichen Gitarrenbeat, um die Spannung bei den Dialogstellen zu halten. Am Ende verlangsamen sie den Beat, um das Versagen des Motors zu untermalen. Ein gelungener Mix zwischen Fixmusik und Micky-Mousing.

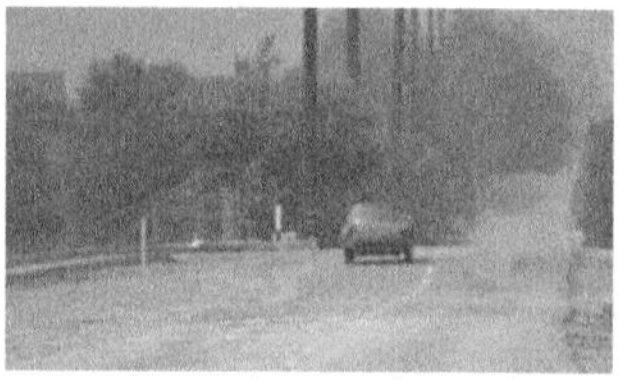

The Graduate (1967)
[Die Reifeprüfung]
Regie: Mike Nichols
Musik: Simon & Garfunkel

Ende der 1960er Jahre: 8-Spur Tonbandgerät

Das Tonband ist 1/2 Zoll (1,27 cm) breit, doppelt so breit wie das übliche 1/4 Tonband. Das Band kann nur in einer Richtung bespielt werden. Acht Spuren sind das Studio Standard. Die Bandgeschwindigkeit beträgt 15 Zoll/Sekunde (38 cm/Sek). Mitte der 1970er Jahre bringt TEAC das legendäre 80-8 Tonbandgerät heraus. Diese Maschine wird bei der Erstellung des Soundtracks von *Star Wars/Krieg der Sterne: Episode IV – Eine neue Hoffnung* eingesetzt.

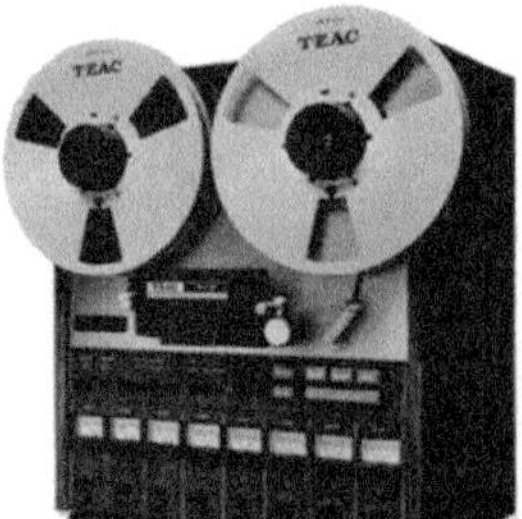

Teac 80-8

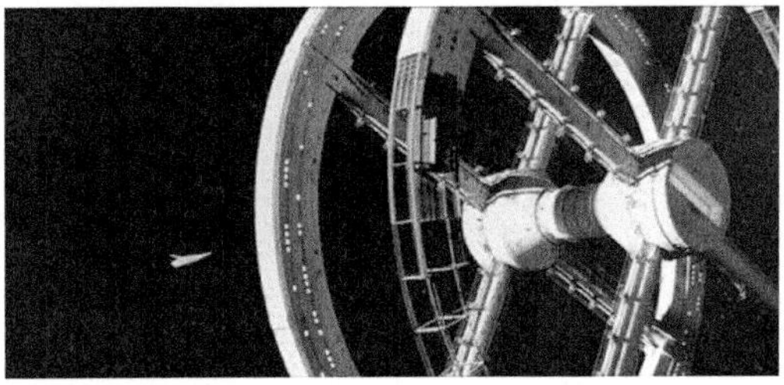

2001: A Space Odyssey (1968)
[2001: Odyssee im Weltraum]
Regie: Stanley Kubrick
Musik: Johann Strauß und mehr

1968: Originalmusik als Filmmusik

Stanley Kubrick, Francis Ford Coppola und Quentin Tarantino gehören zu den Regisseuren, die hauptsächlich mit Originalmusik arbeiten. Bei der Szene *Heywood Floyds flight to the moon* wählt Kubrick den Walzer *An der schönen blauen Donau* von Johann Strauß aus dem Jahr 1867 aus.

Das Stück wurde vom Berliner Philharmonischen Orchester, dirigiert von Herbert von Karajan, aufgenommen, und zwar völlig unabhängig vom Film. Die Schallplatte ist vorher auf dem Markt erhältlich (Deutsche Grammophon). Kubrick besteht darauf, genau diese Aufnahme zu verwenden, was zunächst verweigert wurde. Komplizierter wird es mit *Also Sprach Zarathustra,* von Richard Strauss. (siehe folgendes Close-up)

Close-up: Verschollen im Weltall?

Wo ist die Filmmusik von Alex North gelandet?

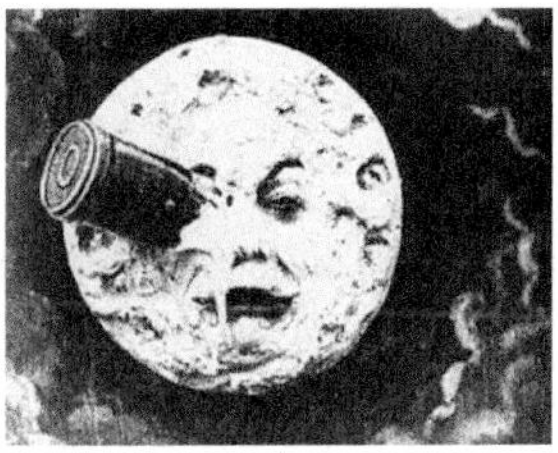

Eine Reise zum Mond oder ins Weltall hat den Menschen schon immer fasziniert. Prominente Autoren wie Jules Verne oder H. G. Wells schrieben bereits im 19. Jahrhundert Science-Fiction zu diesem Thema. Spätestens mit *Le Voyage dans la Lune* von Georges Méliès zog das Weltraumschiff 1902 ins Kino.

Bis zum Zweiten Weltkrieg war die Raumfahrt bestenfalls eine Zukunftsvision. Nach 1945, besonders durch die Entwicklung der Raketentechnologie vorangetrieben, rückte das Potenzial einer Reise zum Mond realistisch näher.

Stanley Kubrick brachte 1968 seinen Film *2001: A Space Odyssey [2001: Odyssee im Weltraum]* heraus, ein Film wie kein anderer je zuvor.

In den 1950er Jahren war Stanley Kubrick bereits etablierter Filmemacher. Er führte bis dahin Regie für vier große Filme:

- 1953 *Fear and Desire [Furcht und Begierde]*
- 1955 *Killer's Kiss [Der Tiger von New York]*
- 1956 *The Killing [Die Rechnung ging nicht auf]*
- 1957 *The Paths of Glory [Wege zum Ruhm]*

Er arbeitete mit Gerald Fried zusammen, der die Filmmusik für alle vier Filme komponierte.

Kirk Douglas' Produktionsfirma, Bryna Productions, konnte Stanley Kubrick für die Regie von *Spartacus* gewinnen. Er war allerdings nicht die erste Wahl, zwei andere Regisseure sagten vor ihn ab. Kirk Douglas, der auch die Hauptrolle in *Spartacus* spielen sollte, hatte mit Kubrick bereits bei *The Paths of Glory* zusammengearbeitet.

Alex North konnte für die Filmmusik zu *Spartacus* gewonnen werden. Die Orchestrierung war entsprechend der Bilder üppig und episch. Ungewöhnlich für die Zeit verwendete er Instrumente, die nicht typisch für ein Orchester sind, wie die griechische Kithara und eine Ondioline, ein elektronisches Instrument. Die Musik ist thematisch, also aufgebaut mit Leitmotiven. Sein Stil umfasst viele Elemente der „modernen" Musik wie neue Harmonien, Atonalität, Dissonanzen, komplizierte Rhythmen und orchestrale Effekte.

Spartacus kam 1960 in die Kinos und bekam vier Oscars und zwei Nominierungen, unter anderem für die beste Filmmusik. Die Musik zu *Spartacus* wurde vom American Film Institute zur Aufnahme in das Verzeichnis der besten Vertonungen aller Zeit nominiert. Kubrick distanzierte sich nach der Filmproduktion vom Film. Er empfand nicht genügend Freiheiten in der Gestaltung.

Alex North war somit einer der erfolgreichsten Filmkomponisten der 50er Jahre. North hat Musik beim renommierten Curtis Institute in Philadelphia studiert, später bei Julliard, New York und dann beim Moscow Conservatoire. 1935 kehrte er in die USA zurück und arbeitete zusammen mit Aaron Copland und Ernst Toch. Seinen ersten Film, ein Dokumentarfilm, vertonte er 1937.

Mit *A Streetcar Named Desire [Endstation Sehnsucht]* und *Death of a Salesman [Der Tod eines Handlungsreisenden]* hatte er den großen Durchbruch. Beide Filme wurden für einen Oscar (*Best Music* 1951) nominiert. In den 50er Jahren hat er über 20 große Filme und einige TV-Serien vertont und wurde für weitere drei Filme für die Beste Filmmusik nominiert.

Kubrick drehte 1962 *Lolita* mit Musik von Nelson Riddle und 1964 *Dr. Strangeglove [Dr. Seltsam oder: Wie ich lernte, die Bombe zu lieben]* mit Musik von Laurie Johnson. Dieser Film wurde mit vier Nominierungen der Academy ausgezeichnet und wurde unter anderem von TV Guide, American Film Institute, Sight & Sound polls of best films, in die Top 100 der besten Filme aller Zeiten gewählt.

Noch vor *2001: A Space Odyssey* vertonte Alex North weitere 14 Filme, zum Beispiel *Cleopatra* (1963) und *Who's Afraid of Virginia Woolf?* (1966*)*. Beide Filme wurden für einen Oscar für die beste Filmmusik nominiert.

Stanley Kubrick und Alex North waren auf dem Höhepunkt ihrer Karriere, als Kubrick mit *2001: A Space Odyssey* begann. Es sollte ein Science-Fiction-Film werden, aber so realistisch wie möglich dargestellt. Arthur C. Clarke entwickelte gemeinsam mit Kubrick das Drehbuch. MGM räumte Kubrick jede gestalterische Freiheit ein. Wenn Hitchcock seine Filmkonzepte seinen Produzenten präsentierte, bezifferte er die Länge in Metern bzw. die Zahl der Filmrollen. Ganz anders Kubrick. Er verlangte uneingeschränkte Footage und verbrauchte auch Unmengen an Filmmaterial.

Bereits in den 50er Jahren erlebte Science-Fiction im Kino einen Boom. Filme wie

- Flight to Mars (1951)
- Radar Men from the Moon (1952)
- It Came from Outer Space (1953)
- Killers in Space (1954)
- Conquest of Space (1955)
- Forbidden Planet (1956)
- Cosmic Monsters (1957)
- I married a Monster from Outer Space (1958)

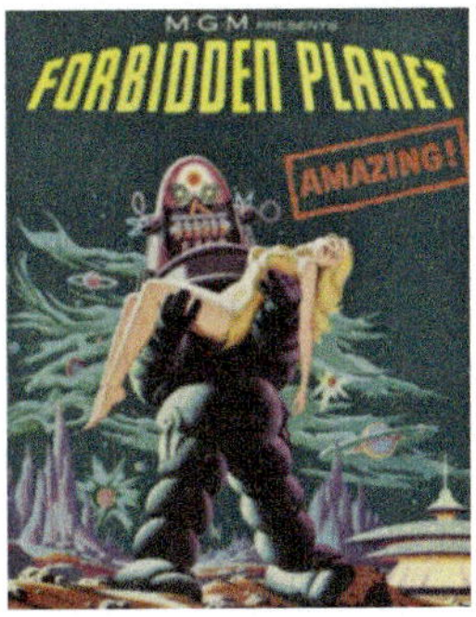

prägten die Vorstellung vom Weltall und dessen Monstern.

Die Musik dieser Filme wurde zum Teil mit elektronischen Mitteln produziert, zum Beispiel die Verfremdung von akustischen Sounds und die Verwendung von Synthesizern, wie der RCA Mark II. Bebe Barron und ihr Mann Louis Barron galten als Pionier:innen der modernen elektronischen Musik, arbeiteten u. a. mit John Cage zusammen und komponierten/produzierten die Musik zu *Forbidden Planet [Alarm im Weltall]*.

Die Gewerkschaft der amerikanischen Filmmusiker:innen konnte jedoch rechtlich durchsetzen, dass diese Vertonung keine Musik sei, sondern lediglich „elektronische Töne". Somit verlor Bebe Barron ihren Status als Filmkomponistin, was eine Schlappe für die moderne Musik war. Spätestens mit *A Clockwork Orange [Uhrwerk Orange]* (Stanley Kubrick, 1971) wurden „elektronische Töne" durch die Vertonung von Wendy Carlos fester Bestand der Filmmusik.

Im Fernsehen startete *Star Trek* (Titelmusik: Alexander Courage) in September 1966. (Die Erstausstrahlung der deutschen Fassung *Raumschiff Enterprise* war erst 1972.) Diese Serie sollte nach der Vorstellung des Produzenten und Ideengebers Gene Roddenberry eine „realistische" Darstellung sein, durchaus mit sozialkritischen Themen, aber ohne Monster.

Die Konkurrenz *Lost In Space* (Titelmusik von John Williams) brachte seit einem Jahr davor immer wieder Monster und Fantasiekreaturen in die Wohnzimmer Amerikas. Als die Zuschauerquoten bei *Star Trek* hinter die von *Lost in Space* fielen, schwenkten die Produzenten um, änderten das Konzept und präsentierten mehr Action, Monster und Weltrettungen.

Dennoch war das Interesse für seriöse, realistisch-wirkende Science-Fiction geweckt. Und nun sollte Kubricks Weltraumschiff zwischen Monstern und „denkenden“ Computern fliegen. In der wirklichen Welt der 1950er Jahre war der Space Race, der Wettlauf ins All, voll im Gang.

Im Februar 1965 wurde die Produktion unter dem Titel *Journey Beyond the Stars* von Kubrick angekündigt. Die Dreharbeit begann am 29.12.1965. Kubrick hätte gerne Carl Orff mit der Filmmusik beauftragt. Er war begeistert von *Carmina Burana*. Der damals 71-jährige Carl Orff lehnte mit der Begründung ab, er sei zu alt. (Er wurde noch 87 Jahre alt).

Clarke und Kubrick wollten auch einen Bezug zur Evolution in das Werk einbauen, also die Entwicklulng vom „Affenmenschen“ bis zum „Weltraummenschen“, angeregt von Nietzsches *Also Sprach Zarathustra*. So wäre es folgerichtig gewesen, eine Musik im Stil des sinfonischen Werks mit dem gleichen Titel von Richard Strauß zu verwenden.

Die 3. Sinfonie von Gustav Mahler faszinierte Kubrick und so beauftragte er Frank Cordell, eine Adaption dieser zu verfassen. Die Aufnahme gefiel Kubrick letztlich nicht und wurde verworfen. Aber es wird deutlich, dass Kubrick seine Bilder zu Musik entwarf.

Im Dezember 1967 hat MGM Kubrick mehr oder minder gezwungen mit Alex North als Filmkomponisten zusammen zu arbeiten. Kubrick legte ihm einige Stücke aus der klassischen Musik vor, die als Vorlage dienen sollten. Die Zeit drängte, denn die Premiere von *2001* wurde bereits für Anfang April 1968 angekündigt.

Alex North arbeitete rund um die Uhr, Henry Brandt orchestrierte und spielte die Musik bereits im Januar ein. Brandt dirigierte, da North aus gesundheitlichen Gründen verhindert war. Wie immer wurde im Produktionsablauf nicht genügend Zeit für die Herstellung der Musik eingeplant. Die Tatsache, dass North und Brandt in weniger als vier Wochen 40 Minuten Musik produzierten war eine beachtliche Leistung.

Im März 1968 (4 Wochen bis Premiere) begann Kubrick mit dem Schnitt. Es wird von Unmengen an Filmmaterial berichtet, typisch für Kubrick.

Der Anfang des Films hatte für Kubricks Konzept monumentale Bedeutung: Mit der Entdeckung eines Knochens als Waffe wurde der Affe zum Menschen. Die sinfonische Dichtung *Also Sprach Zarathustra* von Richard Strauß entsprach dieser Idee, zumindest wie Nietzsche es beschrieb. Der Anfang des Werks *Einleitung oder Sonnenaufgang* war in Kubricks Augen (und Ohren) der perfekte Anfang für den Film.

Das Werk hat eine riesige Besetzung einschließlich einer Orgel. Alex North verstand die Intention Kubricks und vertonte den Anfang des Films unter den Titel *Bones*. Der Vergleich:

Also Sprach Zarathustra (Richard Strauss)

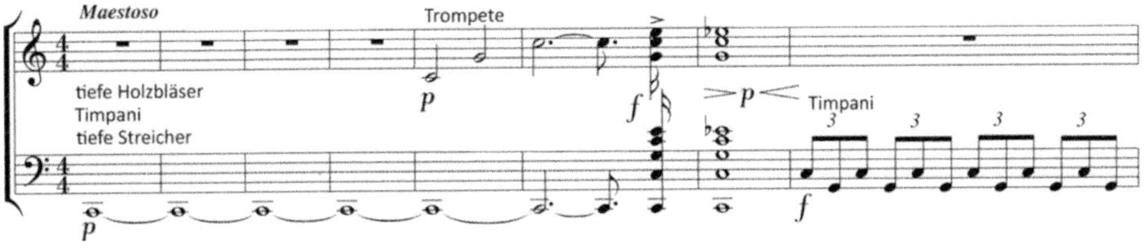

Bones (Alex North)

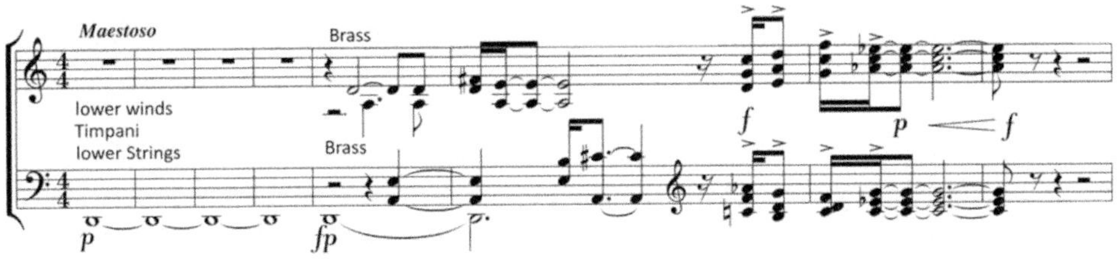

Kubrick hatte die Musik von Richard Strauß über Monate im Kopf und konnte sich nur schwer eine andere Musik vorstellen. Es fehlte die Zeit, um eine längere Auseinandersetzung mit Alex North zu führen. So entschied Kubrick sich gegen die Vertonung von North.

Auch wenn die Produzenten sich eine eigene Einspielung von *Also Sprach Zarathustra* gewünscht hätten, bestand Kubrick auf der Fassung der Wiener Philharmoniker, dirigiert von Herbert von Karajan.

Decca Records war aber nicht bereit, die Rechte dafür freizugeben. Die Musik sei für einen Science-Fiction-Film zu schade. Kubrick war nicht zu bewegen irgendeine andere Einspielung zu verwenden. Nach langen Verhandlungen mit Decca wurde die Erlaubnis erteilt, allerdings sollten das Orchesters und der Dirigent bei den Credits nicht erwähnt werden. Als der Soundtrack als Schallplatte herauskam, wurde eine Aufnahme von den Berliner Philharmonikern, dirigiert von Karl Böhm, verwendet.

Die „Space Station" Sequenz schnitt Kubrick erst zum *Scherzo* aus dem *Sommernachtstraum* von Felix Mendelssohn Bartholdy. Während des Schnitts wurde Kubrick auf den Walzer *An der schönen blauen Donau* von Johann Strauß aufmerksam und änderte den Schnitt passend zu dieser Musik.

Die Szene *Mission to Jupiter* hat Kubrick zu *Gayanes Adagio* aus der *Gayane Ballet Suite* von Aram Khachaturyan geschnitten. Die einsame Melodie unisono von den Celli gespielt, war perfekt für die Szene.

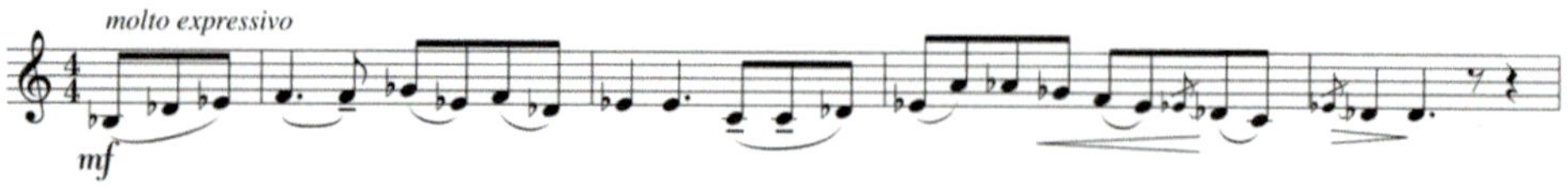

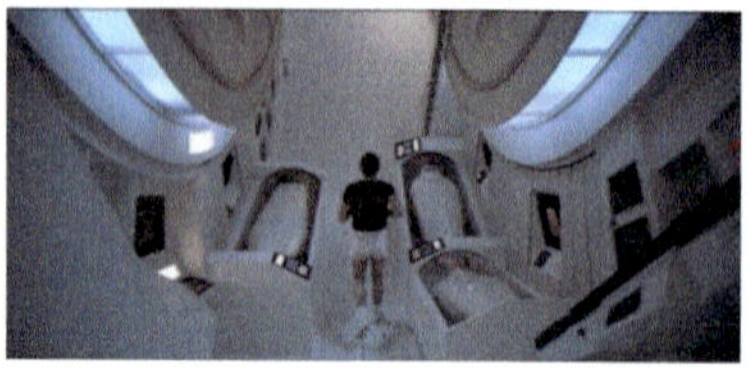

Die Musik Khachaturyans bildet einen Übergang der Musik aus dem 19. Jahrhundert zu der Musik des 20. Jahrhunderts von György Ligetis, eines Komponistens der *avant garde*. Die Reise zum Jupiter war also auch eine musikalische Reise.

Während Kubrick längst die Verwendung von „pre-existing“ Musik beschlossen hatte, wartete North noch auf den Auftrag, die restliche Musik zu komponieren und einzuspielen. Im Laufe der weiteren Schnittarbeit wurde klar, dass eine Filmmusik im Stil der 1950er Jahre, durchkomponiert mit Themen und Motiven, nicht in Frage kommen würde. North wurde zunächst informiert, dass die zweite Hälfte des Films nur mit Soundeffekten vertont werden sollte.

Kubrick änderte tatsächlich den Stil der Vertonung der zweiten Hälfte, allerdings nicht mit Soundeffekten, sondern mit einer viel abstrakteren Musik. Er verwendete einige Stücke von György Ligeti. Seine Musik ist zum Teil experimentell, ohne Melodie, Harmonie und Rhythmus in traditionellem Sinne, passend zu den abstrakten Bildern Kubricks. Allerdings verwendete Kubrick Ligetis Musik ohne sein Einverständnis und wurde verklagt.

Normalerweise wird die Musik zu den fertigen Bildern komponiert. Auch wenn Themen und ausgewählte Passagen vorher aufgenommen werden, wird die finale Filmmusik nach dem Schnitt fertiggestellt und dann an die Bilder montiert. Kubrick arbeitete genau umgekehrt. Er schnitt die Bilder zu der Musik. Mit Sicherheit hatte er die Musik schon lange vorher im Kopf, vielleicht bereits bei den Dreharbeiten. Bild und Musik sind so gut aufeinander abgestimmt, dass eine andere Musik nicht denkbar gewesen wäre.

Für Alex North war es enttäuschend, bei der Premiere in New York wahrnehmen zu müssen, dass keine einzige Note seiner Musik im Film verwendet wurde.

2001: A Space Odyssey war somit der erste Film, der mit „pre-existing“ Musik, jeweils mit der Originalaufnahme (also kein Arrangement und keine Neueinspielung!) und ohne Incidental Music (Zwischenmusik, Übergänge, etc.) produziert wurde.

Kubrick gestaltete seine weiteren Filme weiterhin auf dieser Basis. Alex North war somit der letzte Filmkomponist, der für Kubrick arbeitete. Spätere Filmemacher haben diesen Ansatz übernommen, hauptsächlich mit Jazz- oder Popmusik, unter anderem Martin Scorsese und Quentin Tarantino.

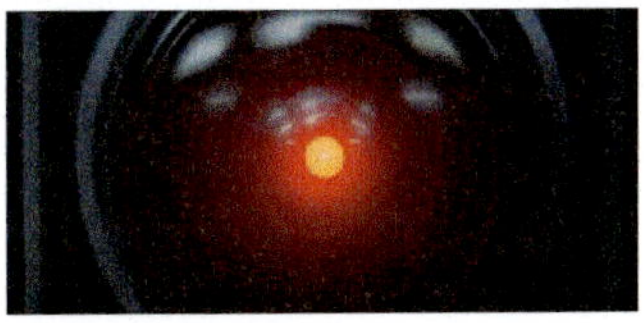

Post scriptum
Bei der Szene, in der HAL, der Bordcomputer, abgeschaltet wird, hätte jeder Filmkomponist seine Freude gehabt, hierfür die Musik schreiben zu dürfen. Kubrick hat jedoch ganz im Stil von Hitchcock bewusst auf Musik verzichtet. Die Vertonung besteht lediglich aus Atemgeräuschen und dem Dialog zwischen Bowman und HAL. Während des Abschaltens singt HAL *Daisy Bell*, ein altes traditionelles Lied aus dem 19. Jahrhundert.

Daisy Bell war tatsächlich das erste Lied eines „singenden" Computers. 1961 erforschten Ingenieure bei Bell Labs Sprach-Synthese und programmierten den IBM 7094 entsprechend. Der Computer konnte die Silben in unterschiedlichen Tonhöhen aussprechen und „sang" somit als erster Computer.

Alex North (1910–1991)
war ein amerikanischer Komponist. Er studierte am Curtis Institute of Music, an der Julliard School of Music und am Konservatorium Moskau und bekam Unterricht bei Ernst Toch und Aaron Copland. Er schrieb die Musik für zahlreiche Filme aus Hollywood. 1986 erhielt er einen Ehrenoscar für sein Lebenswerk. Trotz vielen Nominierungen, erlebte er nie den Triumpf, einen Oscar für seine Filmmusik zu bekommen.

= = = = = = = = = = = = = =

Die 1970er Jahre: Elektronische Musik

= = = = = = = = = = = = = =

= =

Die 1970er Jahre: Elektronische Musik

= =

Das Kino sucht neue Präsentationsformen und noch bessere Soundsysteme. Fernsehen mag bequemer sein, das Kinoerlebnis soll aber besonders werden, größer, lauter, realistischer. Dagegen werden die elektronischen Geräte durch die Erfindung des Mikroprozessors kleiner.

Die elektronische Musik erlebt einen Boom, besonders in der Popmusik. Neu in der Medienlandschaft: Musikvideos.

1970: Der Minimoog Synthesizer

Der Minimoog ist der erste Synthesizer, der auf den allgemeinen Markt, beispielweise in Musikaliengeschäften, verkauft wurde. Der Preis ist zuerst sehr hoch. Mit der Zeit wird das Instrument kostengünstiger und für den semiprofessionellen Bereich ein Verkaufsschlager. Das Instrument ist analog und monophon, kann also nur einzelne Töne (oder Klänge) produzieren und wird per Tastatur gesteuert. Der Klang wird per Hand eingestellt und kann nicht gespeichert werden.

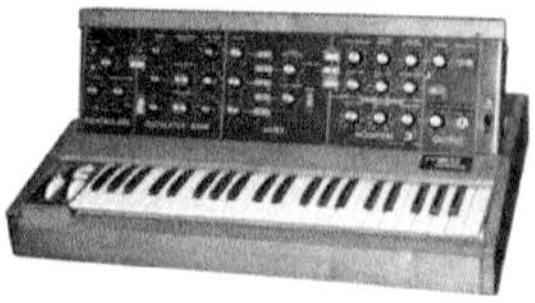

Minimoog

1970: 24-Spuren

Die Firma Studer stellt ein 24-Spur analoges Tonbandgerät her. Das Band ist 2" (5 cm) breit. Der A80 wurde in vielen Tonstudios. Die Bandgeschwindigkeit betrug 15 ips (38 cm/sek) bzw. 7,5 ips (19 cm/sek).

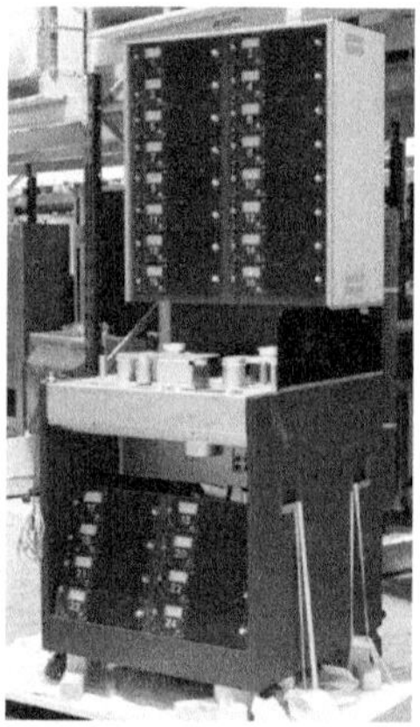

Studer A80

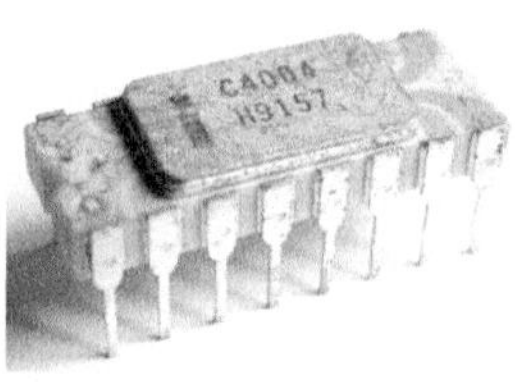

Intel 4004 (4 Bit)

1971: Der Mikroprozessor

Fast gleichzeitig werden von drei verschiedenen Firmen die ersten Mikroprozessoren auf den Markt gebracht, die Miniaturisierung beginnt. Elektronische Geräte wie Synthesizer, Kamera und Computer werden kleiner, schneller und leistungsfähiger.

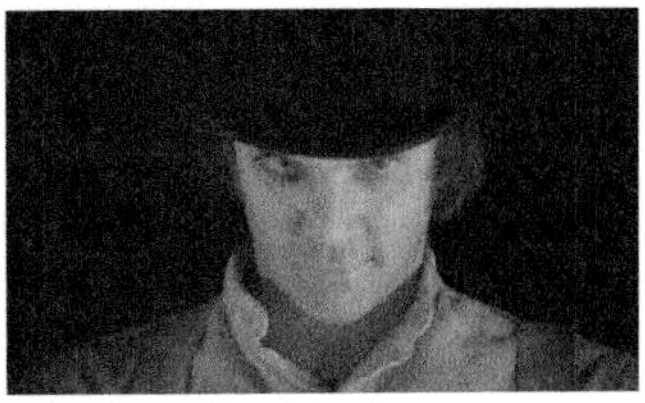

A Clockwork Orange (1971)
[Uhrwerk Orange]
Regie: Stanley Kubrick
Musik: u.a. Beethoven elektronisch realisiert von Wendy Carlos

1971: Dolby

Clockwork Orange ist der erste Film mit Dolby Noise Reduction. Dolby hat die Funktion das Grundrauschen zu reduzieren, das bei Tonbandaufnahmen besonders problematisch ist.

Wie immer hat Stanley Kubrick, auch für *A Clockwork Orange* klassische Musik ausgesucht. Bei einigen Stücken hat er, statt fertige Aufnahmen zu nehmen, Wendy Carlos mit einer Einspielung mit elektronischen Instrumenten beauftragt, wie Beethoven, *9. Sinfonie, 4. Satz* (Auszug), Rossini, *Wilhelm Tell Overture* (Auszug), Purcell, *Music for the Funeral of Queen Mary*

1971: IMAX

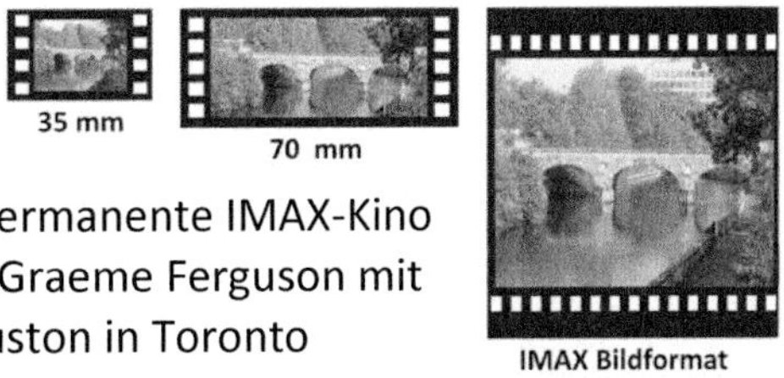

Das erste IMAX wird bei der EXPO 1967 in Montreal, Kanada präsentiert. 1971 wurde das erste permanente IMAX-Kino mit dem Film *North of Superior* von Graeme Ferguson mit Musik von Zal Yanovsky und Bill Houston in Toronto eröffnet.
IMAX projektiert über eine Halbkugel. Das Bild wird auch über die Peripheriesehkraft wahrgenommen und erzeugt somit fast ein 3D-Empfinden. Erst 1997 kommt es zu einer Einrichtung eines IMAX in Berlin.

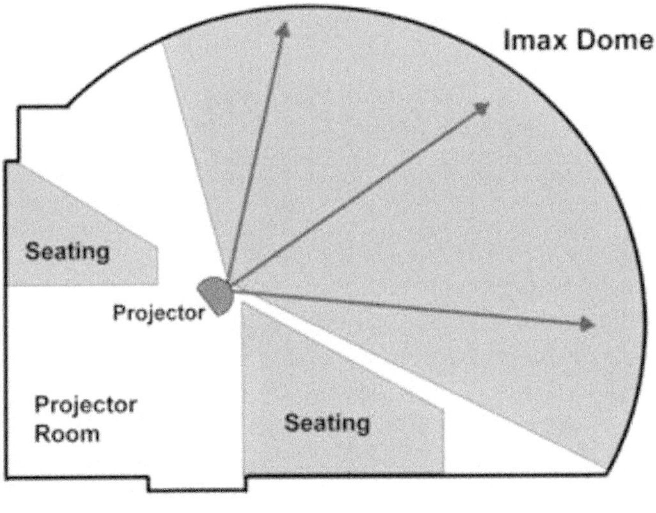

1972: The Godfather
erhält 1973 den Oscar Best Picture und Best Original Score.
Carmine Coppola (Francis Vater) trat in dem Film als Pianist auf. Weitere Teile folgten 1974 und 1990.

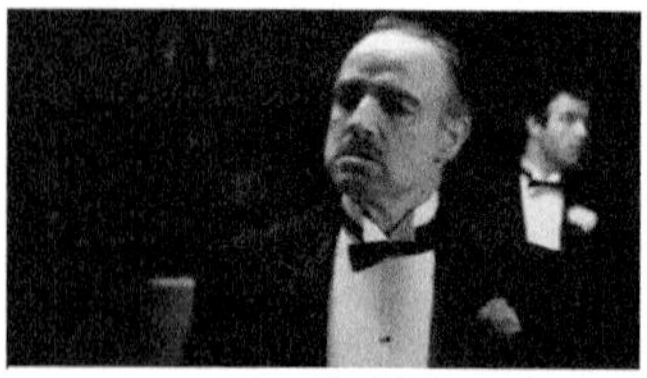

The Godfather (1972)
[Der Pate]
Regie: Francis Ford Coppola
Musik: Nino Rota

1972: Popcorn
Popcorn von Hot Butter, ursprünglich von Gershon Kingsley, wird im Jahre 1972 mit dem Moog Synthesizer produziert. Das Stück stammt eigentlich aus dem Jahr 1969, in dieser Fassung wird Popcorn ein Welthit.

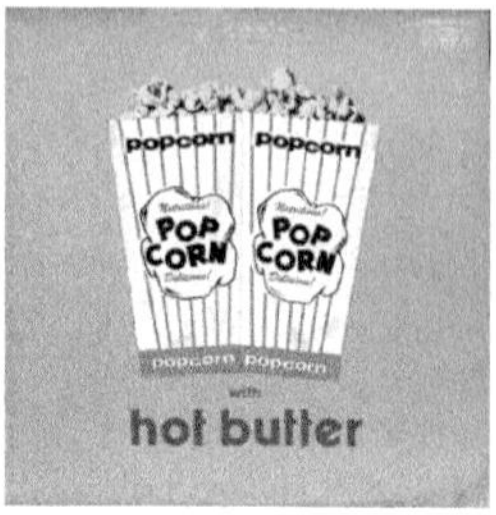

Das Besondere ist, dass neue, elektronische Klänge geprägt werden, statt Instrumente zu imitieren.
Anders als manchmal angenommen und auch oft behauptet, werden die Tonsequenzen nicht vom Computer oder Sequenzer, sondern per Hand eingespielt.

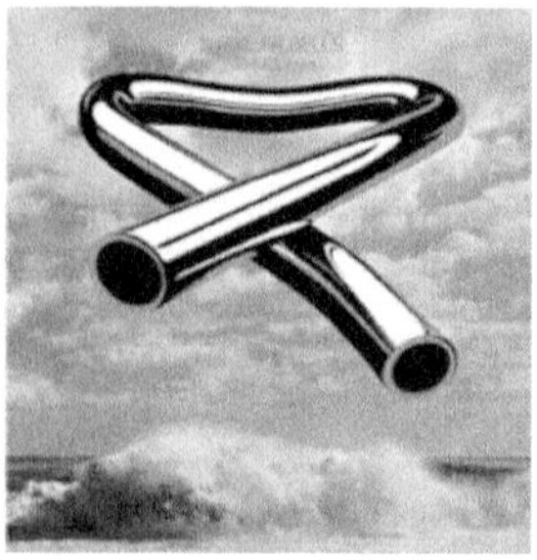

Tubular Bells
von Mike Oldsfield

1973: Tubular Bells
Mike Oldsfield spielt im analogen Verfahren sein Album *Tubular Bells* Spur für Spur ein. Ein Tonschnitt war nicht möglich, Sequenzer oder computergesteuerte Abläufe und MIDI gibt es noch nicht. Bei misslungenen Einspielungen musste der Spur komplett neu eingespielt werden. Manchmal kann eine falsche Passage ersetzt werden, wenn genügend Platz davor und danach besteht. Also, richtige Handarbeit!

1973: Tonband-Hall
Der Japaner Ikutaro Kakehashi entwickelt ein Gerät zur Hallerzeugung, und zwar mit einem endlosen Tonband. Die Firma Roland bringt den RE-101 und RE-201 Space Echo Unit heraus. Diese Geräte sind deutlich handlicher und preisgünstiger als die bisherigen mechanischen Hallgeräte.

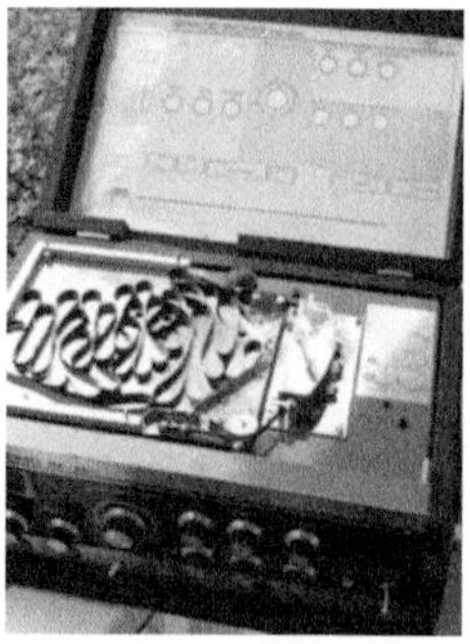

RE-201 Space Echo Unit

1973: Die ersten schreibbaren Floppys
1969 entwickelt Alan Shugart für IBM ein wechselbares Speichermedium, die 8-Zoll Floppy. Die ersten beschreibbaren Floppys (5 ½ Zoll groß) werden ab 1973 produziert und werden schnell zum Standard, besonders bei Heim-Computern.

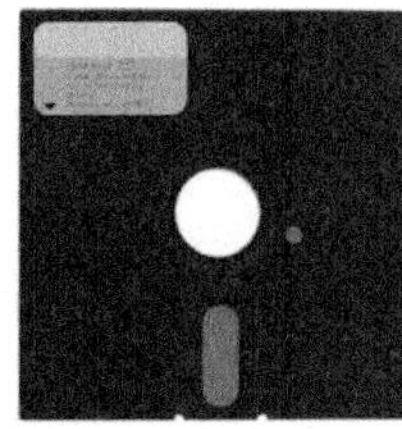

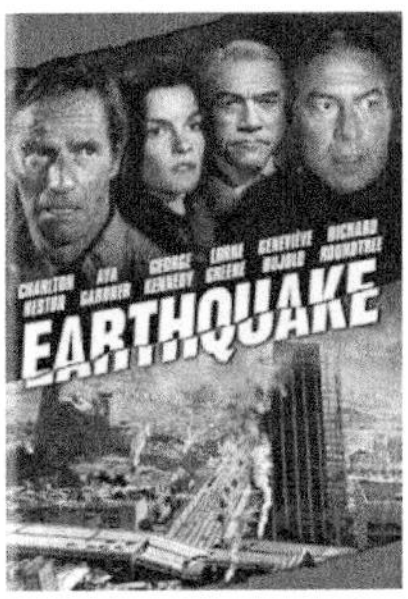

1974: Sensurround
Der Film *Earthquake* setzt Bass- und Subtöne ein, um das Gefühl eines Erdbebens zu simulieren. Töne, die man nicht mehr hören kann, spürt der Körper trotzdem.

Earthquake (1974)
[Erdbeben]
Regie: Mark Robson
Musik: John Williams

1975: Das erste Musikvideo
Bohemian Rhapsody von Queen

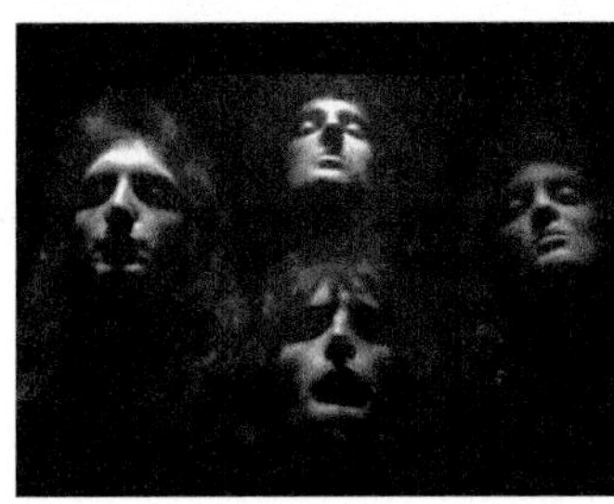

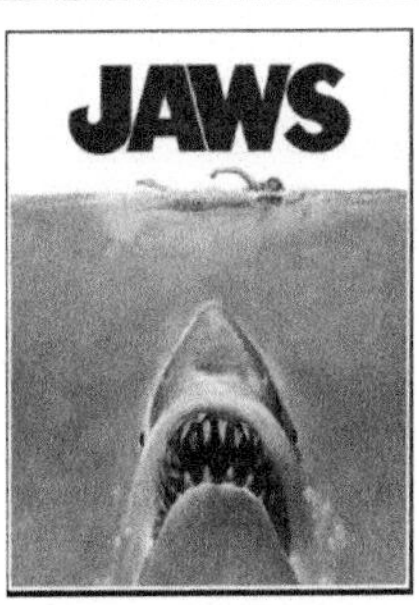

1975: Jaws
John Williams erhält einen Oscar für die Beste Filmmusik.

Jaws (1975)
Regie: Steven Spielberg
Musik: John Williams

1976: Erster digitaler Hall
Elektro-Mess-Technik (EMT) produziert EMT 250 Electronic Reverberator Unit, das erste Gerät zur digitalen Erzeugung von Hall.

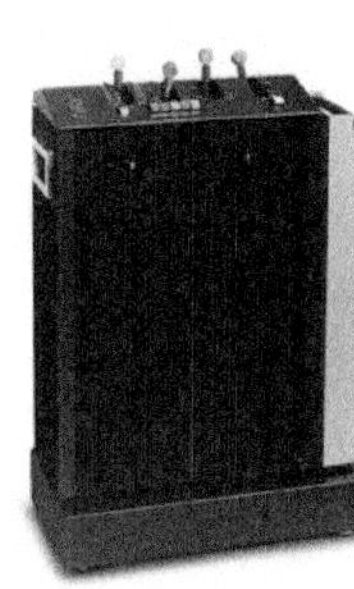

1976: VHS

Die japanische Firma JVC beginnt mit der Vermarktung eines Videokonzepts für das Aufzeichnen und die Wiedergabe im Amateur- und Heimgebrauch. Das Video Home System umfasst Videorekorder, die auch aufnehmen können und eine standardisierte Kassette mit Magnetband. Kameras folgen später. Das Abspielen erfolgt über den Fernseher im Wohnzimmer. Weltweit gibt es mehrere Formate (NTSC, SECAM), die der jeweiligen Fernsehnorm entsprechen. Deutschland startet Ende der 1970er Jahre mit VHS im PAL Format. Das Abspielen von Kassetten einer anderen Norm, wie Videos aus den USA/NTSC, ist nicht möglich.

Relativ schnell entstehen Videoverleihe. Filme aus aller Welt können zu Hause gesehen werden, ohne auf das Fernsehprogramm angewiesen zu sein. Das Heimkino findet somit den Anfang.

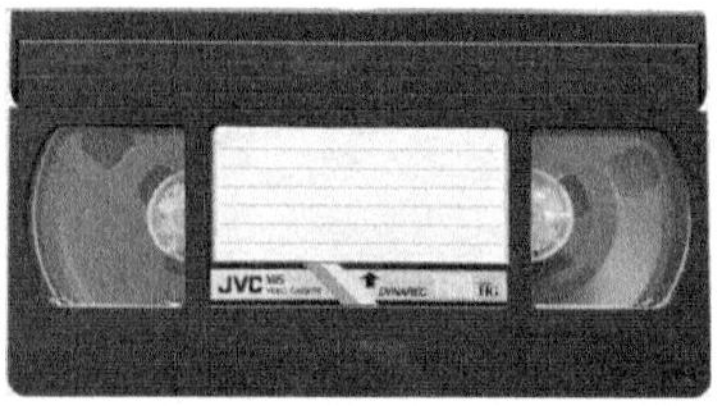

Andere Videoformate (Betamax, Video2000 und mehr) werden nach und nach verdrängt. Der VHS-Standard wird weiterentwickelt, etwa als S-VHS und M-Format.

1977: Polyphonische Synthesizer

Synthesizer, die mehr als einen Ton gleichzeitig spielen können, erreichen den Markt. Sie sind zuerst nur im Profibereich, dann allmählich können auch semiprofessionelle Synthesizerspieler das teure Instrument erwerben.

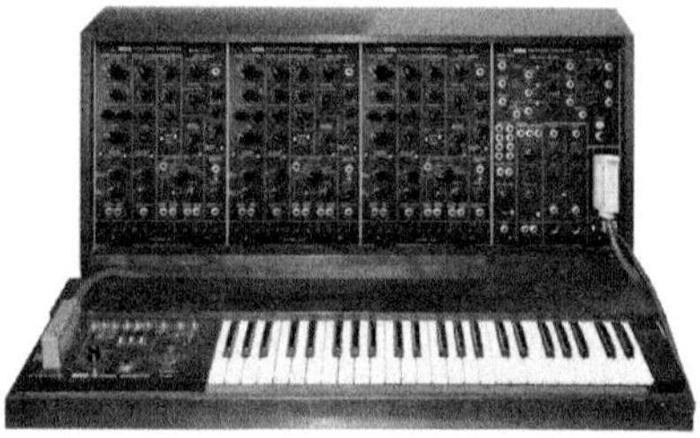

Korg PS-3300

Die Zahl der gleichzeitig erzeugten Töne (oder Klänge) ist auf 8 oder 16 begrenzt. Diese Synthesizer sind analog und haben keine Fähigkeit Klangeinstellungen zu speichern. Stars wie Vangelis, Jean-Michel Jarre oder Keith Emerson verwenden solche Synthesizer, zum Beispiel den Korg PS-3100.

1977: Personal Computer

Die ersten Computer für den Heimgebrauch kommen auf den Markt. Apple II folgt, IBM kommt 1981.

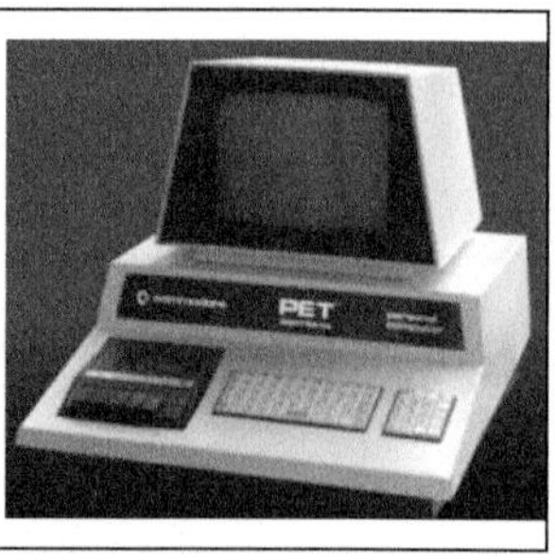

Commodore PET 2001

1977: Dolby und Mehrkanal-Sound

Mit *Star Wars IV* kommt eine deutliche Verbesserung des Sounds ins Kino. Mit 4 optischen Spuren kann der Raumklang realistischer gestaltet und die Special-Effects können genauer platziert werden. *Star Wars* bekommt einen Oscar für die besondere Leistung bei der Entwicklung des Kinosounds.

Star Wars IV (1977)
[Krieg der Sterne]
Regie: George Lucas
Musik: John Williams

Sound: Bill Varney,
Steve Maslow,
Gregg Landaker,
Roy Charman

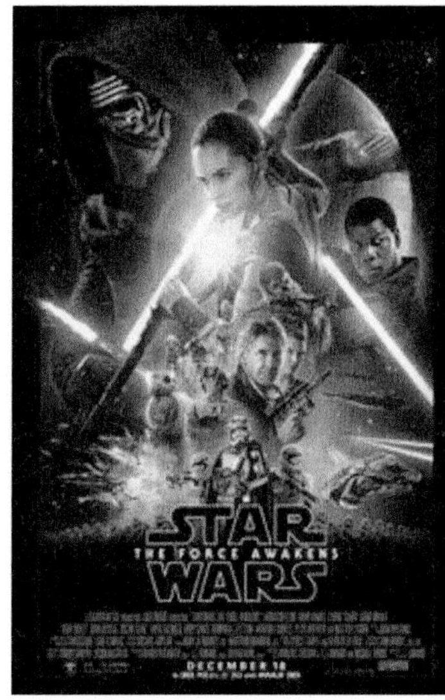

1978: Sequenzer

Die ersten kommerziellen Sequenzer werden für den Heimgebrauch vermarktet. Obwohl Sequenzer bereits von einigen Profis eingesetzt wurden, war der SQ10 von Korg einer der ersten allgemein erhältlichen Sequenzer. Als sogenannter *Step-Sequenzer* werden die Töne einer Tonfolge einzeln eingestellt. Die Tonfolgen sind daher relativ kurz. Der Sequenzer triggert einen Synthesizer mit analogen Signalen. MIDI gibt es noch nicht. Die Tonfolgen (meistens kurz, ostinato-artig) können automatisiert werden und brauchen nicht von Hand gespielt zu werden.

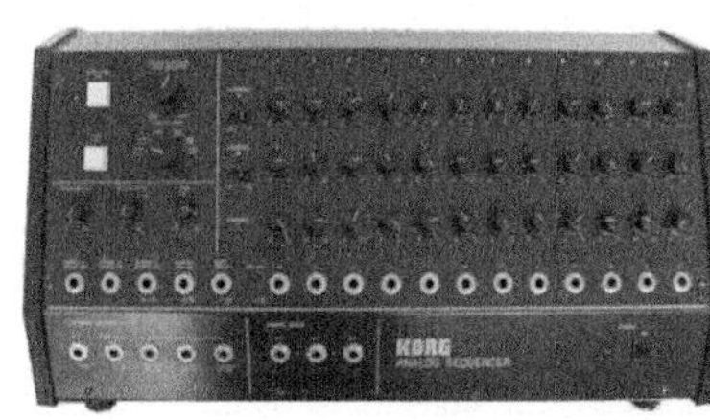

SQ10 analoger Sequenzer von Korg

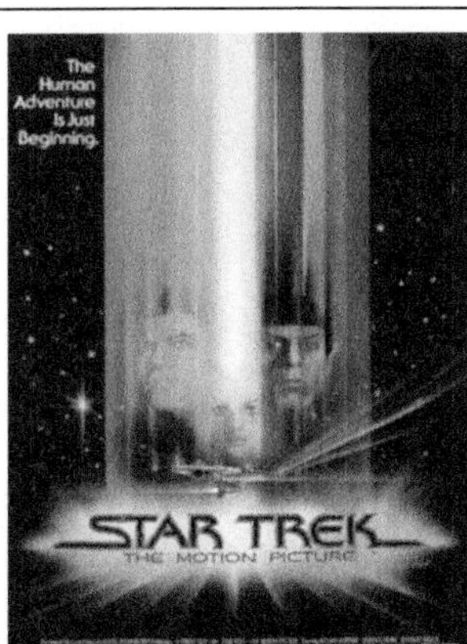

1979: Star Trek – als Kinofilm

Die Fernsehserie *Star Trek* kommt ins Kino. Im Laufe der Jahre werden insgesamt 13 Episoden als Kinofilm gedreht.

Star Trek (1979)
[Star Trek: Der Film]
Regie: Robert Wise
Musik: Jerry Goldsmith

1979: Fairlight CMI

Der erste Sampler mit elektronischer Klangerzeugung wird von Kim Ryrie und Peter Vogel entwickelt, die auch den Begriff *Sampling* geprägt haben. Das Instrument ist teuer und wird daher nur von Tonstudios gekauft. Das Instrument ist computergestützt, die Klangspeicherung folgte auf Floppys. Jean-Michel Jarre setzte 1981 ein Fairlight CMI bei seinem Album *Magnetic Fields* (1981) ein.

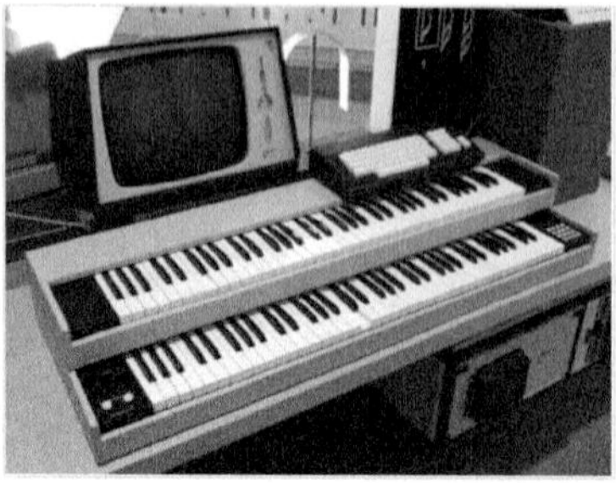

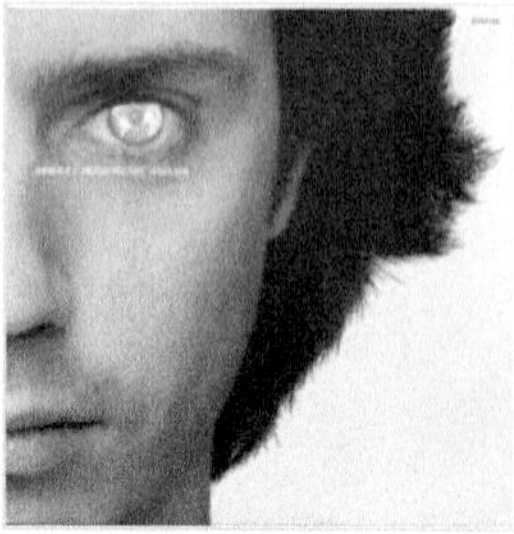

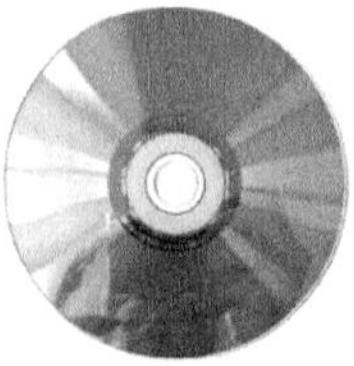

1979: Die Compact Disc für Musik

Die Firma Philips veröffentlicht das Konzept der Audio-CD (Compact Disc Digital Audio – CD-DA) als optischer Massenspeicher einschließlich CD-Player. Zwei Jahre später wird die von Philips und Sony gemeinsam entwickelte Audio-CD bei der Berliner Funkausstellung vorstellt. Die Demo-Aufnahmen stammen vom Dirigenten Herbert von Karajan. Er ist von der Zukunft der CD überzeugt („ein Wunder") und an der Werbekampagne beteiligt.

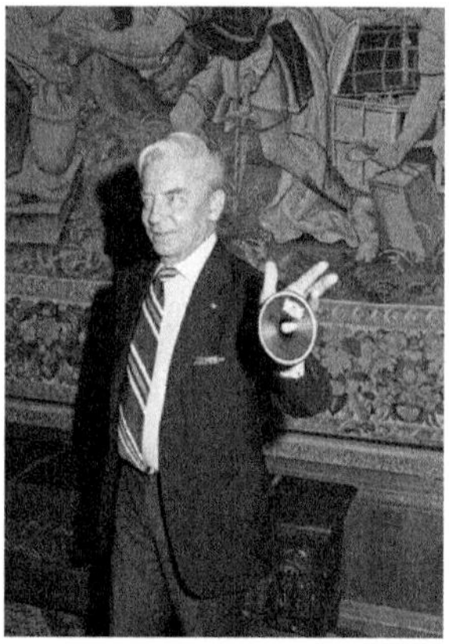

Da man sich auf Weltstandard (ISO CD / Redbook) schnell einigte, war der kommerzielle Erfolg weltweit garantiert.

The Visitors (1982) von ABBA gilt als erstes Album, das per Audio-CD/Compact Disc veröffentlicht wird.

Auf eine CD passt maximal 74 Minuten Musik. Nach der Norm müssen die Audiodateien 44 kHz und 16-bit formatiert sein.

Die Plattenindustrie befürchtet das Ende der Schallplatte. Die Plattenliebhaber:innen dagegen sind nicht so schnell von der Qualität der CD zu überzeugen. Die saubere Klangwiedergabe der CD war für viele eher ein Hindernis, da für sie das Knistern und Knacken einer Schallplatte zum Hörgenuss dazugehörte.

= = = = = = = = = = = = = = =

Die 1980er Jahre: Das digitale Zeitalter

= = = = = = = = = = = = = = =

= = = = = = = = = = = = =

Die 1980er Jahre

= = = = = = = = = = = = =

Synthetisch erzeugte Musik und Soundeffekte erreichen die Kinos. Obwohl die Digitalisierung schrittweise das analoge Verfahren ablöst, ist die Filmvertonung meistens noch echte Handarbeit, ohne Computer.

Die Elektronik wird zunehmend bei Animationsfilmen eingesetzt. Die größten Probleme bei der computergesteuerten Bild- und Tongestaltung sind Speicherkapazitäten und Computergeschwindigkeit. Die Ausgabe von kurzen Bild- oder Musiksequenzen kann Stunden dauern.

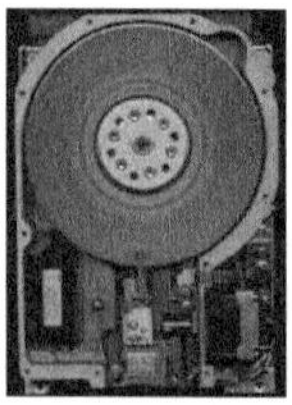

1980: Die erste 5,25 Zoll Festplatte
Die Winchester-Festplatte (ST-506) wird durch Shugart Technology (heute: Seagate Technology) entwickelt und geht in die Serienproduktion. Das Format wird zum Standard der Standrechner.

1981: Indiana Jones
Die Academy nominiert *Indiana Jones* für die beste Original Musik und der Film erhält einen Oscar für den besten Sound. *Raiders of the Lost Ark [Jäger des verlorenen Schatzes]* ist die erste von 4 Episoden, weitere sind geplant.

Indiana Jones (1981)
Regie: Steven Spielberg
Musik: John Williams
Sound: Bill Varney, Steve Maslow, Gregg Landaker, Roy Charman

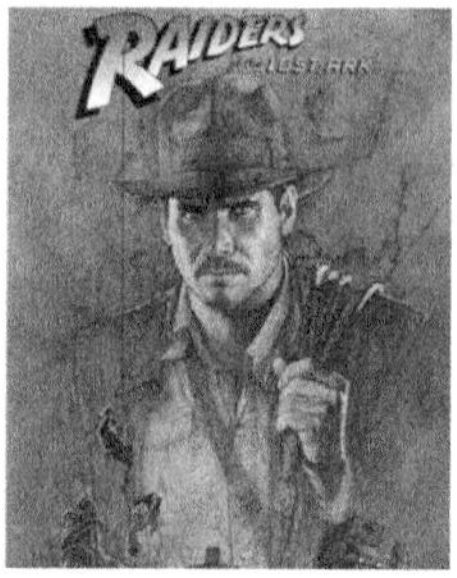

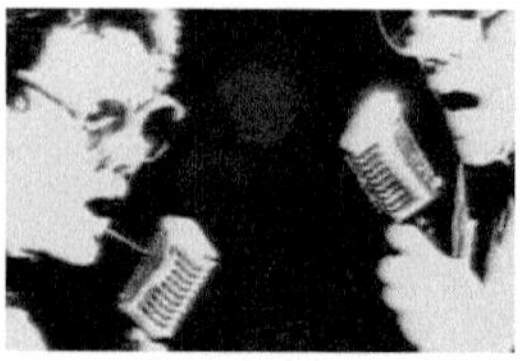

1981: MTV
MTV sendet als erstes Musikvideo *Who Killed the Radio Star* von The Buggles.

1982: Commodore 64
Der erste Computer mit eingebautem Soundmodul. Für Spiele mit Musik sehr gut geeignet. Dreistimmig!

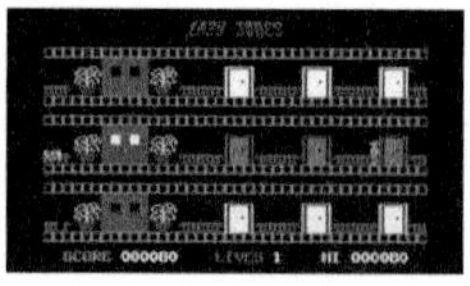

Lazy Jones

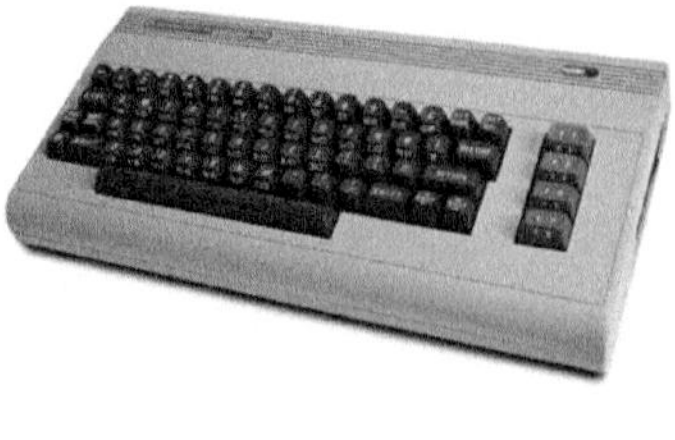

1982: Blade Runner

Vangelis vertont den Film Blade Runner mit elektronischen Instrumenten. Das digitale Zeitalter hat bis jetzt noch nicht begonnen. Alle Spuren mussen live eingespielt und dann entsprechend abgemischt werden. Nichts ist automatisch oder vorprogrammiert, also richtige Handarbeit!

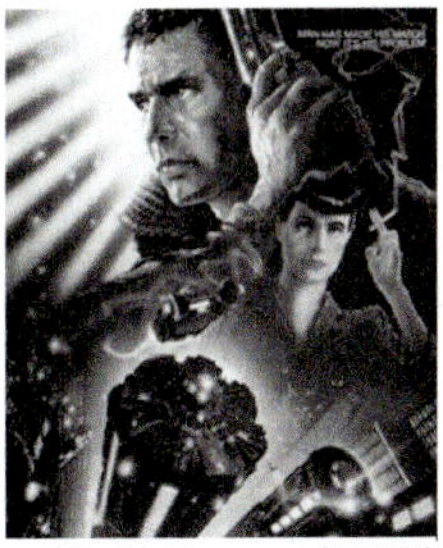

Blade Runner (1982)
Regie: Ridley Scott
Musik: Vangelis

Close-up: Die synthetische Musik erreicht die Kinos

Genau genommen handelt es sich um synthetische Klangerzeugung, wenn auch häufig undifferenziert über eine synthetische Musik gesprochen wird.

Elektronische Klangerzeugung gab es seit Anfang des 20. Jahrhunderts, im Kino häufiger in den 1950er Jahren, besonders bei Science-Fiction. Den Durchbruch der tonalen Klangerzeugung, also nicht irgendein Swisch oder Ping, sondern Töne, die eine Melodie oder Harmonie bilden können, erlebte das Kino im großen Stil mit *A Clockwork Orange* (1971) von Stanley Kubrick. Wendy Carlos realisierte die Musik, setzte statt Orchester elektronische Instrumente ein und nahm Werke von Purcell, Rossini und vor allem Beethoven mit Synthesizern auf.

Die Blütezeit der elektronischen Musik in der Pop- und Rockmusik war während der 1970er Jahre mit Musikern wie Jean-Michel Jarre, Keith Emerson und Rick Wakemann. Die Erfindung von neuen Klängen wie bei Popcorn von Gershon Kingsley gab der synthetischen Musik ein Profil.

Vangelis, ein griechischer Musiker und Komponist, war bereits renommiert, als Ridley Scott ihn bat die Musik für *Blade Runner* (1982) zu produzieren. Vangelis hatte ein Jahr zuvor einen Oscar für die Beste Musik für den Film *Chariots of Fire [Die Stunde des Siegers]* bekommen. Er sollte Nachfolger von Rick Wakeman, dem Keyboarder der Rockgruppe „Yes“ werden. Leider kam es nicht zu einer Zusammenarbeit, aber eine Freundschaft zwischen Vangelis und dem Sänger und Gründer der Gruppe, Jon Anderson, entstand. Sie produzierten mehrere erfolgreiche LPs zusammen. *I Hear You Now* und *I'll Find My Way Home* wurden Tophits.

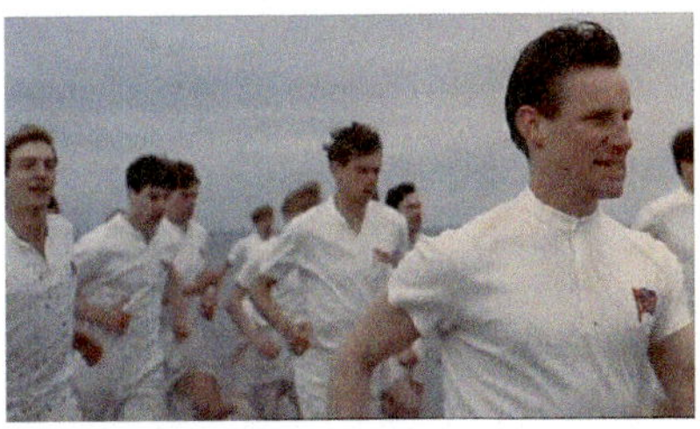

Vangelis stand für Progressiv-Rock, wollte sich nie wirklich in einer Rockgruppe unterordnen und entwickelte sich in einer eigenen Richtung. Sein Stil ist vielfältig und lässt sich nicht so leicht als „Rock“ bezeichnen. Jazz-Elemente, Klänge der Modernen Musik, ethnische Musik und viele anderen Stile waren ihm vertraut. Seine absolute Spezialität jedoch ist die elektronische Musik.

Bei der Diskussion über elektronische Musik gibt es mehrere Achsen, die beachtenswert sind. Zum einen sind da die Klangforscher und Komponisten wie Karl-Heinz Stockhausen, die experimentelle Musik erstellen. Entgegengesetzt sind die Rock/Popkünstler:innen, die sich, seitdem der Moog und andere finanzierbare Synthesizer erhältlich waren, langsam in der Gitarren-dominierten Musikszene etablieren konnten. Vangelis vermischte beide Gattungen. Er produzierte Welthits, wie die Titelmusik von *1492: Conquest of Paradise [1492 – Die Eroberung des Paradieses],* aber auch wegweisende experimentelle Musik, wie in *Blade Runner*.

Der zweite große Diskurs entzündet sich an der Frage, wofür Synthesizer und die elektronische Musik verwendet werden sollten: für eigene, elektronisch-typische Klänge oder als Ersatz für traditionellen Instrumente. Mit anderen Worten, wie nah sollte der elektronische Klang dem eigentlichen traditionellen Musikinstrument kommen? Vangelis verstand die Besonderheiten der elektronischen Klänge zu nutzen und verwendete wenig nachgeahmte Instrumente. Anders als *Blade Runner 2049* (USA 2017).

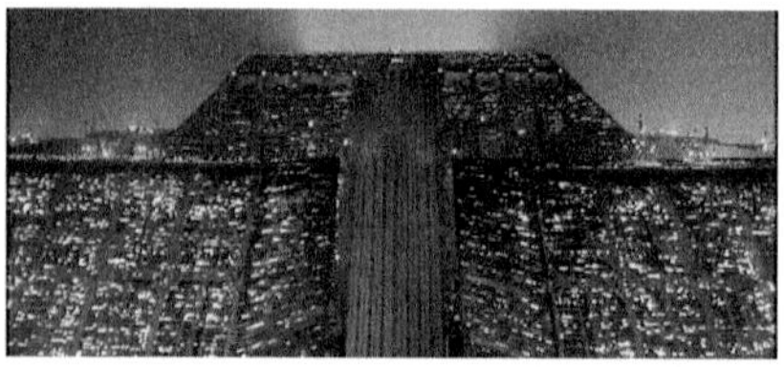

Die dritte Problematik war das Ziehen der Grenze zwischen Klang und Sound. Vangelis überschreitet diese Grenze ständig bei *Blade Runner*. Die Mischung, das Verweben von tonalen Fragmenten und Foleys beziehungsweise Sounds ist genau das, was seine Filmmusik genial macht. Zusammen mit den Sounddesignern baute er akustische Kulissen, die uns klar ein futuristisches Bild vermitteln sollten. Für Straßenszenen, Bargeräusche oder auch Nebengeräusche anderer Gerätschaften gab es keine Vorbilder. 2049 lag in den 1980er Jahren weit in der Zukunft!

Gerade durch die enge Wechselwirkung zwischen Musik und Sound ist es manchmal schwierig festzustellen, wo die Musik aufhört und ab wann fortschrittliches Sounddesign zu hören ist.

Vangelis hat die Musik in seinem Studio in London produziert. Einzelne Szenen schaute er per Video an und spielte dazu die Töne und Klänge einzeln ein. Dazu ist eine Menge Musikalität die Voraussetzung. Da andere Musiker:innen beteiligt waren und weil Vangelis Noten nicht lesen oder schreiben konnte, waren sicher langen Prozesse erforderlich, um zu diesen Ergebnissen zu gelangen.

Noch aber hatte die digitale Ära nicht begonnen. Also musste er Spur für Spur mit Hilfe eines Mehrspur-Tonbandgeräts einspielen. Fehler bedeuteten, die Passage komplett neu aufznehmen zu müssen. Das Verändern eines Tons oder Effekts in der Timeline, tweeking, präzises Synchronisieren mit dem Bild, konnte nur manuell stattfinden. Anders als heute, fand die Soundbearbeitung kaum per Sampling statt, obwohl er einen E-mu Emulator (dieser produzierte nur einen Single-Loop) in seinem Instrumentarium hatte. Eine Synchronisierung oder Anspielung über MIDI oder TimeCode gab es noch nicht.

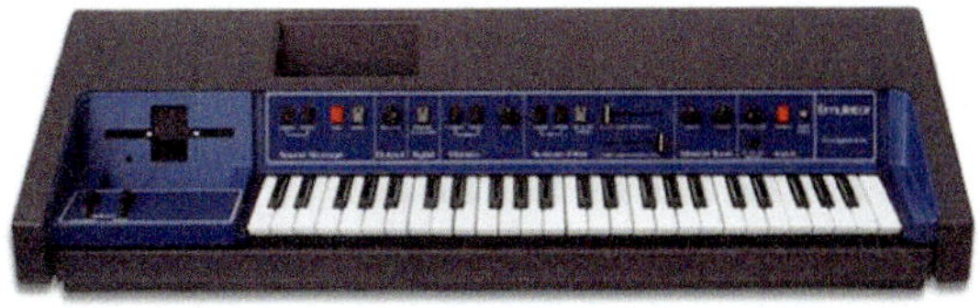

EMU Emulator

Im Vergleich zu *Chariots of Fire* war *Blade Runner* eine Herausforderung und ein Meisterwerk. Die Musik von Vangelis hat viele spätere Musiker:innen und Filmkomponist:innen inspiriert. *Chariots of Fire* hat eine prägnante Melodie, die auch heute vielen Menschen bekannt ist. Der Film wurde zwar mit einem Oscar für die beste Musik geehrt, Vangelis' Originalität kam allerdings nicht zu Geltung.

Dagegen spiegelt *Blade Runner* wesentlich mehr seiner Genialität wider, erhielt aber keinen Oscar, nicht mal eine Nominierung.

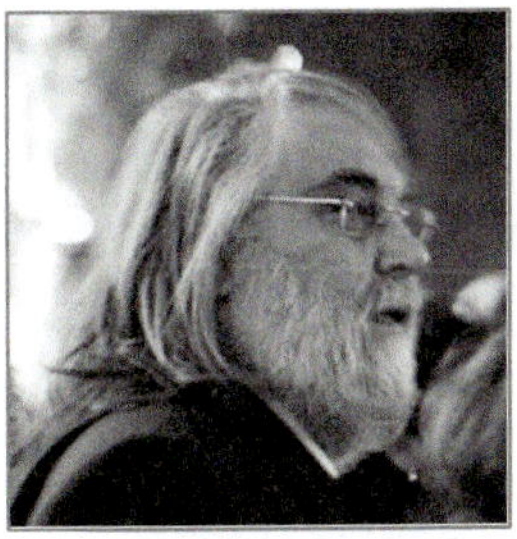

Vangelis (1943–2022)
wurde in Griechenland geboren, hatte kein formelles Training als Komponist, konnte keine Noten lesen. Er war trotzdem renommiert als Solokünstler, Bandmitglied und Filmkomponist. Neben zahlreichen Filmen produzierte er viele Alben. Manche seiner Singles erreichten Platz 1 in den weltweiten Charts.

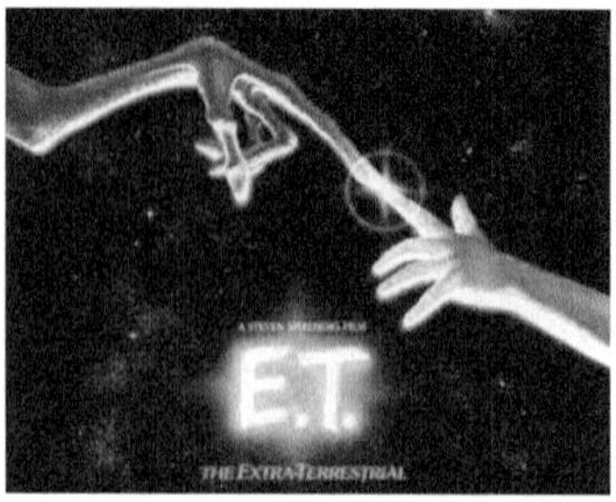

1983: E. T. – The Extra-Terrestrial
Oscars für die beste Musik, den besten Sound und die beste Soundeffekte.

E.T. (1982)
Regie: Steven Spielberg
Musik: John Williams
Sound: Robert Knudson, Robert J. Glass, Don Digirolamo, Gene Cantamessa

1983: Die Diskette
Sony produziert die ersten 3.5 Zoll Disketten. Sie löste die größeren Floppys ab und wurde Standard für die Büro- sowie Heimcomputer. Kapazität: 1,44 MB

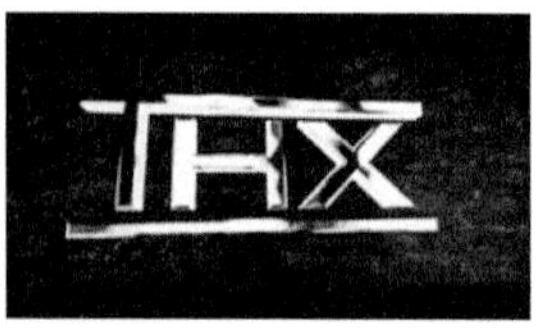

Star Wars: Return of the Jedi (1983)
[Die Rückkehr der Jedi-Ritter]
Regie: Richard Marquand
Musik: John Williams

1983: THX
Sound System für Kino entwickelt von George Lucas. *Return of the Jedi* war der erste Film mit diesem System, das heute noch Standard ist. Über die Bedeutung des Kürzels *THX* wird noch heute gerätselt.

1983: MIDI
MIDI-Format 1.0 wurde 1981 konzipiert und 1983 in Los Angeles in der Praxis präsentiert. Ein Sequential Circuits Prophet-600 Synthesizer kommunizierte mit einem Roland Keyboard über ein 5-pin MIDI-Kabel.

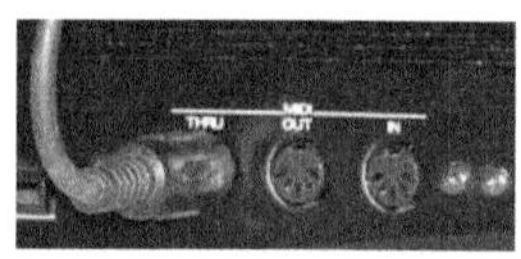

Synthesizer können über MIDI (Musical Instrument Digital Interface) gesteuert werden, ob vom Sequenzer, einem anderen Synthesizer, einem Pad, sonstigen externen Controller oder (wie später in den 1990er Jahren) vom Computer.

MIDI-Daten allein produzieren keine Klänge! Ein Klangerzeuger (Synthesizer, VST/AU-Plugin, Sampler) wird benötigt. MIDI-Daten umfassen unter anderem
Ton an/aus
Anschlaggeschwindigkeit
Finger/Tastendruck
Programmveränderungen
Modulation (Wheels, Bend, Breath)

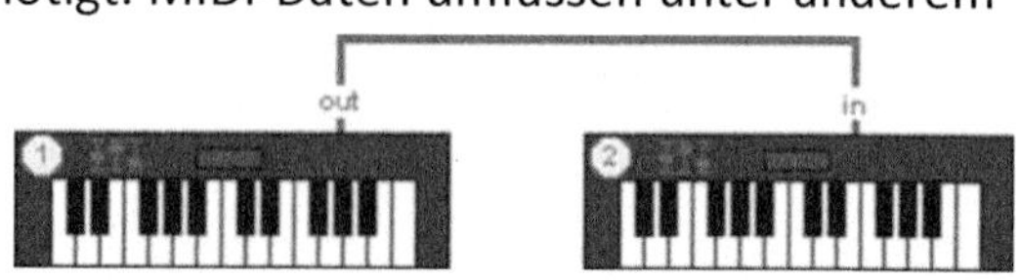

1984: Privatfernsehen in Deutschland
Mit der Gründung der Programmgesellschaft für Kabel- und Satellitenrundfunk (PKS) ist der Weg für kommerzielle Privatsender geebnet. SAT.1 und RTL konkurrierten mit den öffentlichen Fernsehanstalten ARD und ZDF und werben um die Gunst des Publikums. Werbung – auch mit Unterbrechungen der Sendungen – wird zum festen Bestand auch von ARD und ZDF.

Mitte der 1980er Jahre: Racksynthesizer
Racksynthesizer haben kein Keyboard und können über MIDI von einem externen Instrument gesteuert werden. Das große Synthesizer-Arsenal wich zugunsten von Türmen mit Racksynthesizer. Einige Jahre später übernimmt der Computer die Steuerung.

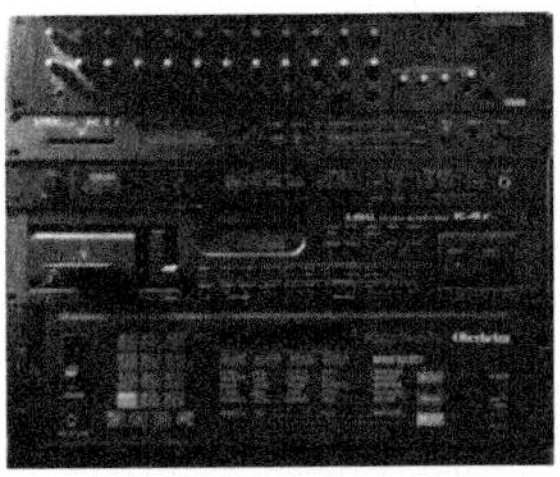

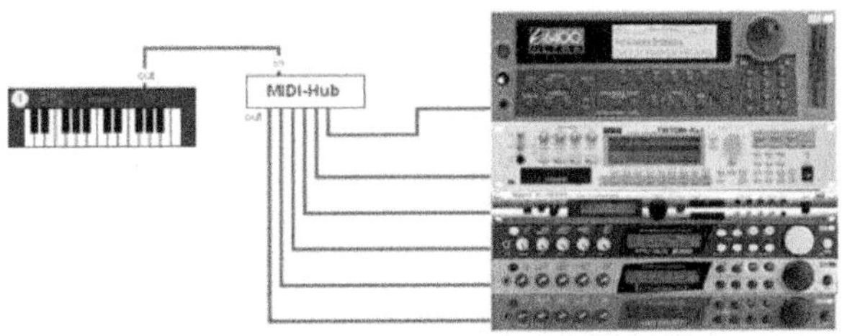

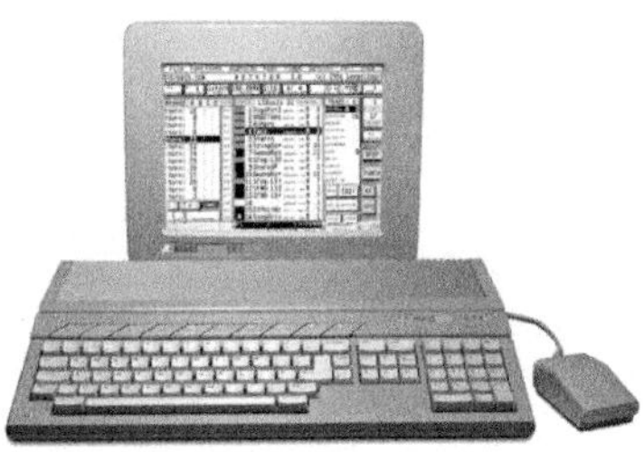
Atari ST520

1985: Atari
mit eingebauten MIDI-Anschlüssen. Dieser Computer ermöglicht für viele Heimstudios den Einstieg in die digitale/ computergesteuerte Produktion.

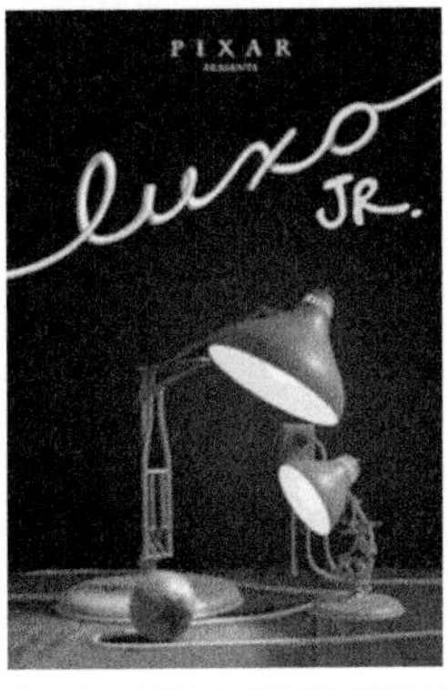

1986: Pixar und Luxo Jr.
Der Kurzfilm *Luxo Jr.* feiert einen großen Durchbruch bei den Computeranimationen. Nahezu reale Bilder mit Bewegung konnten komplett generiert werden. Die per Hand gezeichneten Animationen gingen im Laufe der Jahre zugunsten der Computeranimation erheblich zurück.

Luxo Jr. (1986)
Regie: John Lasseter
Sounddesign: Gary Rydstrom

1986: Musikvideo als Kurzfilm
Sledge Hammer von Peter Gabriel
MTV Video Music Awards 1987
Grammy Awards 1987

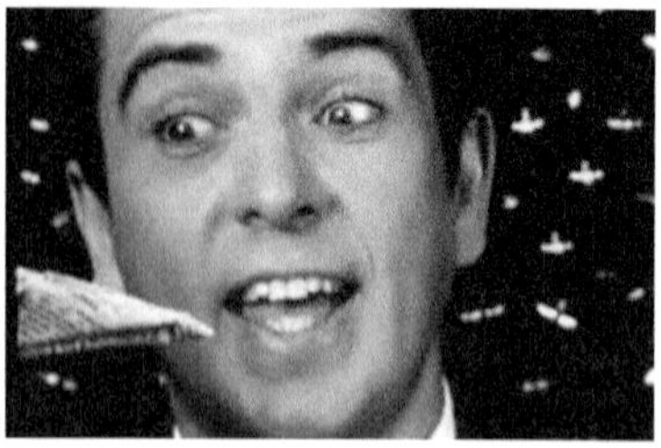

Close-up: Filmmusik aus dem Mittelalter
The Name of the Rose im modernen Kino

Der Filmkomponist hat bei Filmen mit historischem Kontext eine komplizierte Aufgabe. Wie authentisch soll/darf die Musik sein, wie können emotionalen Momente handelnder Personen des Mittelalters mit musikalischen Mitteln gestaltet werden, welche Instrumente dürfen eingesetzt werden, wie kann die Intonation alter Instrumenten mit der von elektronischen Instrumenten oder modernen Orchesterinstrumenten vermischt werden? Ganz abgesehen davon, wie kann man mit der Klischeevorstellung der Kinogänger:innen konkurrieren?

Es könnte so einfach sein: ein paar Männerstimmen, etwas Gregorianik, Parallelquinten und starker Hall und schon wären die Zuschauer:innen im Kloster. Aber verlangt werden stattdessen Grusel, Selbstgeißelung oder religiöse Fesselung?

James Horner stand vor dieser Herausforderung, als er den Auftrag bekam, die Musik für *The Name of the Rose [Der Name der Rose]* (1986) zu komponieren. Gerade 30 Jahre alt, war Horner bereits als Filmkomponist etabliert, hatte bereits zwei *Star Trek* Filme vertont. Unmittelbar nach *The Name of the Rose* wurde ihm ein Oscar für *Aliens* verliehen. Spätere Werke brachten ihm große Anerkennung, zum Beispiel *Braveheart, Titanic* und *Avatar.* Seine Musik ist feinfühlig und verstärkt die emotionale Intention der Filme in besonderer Weise.

The Name of the Rose wurde von Bernd Eichinger produziert, Regie führte Jean-Jacques Annaud. In den Hauptrollen waren Sean Connery und Christian Slater zu sehen. Der Film war eine Bearbeitung des Bestsellers von Umberto Eco aus dem Jahr 1980.

Wie bei jeder Verfilmung einer Romanvorlage kann nicht alles auf der Leinwand gezeigt werden. Die Tiefe des Romans von Eco, der Mensch im Mittelalter, verbotene Bücher, Armutsstreit, das Klosterleben waren nur schwer in Bilder umzusetzen. Dazu kam, dass anders als mancher „historische" Roman, Ecos Werk einen wissenschaftlichen und philosophischen Hintergrund hat.

Auf der Handlungsebene ist der Film relativ einfach zu realisieren. In einem Kloster wird eine Leiche entdeckt, zur Aufklärung wird ein Mönch als Detektiv dorthin entsendet, während seiner Arbeit gibt es eine weitere Leiche und so weiter. Die Story in einem Drehbuch umzusetzen war kaum eine Herausforderung. Ganz anders war es mit den anderen Ebenen. So ist der Film nur ein Umriss der Vorlage Ecos. Er selber sagte, die Verfilmung sei ein *Palimpsest*, das sein Werk nur erahnen lasse.

Palimpsest = Ein Begriff aus der Antike und dem Mittelalter für Schreibmaterial, wie Pergament, das nach Schaben und Waschen ein zweites Mal benutzt wird. Die Originalschrift bleibt schattenhaft sichtbar.

Trotz aller Schwächen hat diese Verfilmung einen entscheidenden Vorteil: die Musik. Durch sie wird das Mittelalter fühlbar gemacht. Gesänge aus der Epoche transportieren den Zeitpunkt der Handlung. So wird Kulturgeschichte hörbar gemacht.

Aber genau das ist nicht Aufgabe der Filmindustrie! Die Musik sollte plausibel klingen, etwa, wie man sich das Singen in einem Kloster vorstellen kann, aber nicht mit dem Anspruch, kulturgeschichtlich realistisch zu sein. Das wäre Aufgabe der Musikwissenschaftler:innen.

Hierin steckt ein Konflikt: Ecos Buch hat eine Menge mit mittelalterlicher Geschichte zu tun und ist wissenschaftlich angelegt. Bei der Verfilmung ist quasi alles auf die Handlung reduziert worden. Sollte nun doch wenigstens die Musik authentisch klingen?

Kostüme und Set sind üppig. Die Innenaufnahmen fanden im Kloster Eberbach im Rheingau statt. Für die Außenaufnahmen des Klosters wurde bei Prima Porta (bei Rom) eines der größten Sets der Filmgeschichte gebaut.

Auch die Musik – besser gesagt der Gesang, da zu diesem Zeitpunkt in der Geschichte Instrumentalmusik im kirchlichen Kontext nicht erlaubt war – sollte authentisch klingen. Aber woran ist die Musik dieser Epoche zu erkennen?

Die Merkmale der mittelalterlichen Musik sind:

- Hauptsächlich Gesang
- Melodisch angelegt, keine Harmonien
- Meditativ
- Quinten (oder Quarten)
- Monofon, also nur eine Stimme/Melodie
- Wenig Rhythmus

Horner schafft es, die Musik ohne großes Orchester, komplizierte harmonische Strukturen oder rhythmisches Donnerwetter auskommen zu lassen und dabei trotzdem die richtige Stimmung zu treffen. Die Bedrohlichkeit einiger Szenen untermalt er mit einem langen tiefen Ton, leider elektronisch, aber effektiv. Die Spannung erzeugt er mit einer Tonrepetition, elektronisch erzeugt, mechanisch gespielt (wie ein Sequenzer). Die ruhigen Szenen, besonders die, in denen sich der Novize (Adson von Melk) und sein Mentor (William von Baskerville) unterhalten, werden mit hohen, langgehaltenen Akkorden untermalt. Besonders die Szene, in der der Novize seinen Mentor fragt, ob er sich je verliebt habe, zeigt die Feinfühligkeit und Besonderheit Horners als Filmkomponist.

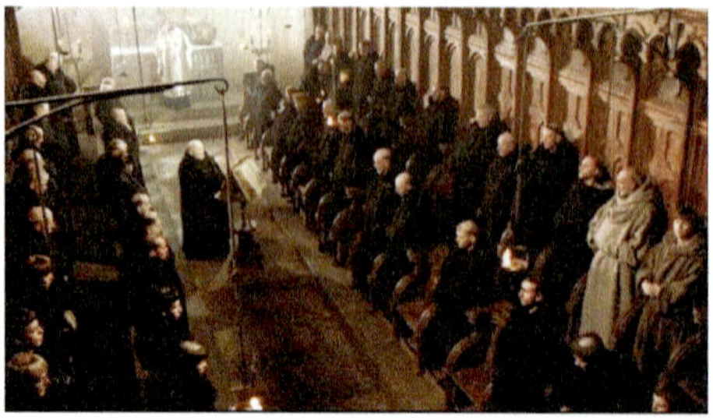

Die Szenen, in denen die Mönche des Klosters versammelt in der Kapelle singen, vermitteln Authentizität. Gesungen wird in Gregorianischem Stil, also monofon und ohne instrumentale Begleitung. *Beata Viscera, Kyrie, Veni Sancte Spiritus* wurden von dem Chor der *Choir School Maria Schutz* (aus Pasing) unter Leitung von Kurt Rieth eingesungen. Subjektives Hören ist hierbei wahrzunehmen. Wenn der Kastrat (die hohe Männerstimme) im Bild ist, ist seine Stimme lauter. Aber leider erfahren wir nicht, wie Sean Connery singt.

Insgesamt ist die Musik eher minimalistisch und meditativ, ganz wie im Mittelalter. Die Spannungsmomente sind nicht überzogen. Perkussion wird weitgehend ausgespart. Die Verwendung von historischen Instrumenten ergänzt den Klang auf besondere Art. Horner setzte auf einstimmige Melodien und verzichtete auf schwere Harmonien und eine übermäßige Orchestrierung. Die Verwendung von elektronischen Klängen wirkt etwas deplatziert. Vielleicht sollten sie die Musik etwas „moderner" wirken lassen. Da ist auszuhalten, aber unnötig.

Für manche Kinobesucher:innen fehlte der Hollywood-Touch. Nicht genug Boof und Bash. Horner ist dem nur so weit entgegengekommen, dass die Musik an mancher Stelle gruseliger und klischeehafter als nötig gestaltet wurde.

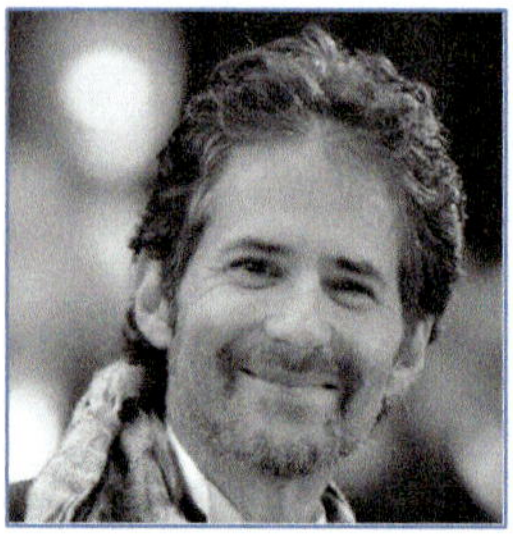

James Horner (1953–2015)
Seine Familie stammt ursprünglich aus Österreich. Er studierte am Royal College of Music in London, später an der University of Southern California. Zeitweilig hat er bei György Ligeti in Hamburg studiert. Er vertonte viele große Hollywood-Filme und wurde vielfach ausgezeichnet.

1987: Digitale Mischpulte
Yamaha vermarktet das erste digitale Mischpult, das DMP7. Alle Vorgänge (Lautstärkeneinstellung, Kanalzuweisung, Panpositionen etc.) können automatisiert und gespeichert werden.

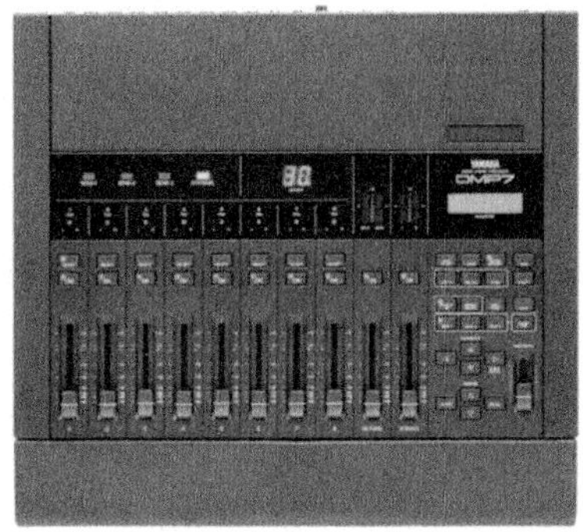

Yamaha DMP7

1987: Creator/Notator
ist ein MIDI-Sequenzerprogramm, entwickelt von der deutschen Firma C-LAB für den Atari ST. Mit Hilfe von MIDI kann der Computer Synthesizer steuern. Sämtliche Tonfolgen können eingegeben werden, das Abspielen läuft von selbst. Die Korrektur von Fehlern ist leicht, die Geschwindigkeit und Gesamttonhöhe können verändert werden. Das Abspielen findet über analoge Geräte statt, wie Synthesizer oder Module im Rack. Die Ausspielung (einschließlich Hall) findet extern statt, also nicht über das Programm.

Ab 1988 kann ein Notenbild erstellt werden. Spätere Versionen liefen auf Apple- und Windows-Rechnern.

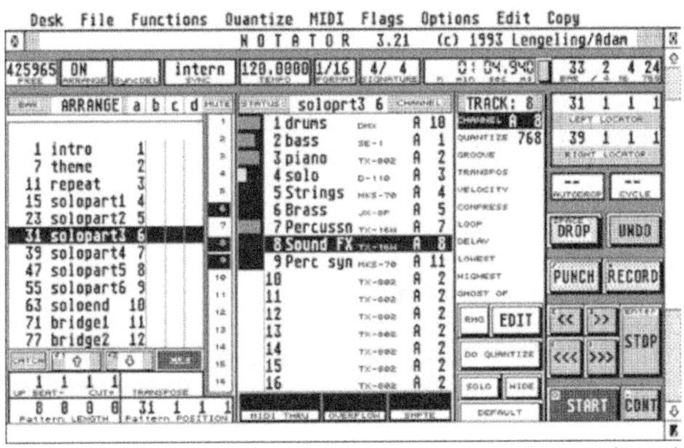

Notator (Logic)

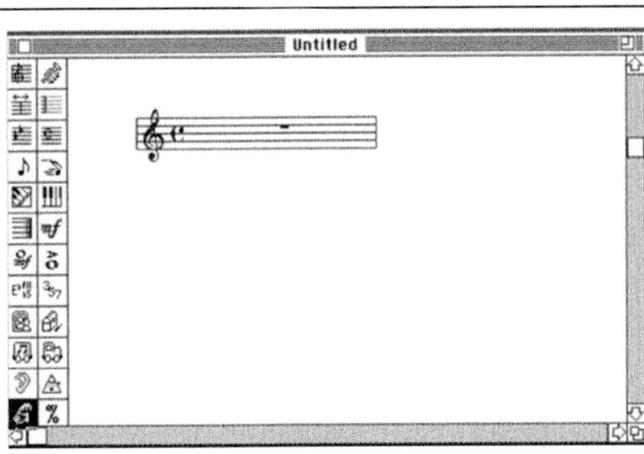

1988: Erstes Notensatzprogramm
Finale® ist das erste Programm für das Schreiben von Noten am Computer, entwickelt von Phil Farrand. Nun können Partituren und Stimmauszüge wesentlich leichter erstellt werden. Die ersten Versionen sind ohne Klangerzeugung. Finale® wird zum Standard.

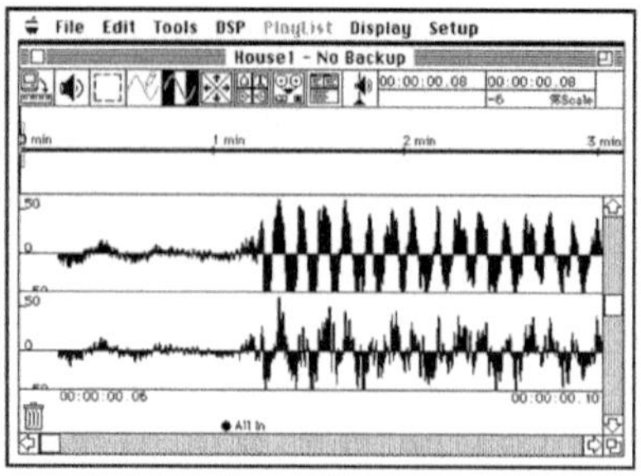

1989: Digital Audio Workstation
Die erste Digital Audio Workstation (DAW) wird von DigiDesign für Apple Macintosh entwickelt. 1991 folgt die Vermarktung von Pro Tools, bis heute ein Standard in der Audiotechnologie. Das System mit der entsprechenden Software setzt die vom Computer bearbeitete Aufnahme in Klang um. Über eine Hardwarekomponente findet die Audiobearbeitung (Digital Sound Processing DSP) statt. Das Umwandeln der analogen Signale in digitale Daten, das Speichern und das Zurückwandeln in analoge Signale bei der Ausspielung findet außerhalb des Computers statt.

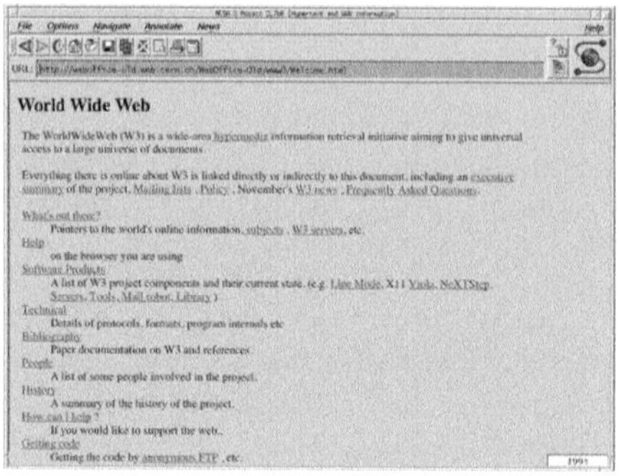

1989: Internet
Ursprünglich für militärische Zwecke entwickelt, wird das Potenzial der Massenkommunikation entdeckt. Die technischen Standards für das World Wide Web (beispielsweise HTML) werden von Tim Berners-Lee am CERN (Conseil Européen pour la Recherche Nucléaire) in Genf entwickelt. Kurze Zeit später wird der erste Server in Betrieb genommen. 1991 geht die erste Website online. Die ersten Browser werden entwickelt, die Allgemeinheit kann das Internet nutzen. 1993 kam Mosaic, der erste grafikfähiger Browser, auf den Markt. Daraus entwickelte sich der Netscape Navigator, der zeitweilig eine ernstzunehmende Konkurrenz für den marktbeherrschenden *Internet Explorer* war.

```
<HEADER>
<TITLE>The World Wide Web project</TITLE>
<NEXTID N="55">
</HEADER>
<BODY>
<H1>World Wide Web</H1>The WorldWideWeb (W3) is a wide-area<A
NAME=0 HREF="WhatIs.html">
hypermedia</A> information retrieval
initiative aiming to give universal
access to a large universe of documents.<P>
Everything there is online about
W3 is linked directly or indirectly
to this document, including an <A
NAME=24 HREF="Summary.html">executive
summary</A> of the project, <A
NAME=29 HREF="Administration/Mailing/Overview.html">Mailing lists</A>
, <A
NAME=30 HREF="Policy.html">Policy</A> , November's  <A
NAME=34 HREF="News/9211.html">W3  news</A> ,
<A
NAME=41 HREF="FAQ/List.html">Frequently Asked Questions</A> .
```

HTML der ersten Website (Auszug)

1989: Cubase
Ein weiteres legendäres Musikprogramm startet. Entwickelt von der Firma Steinberg, war Cubase zunächst nur für MIDI-Aufnahmen und -Bearbeitung ausgestattet und lief auf Atari-, Macintosh- und später auf Windows-Rechnern.

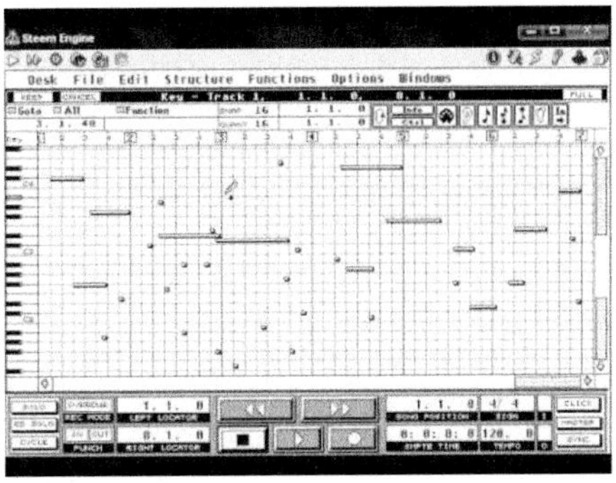

Cubase

= = = = = = = = = = = = =

Die 1990er Jahre:
Neue Spielweisen

= = = = = = = = = = = = =

= =

Die 1990er Jahre: Neue Spielweisen

= =

Der Anspruch auf Authentizität steigt, ethnische Musik wird entdeckt. In der Popmusik wie im Kino werden neue Instrumente und Spielweisen eingeführt. Hochspezialisierte Musiker:innen werden sucht, ob echter Gesang der Native Americans bei *Dances With Wolves*, der Dudelsack bei *Braveheart*, oder Ney Flute bei *The Cell.*

Das Experimentelle in der Bild- wie Musikgestaltung bekommt mehr Raum. Film als Material wird abgelöst, das Kino wird digital.

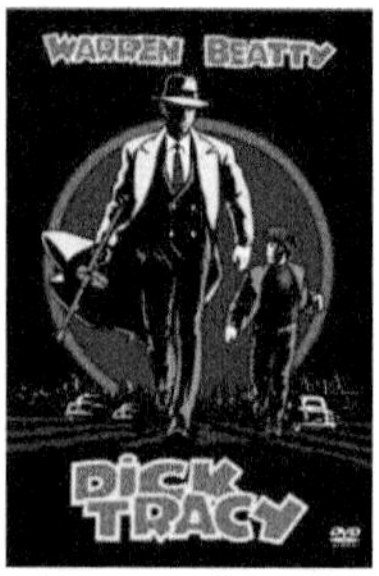

Dick Tracy (1990)
[Dick Tracy]
Regie: Warren Beatty
Musik: Danny Elfman

1990: Erster digitaler Kino-Sound
Cinema Digital Sound (CDS) wird zum ersten Mal mit *Dick Tracy* als digitales Audio eingesetzt (16-bit PCM). Der Film wird für den Oscar *Best Sound* nominiert.

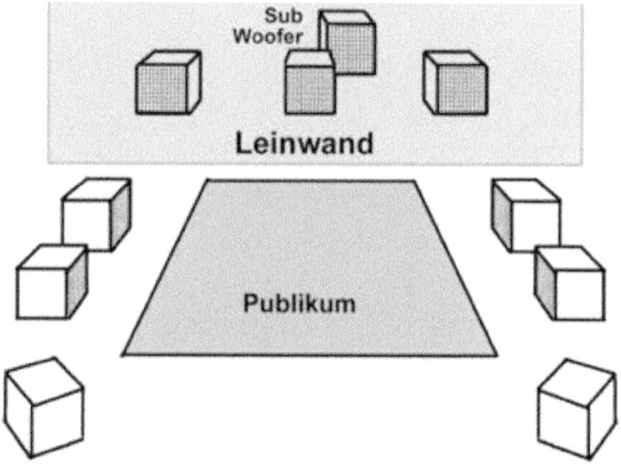

1990er: Soundkarten
Die ersten Soundkarten mit einer entsprechenden Kapazität zur Audiobearbeitung, zum Beispiel *Gravis Ultrasound* (GUS), kommen auf den Markt, zunächst für IBM-kompatible PCs. Hierbei können mehrere Spuren abgemischt und einige Audioeffekte geschaltet werden, ohne den Computer zu beanspruchen. Die Anwendung findet zuerst bei Computerspielen statt, später beim Heimstudio.

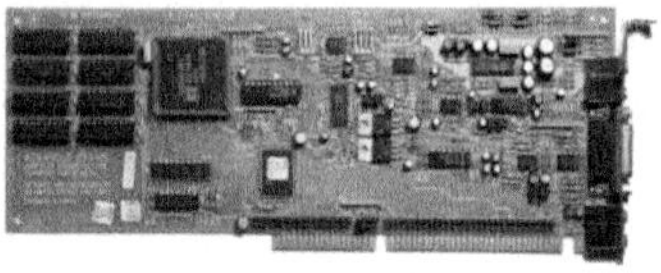

1991: Oscars für *Dances with Wolves*

Der Film erhält die Oscars für die beste Musik und den besten Sound. Anders als viele Filme über den Wilden Westen Amerikas, werden authentische Gesänge und Musik der Native Americans verwendet.

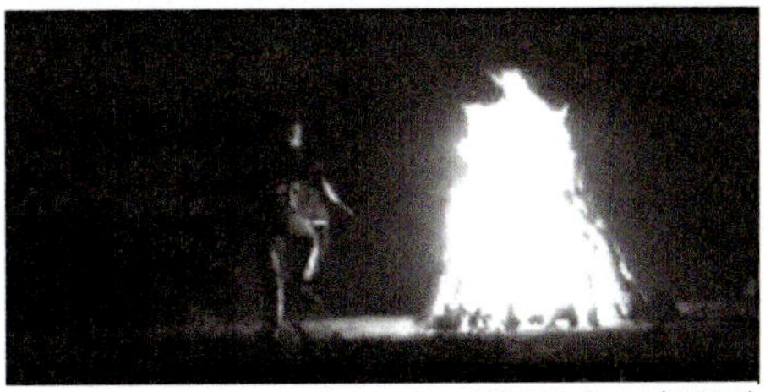

Dances with Wolves (1990)
[Der mit dem Wolf tanzt]
Regie: Kevin Coster
Musik: John Barry
Sound: Russell Williams II, Jeffrey Perkins
Bill W. Benton, Gregory H. Watkins

Close-up: Die Wölfe tanzen zum richtigen Beat

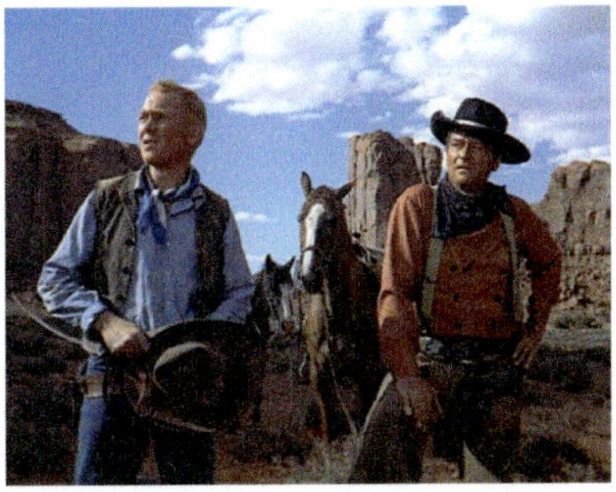

Seit Beginn der Filmindustrie wurden Western produziert. Auf der Suche eines neuen Männerbildes wurden die Cowboys zum neuen Symbol von Freiheit, Mut und Gerechtigkeit. Die Kriege gegen die Indianer:innen erreichten 1890 einen Höhepunkt mit *Wounded Knee*, wo die US Army ein Indianer:innendorf überfiel. Die Konflikte zwischen dem „Weißen Mann" und den „Rothäuten" dauerten bis 1924 an.

In der Darstellung dieser Auseinandersetzung sind die Indianer:innen immer die Bösen: unzivilisiert, primitiv und aggressiv. Sie haben es somit verdient, vernichtet zu werden. Der General Philip Henry Sheridan sagte einst: „The only good Indians I ever saw were dead." (Deutsch: Die einzig guten Indianer, die ich jemals sah, waren tote.)

Die Filmindustrie griff dieses Klischee auf und setzte es auf der Leinwand fort. Die Cowboys erfahren eine heldenhafte Darstellung, die Indianer:innen wurden als skalpierend und brutal gezeigt, und überfielen wehrlose Siedlerfamilien. Bei einem Angriff waren es immer die Indianer, die aggressiv und gnadenlos vorgegingen, und die, meistens aus einer hoffnungslosen Situation heraus, schließlich doch von dem Weißen Mann besiegt wurden.

Die Musik der Indianer:innen ist natürlich äußerst primitiv. Stumpfe 4/4 Rhythmen, unkontrolliertes Jaulen, ekstatisches Tanzen. Aber wie gelangte der Klang der Indianer:innen nach Hollywood? Im Wilden Westen gab es Soldaten und Siedler:innen, eher keine Musiker:innen. Musikwissenschaftler:innen, die sich dafür interessiert hätten, gab es noch nicht.

Ein Soldat, der vielleicht gerade den Takt eines Walzers erkennen kann, wird sicher die komplizierten Rhythmen der Indianer:innen nicht verstehen und wahrscheinlich als chaotisch empfinden. Es ist ja eben nicht der gewohnte 3/4 Takt.

Der Gesang war eher ein Obertonsingen, eine Gesangstechnik, die den Siedler:innen völlig fremd wäre. Durch den Mund wird ein tiefer vokaler Ton moduliert, die Obertöne werden hörbar. Im Kollektivsingen entstehen zusätzlich sogar hohe geisterhafte Töne, als wenn „The Great Spirit" mitsänge.

Eine bekannte Volksmelodie oder überhaupt eine Melodie werden die Siedler:innen hierbei nicht erleben.

In Wirklichkeit wissen wir nicht eindeutig, wie die Musik der Native Americans klingt. Es waren zwei sehr diverse Musikkulturen, die aufeinandertrafen. Nach den Indianerkriegen waren leider nicht viele Ureinwohner übrig, die bereit waren davon zu berichten bzw. uns ihre Musik beizubringen.

Die Klischeevorstellung der Bilder setzte sich bei der Musik fort. Im Film muss die Musik nicht authentisch sein. Es soll lediglich der laienhaften Vorstellung der Zuschauer:innen entsprochen werden, sodass sie das Gefühl bekommen, dass die Musik echt ist. Noch schlimmer: die Musik soll die Primitivität des Indianervolkes untermauern. Einige Beispiele aus der Zeit der Stummfilme:

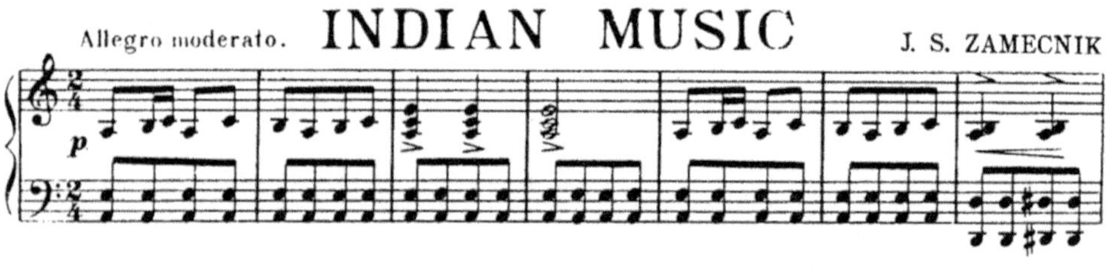

Monotone Quinten sollen die Pauken imitieren. Die Liebeslieder der Indianer:innen sind melodisch und pentatonisch-ähnlich. Etwas, das es nie in der Musik der Native Americans gegeben hat.

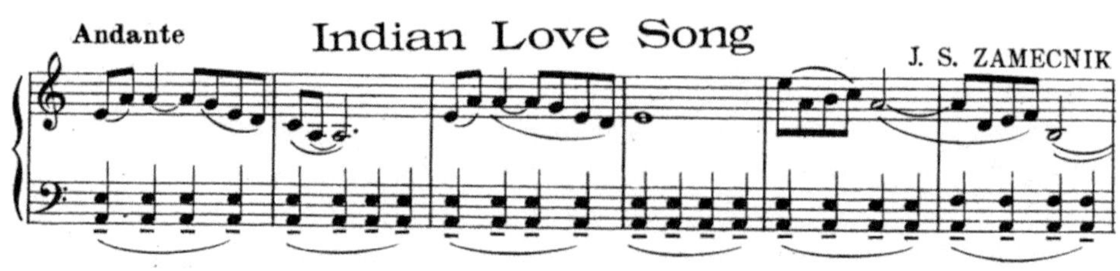

An Kriegsmusik darf es nicht fehlen:

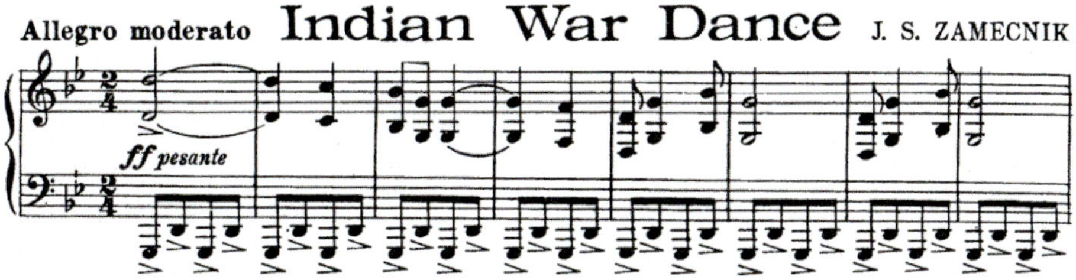

Diese Beispiele stammen aus *Sam Fox Moving Picture Music*, einer der ersten Sammlungen für die Klavierbegleitung von „Stummfilmen", veröffentlicht 1913.

Die Darstellung des Indianers als Primitivling mit einer Musik wie aus der Steinzeit, setzte sich nach dem 2. Weltkrieg fort. Die Unbesiegbarkeit des „Weißen Mannes" wurde immer wieder dargestellt, mit großen Stars wie John Wayne, Henry Fonda und James Stewart.

Die Klischeevorstellung der Musik der Indianer:innen bewegt sich im 4/4 Bereich und pentatonischen Melodien. Einfach, chaotisch, wild, rau, aber manchmal sympathisch für den Protagonisten. Die Melodie wird öfters von einer primitiven Flöte gespielt, wie in *Apache*. Die Flöte ist allerdings nicht Bestand des Indianer:innen Instrumentariums. Macht nichts, pentatonische Melodien auch nicht. Hauptsache wir glauben, so klänge die Musik der Indianer:innen.

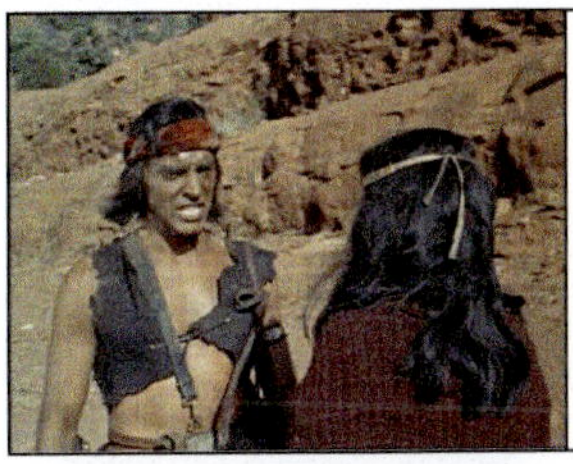

Apache (1954)
[Massai – Der große Apache]
Regie: Robert Aldrich
Musik: David Raksin
Mit Burt Lancaster

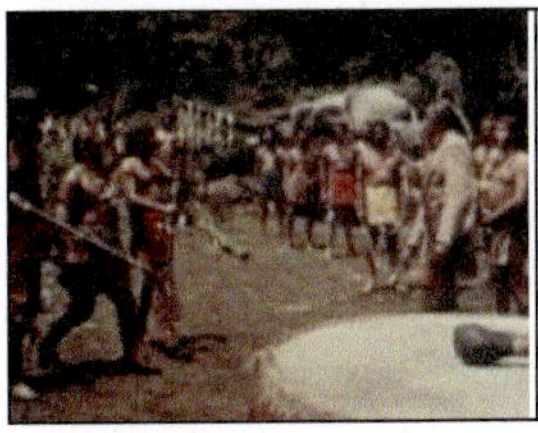

Daniel Boone, Trail Blazer (1956)
[Daniel Boone]
Regie: Albert C. Gannaway
Ismael Rodriguez
Musik: Raúl Lavista

Daniel Boone, der Protagonist von *Trail Blazer*, ist zwar kein Cowboy, aber dennoch ein Pionier und Held im Vorfeld des klassischen Westerns. Die Musik verstärkt seine Heldenhaftigkeit und sein Handeln, und untermalt den Indianer als unerträglich primitiv. Sie vermittelt unmissverständlich, dass diese Menschen ohne Kulturempfinden sind.

The Searchers (1956)
[Der schwarze Falke]
Regie: John Ford
Musik: Max Steiner
Mit John Wayne

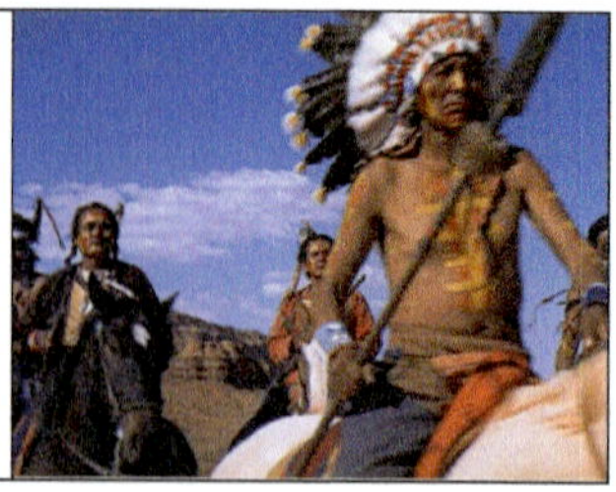

Die Klischee-Pauken begleiten die Zuschauer:innen permanent während des Films. Parallelquinten untermauern den Sound aus dem Indianer:innen Camp.

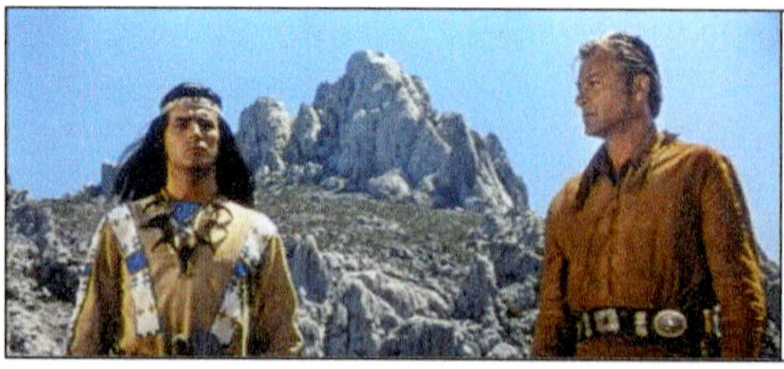

Winnetou (1963)
Regie: Harald Reinl
Musik: Martin Böttcher
Mit Pierre Brice und Lex Barker

Die blumige Musik von Martin Böttcher vermittelt eine heile Welt der Indianer:innen. Ihre vermeintliche Musik ist sehr auf den europäischen Geschmack abgestimmt.

Zusammengefasst kann eigentlich nur festgestellt werden, dass die klischeehafte Vorstellung der Indianer:innen und deren Musik sich seit der ersten Epoche des Kinofilms nicht verändert haben. Bis Kevin Costner sein *Dances With Wolves* [*Der mit dem Wolf tanzt*] drehte.

Spätestens mit dem Buch *Bury My Heart at Wounded Knee* [deutscher Titel: Begrabt mein Herz an der Biegung des Flusses] von Dee Brown, veröffentlicht 1970, wuchsen Zweifel an der Gerechtigkeit der Vorgehensweise der US Army gegen die Indianer:innen. Parallelen zum Vietnamkrieg entstanden. Die bis dahin herrschende Meinung, das US-Militär sei unfehlbar und gerecht, wurde mit Mỹ Lai (1968) erschüttert.

Ist *Dances With Wolves* ein Anti-Kriegsfilm? Nein, eher ein Pro-Freundschafts-Film. Menschen unterschiedlicher Herkunft können lernen, sich zu verstehen und nebeneinander existieren, wenn sie einmal ihre Angst überwinden.

Die Musik von John Barry untermalt dies. Weder Soldaten noch Indianer:innen werden durch die Musik als böse oder primitiv dargestellt. In der Szene, als der Protagonist John Dunbar durch die Indianer:innen von den Soldaten gerettet wird, wird weder heroisiert noch dämonisiert. Einer der Soldaten schleicht während der Kampfhandlung weg. Jeder andere Filmkomponist hätte Untertöne in der Musik hineinkomponiert, um die Zuschauer:innen zu warnen, dass etwas Schlimmes, Unfaires passieren wird.

Barry, bekannt für den Big-Band Sound von James Bond, schrieb eine Musik, die vielmehr die Landschaft, die Idylle, den Frieden betont. Fast alle Cues sind

Übergänge oder Stimmungen. Keine davon ist auf das Bild via Sync-Punkten aufgebaut, wie John Williams die Musik vielleicht komponiert hätte. Vier der großen Szenen sind Kampfszenen (00:06:23), die Büffeljagd (01:51.01), der Kampf mit den Utes (02:34:01) und die Rettungsszene (03:20:55). In allen vier Szenen wird die Stimmung meisterhaft untermalt, die Darstellungen sind kurzlebig, aber die Musik ist kaum auf irgendein Ereignis im Bild direkt synchronisiert. Akustische Signale in Richtung „böse“ und „gut“ fehlen nach wie vor.

In der Szene, in der John Dunbar um das Feuer tanzt (02:09:19), hat John Barry ein Meisterstück produziert. Elemente aus dem Indianer:innengesang, Pauken und breite Melodien verzaubern Dunbars Transition aus der Einsamkeit zum Indianerleben. Hier findet an einer der wenigen Stellen im Film tatsächlich eine Wechselwirkung zwischen Bild und Ton statt.

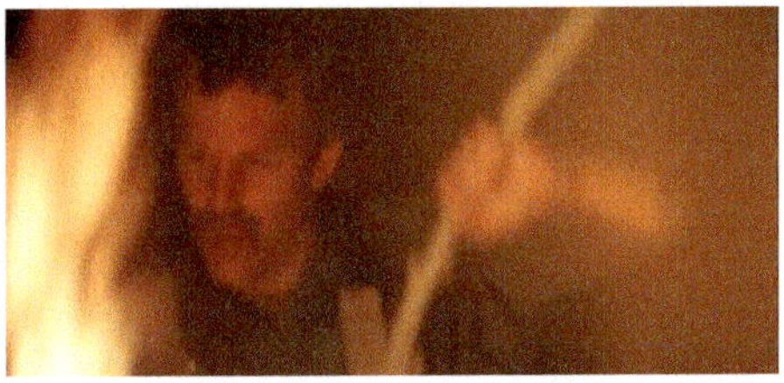

Besonders beeindruckend ist die Verwendung von echtem Indianer:innengesang an sechs Stellen im Film. Nicht besonders für unsere Ohren bearbeitet, aber nicht übertrieben mit grässlichem Gejaule oder Paukerei. Die Produktion der Musik wurde begleitet vom Sänger John Coinman, der auch die Musik der Lakota-Indianer:innen besorgt hat. Cyvert Young Bear, ein Native American, war auch beteiligt.

Insgesamt ist die Musik eine würdevolle Mischung aus sensiblen europäischen und traditionellen Indianer Klängen. Ein gelungenes, kulturelles Crossover. Gerade durch die Musik schafft es Kevin Costners Film Sympathie für die Indianer:innen zu gewinnen. Auch eine große „good-bad“ Pointierung bleibt aus. Gute und böse Indianer:innen, wie gute und böse Weiße, gibt es eben.

Dances With Wolves hat sieben Oscars gewonnen, auch für die Beste Musik, und viele weitere Auszeichnungen. Wegen der sympathischen und (fast) realistischen Darstellung wurde Kevin Costner Ehrenmitglied der Sioux-Nation.

Seit einiger Zeit steht die Bezeichnung „Indianer“ in der Kritik. Die Ureinwohner:innen Amerikas stammen nicht aus Indien. Korrekter wäre „Native Americans“.

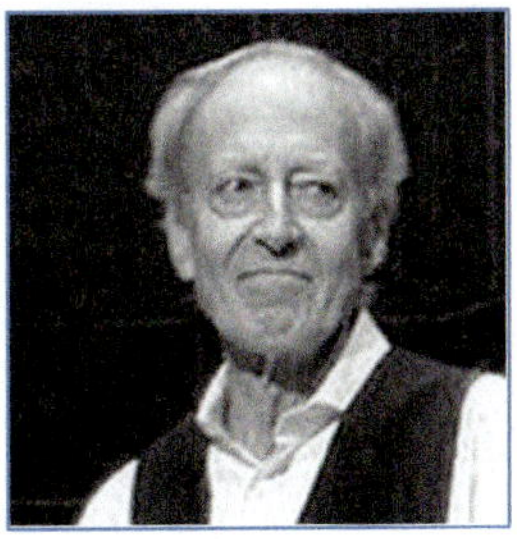

John Barry (1933–2011)
wurde in York, England geboren. Seine Mutter war Pianistin, seinem Vater gehörten 8 Kinos. Er bekam 5 Oscars und viele weitere Auszeichnungen. Er war berühmt für den Big Band Sound, den er besonders bei den James Bond Filmen verwendete. Er ist der Urheber von einigen Musicals.

1991: Digitale Aufnahmetechnik
Am Ende der 1990er fand Studiorecording fast nur noch digital statt. Dagegen stellt der Rundfunk erst viel später um.

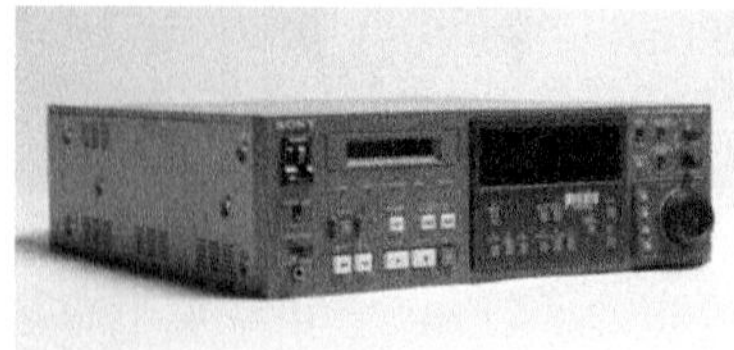

Sony PCM-7030

1991: MPEG-1
Nach 4 Jahren technischer Entwicklung und internationaler Verhandlung wird das MPEG-Format (Moving Pictures Experts Group) als Standard verabschiedet. Damit kann die Dateigröße reduziert werden, der Austausch wird erheblich erleichtert. Das Frauenhofer Institut in Erlangen war maßgeblich beteiligt.

1992: Cubase Audio
Digitaler Audio Schnitt im Homestudio ist endlich möglich. Das Verfahren ist rein computerbasiert und ohne externe Hardware möglich.

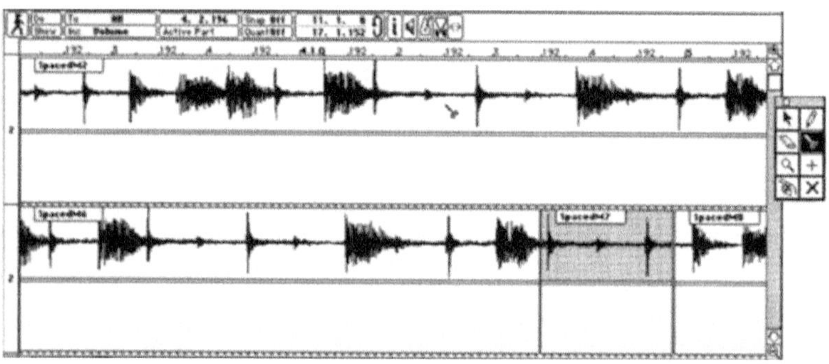

1992: Notenschreiben mit Klangergebnis
Die Firma Emagic entwickelt das Programm *Notator SL* mit integrierter Klangerzeugung. Nun sind gesetzte Noten sofort über das eingebaute Sequenzerprogramm hörbar. Noten können mit Drag-and-Drop eingefügt, aber auch per MIDI eingespielt werden. Ebenfalls über MIDI können externe Synthesizermodule gesteuert werden.

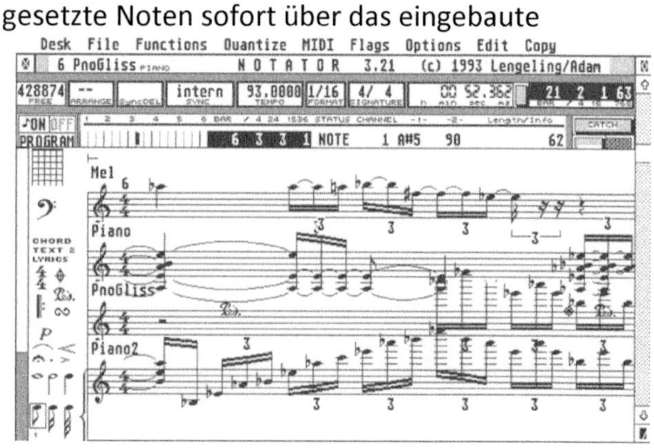

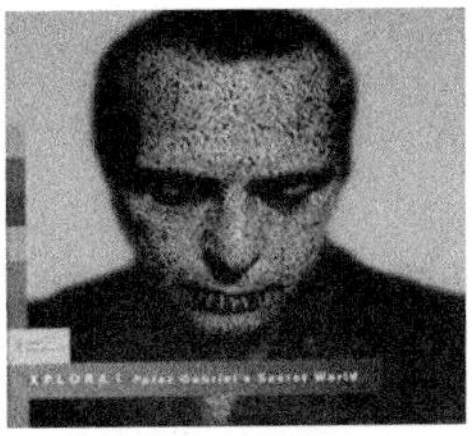

1992: Xplora1 (Secret World)
Peter Gabriel entwickelt interaktive Medienkunst. Die Academy of Interactive Arts & Sciences ehrte Gabriel bei der Fernsehübertragung der Cybermania '94.

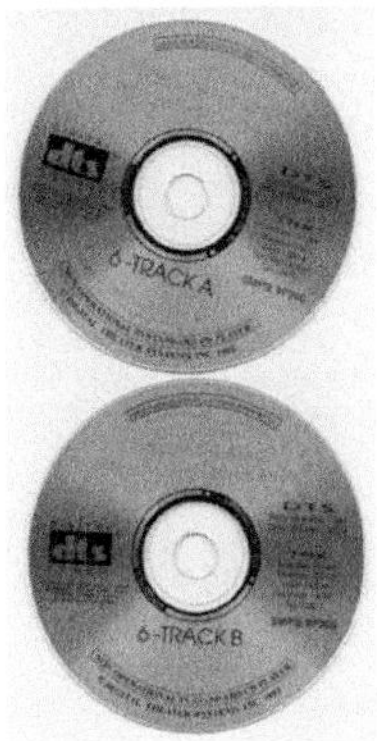

1993: DTS Kino Sound System
Der Sound von *Jurassic Park* (Musik: John Williams) wurde nicht auf den Film gebrannt, sondern stammte aus zwei CDs, auf denen 3 ½ Stunden Audio gespeichert sind. Mit einem Timecode kann das Audio mit dem Bild synchronisiert werden und hat 6 Kanäle. So können verschiedene Sprachfassungen produziert werden, ohne den 70 mm breiten Film jeweils neu herzustellen.

1994: Sony DDS
Sony Dynamik Digital Sound ist ein Soundsystem, bei dem digitale Audiodaten auf den Film gedruckt sind. 6 bis 8 Spuren mit 5 bis 20.000 Hz und 105 db sind möglich. Der erste Film mit diesem System ist *Last Action Hero [Last Action Hero]*

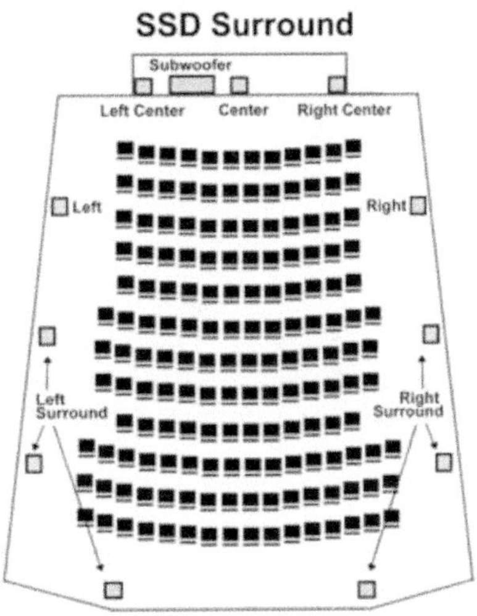

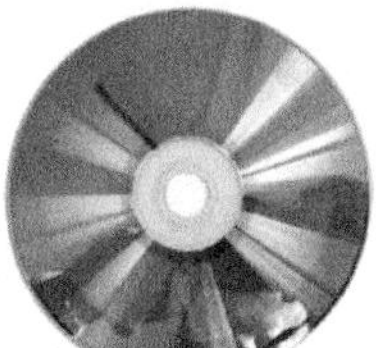

1995: DVD
Digital Versatile Disc
4,7 GB (8,5 Dual Layer) Speicherplatz. DVDs können zur Datenspeicherung und Videowiedergabe verwendet werden. Die Einführung in Europa findet ein Jahr später statt. Die Videokassette wird bei den Videoverleihen schnell von der DVD verdrängt.

1995: mp3 Format
Das vom Frauenhofer Institut in Deutschland entwickelte MPEG/Layer3 Audioformat bestand bereits seit 1991. Das Format erhält den Namen *mp3* und wird in der Audioindustrie zum Standard des tragbaren Musikkonsums.

1995: Puppet Motel
Medienkunst von Laurie Anderson und Hsin-Chien Huang

Interaktive Medien werden entwickelt und vermarktet.

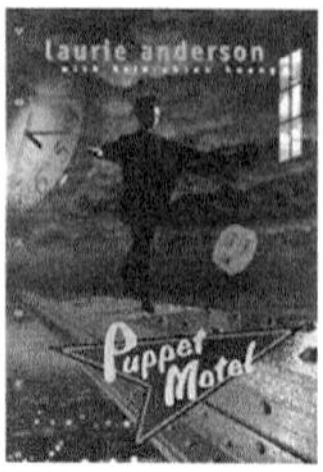

Close-up: Ein Mann, eine Gitarre

Mitte der 1990er Jahre wurden die meisten Hollywoodfilme mit großem Orchester vertont. Komponisten wie John Williams (*Jurassik Park*), James Horner (*Braveheart, Titanic*), Danny Elfman (*Mission: Impossible I*) und Hans Zimmer (*The Lion King*) produzierten riesige musikalische Werke für das Kino.

Manche Regisseur:innen schlugen alternative Wege ein und suchten Musik, die weniger schwer und dafür transparenter war. Auch experimentelle Ansätze fanden Raum. Jim Jarmusch ist ein solcher Filmemacher. Der studierte Filmwissenschaftler wagte öfters neue Formate in Bild und Ton. Er hat selber Musik gemacht, spielte beispielsweise in der Band Sqürl. Mit dieser Band hat er die Musik zu *Paterson* (2016) eingespielt, eine wunderbare, experimentelle Musik, die perfekt die Stimmung verstärkt und untermalt.

1995 drehte Jarmusch *Dead Man* mit Johnny Depp. Für diesen Kultfilm engagierte er Neil Young (*1945), den kanadischen Gitarristen. Young wurde durch die Gruppe Crosby, Still, Nash & Young bekannt. Ihr Stil wird manchmal *Country-Rock* genannt, ihre Lieder sind durchaus politisch. Protest gegen den Vietnam-Krieg wurde besungen, wie später Protest gegen den Krieg im Irak. Die Gruppe ging einige Male wegen persönlicher Differenzen auseinander. Sie waren unbestritten einer der erfolgreichsten Bands ihrer Zeit.

Wie fast alle Musiker aus CSN(&Y), produzierte Neil Young erfolgreich eigene Werke. Er setze weiterhin Gitarreneffekte ein, erfand neue und entwickelte seinen Stil in Richtung Experimental-Rock. Seine Lieder waren nach wie vor sozialkritisch und gegen den Krieg.

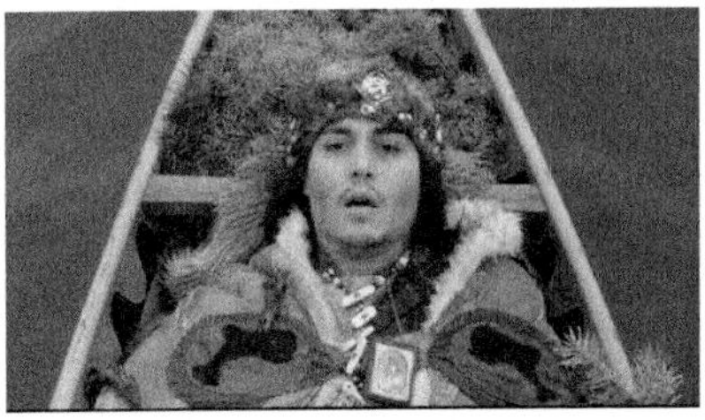

Dead Man erzählt die Geschichte von William Blake, einem jungen Mann, der 1876 von Cleveland zu einem weit abgelegenen Ort reist, um eine Stelle als Buchhalter anzutreten. Dort gerät er in Schwierigkeiten, wird verfolgt und muss somit seine Reise fortsetzen. Unterwegs wird er angeschossen und verletzt. Ein Native American verarztet ihn. Die Verletzung ist aber lebensgefährlich und so begleitet der Indianer (mit britischem Akzent und offenbar belesen) William Blake bis zu seinem Tod. Die Reise setzt sich also nochmals fort.

Jarmusch konfrontiert uns mit einigen Gedankenansätzen, wie Reinkarnation, Tod, Gerechtigkeit, Zuneigung. Wie etwa eine griechische Tragödie müssen am Ende alle sterben. William Blake tritt seine letzte Reise liegend in einem Kanu an. Poetisch und philosophisch.

Hollywood Größen wie William Hurt, Robert Mitchum und Alfred Moline spielen in diesem Film. Sogar Iggy Pop wirkt mit. Eine „Hollywood-Musik" hätte aber nicht gepasst und die Bilder kaputt gemacht. Die Wahl, einen einzelnen Musiker zu nehmen, passt zur Vorstellung, dass die letzte Reise alleine stattfindet. Einsamkeit im Bild, Einsamkeit in der Musik.

Großartig ist Neil Youngs Gitarrenspiel: keine gängigen Melodien, keine erkennbaren Harmonien, keine Form oder fester Ablauf. Rein experimentell, nur elektrische Gitarre und Young-typische Effekte wie Distortion, Flanging, Delays, viel Compression. Alle Tracks sind frei improvisiert. Manchmal nervig, manchmal versöhnlich.

Selten kommt es vor, dass die Filmmusik mit nur einer Person gestaltet wird. Miles Davis hat es uns bei *Fahrstuhl zum Schafott* vorgemacht. In beiden Fällen war der Erfolg der Filmmusik von der hohen Musikalität abhängig. Es gab jeweils keine Vorbilder, keiner hatte so etwas vorher gemacht. So sind mit beiden Solo-Musikern neue, riskante Wege bestritten worden. Dank des Vertrauens der jeweiligen Regisseure können die Zuschauer:innen eine einmalige, höchst persönliche Musik erleben.

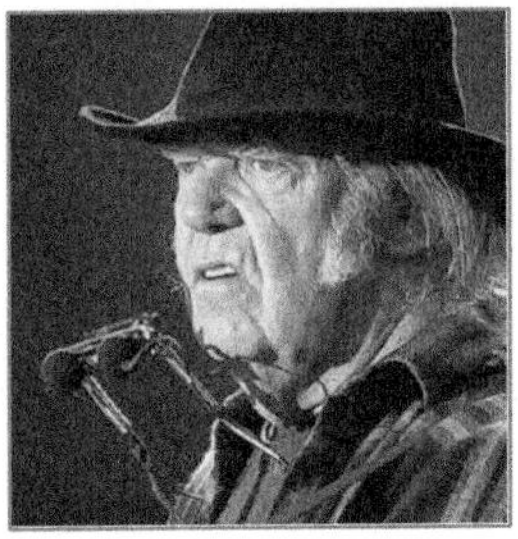

Neil Young (*1943)
ist ein kanadischer Gitarrist, war Mitglied der Country-Rockgruppe Crosby, Still, Nash & Young, spielte in vielen anderen Gruppen und ist als Sologitarrist renommiert.

1995: HD-Recording
Digidesign stellt ein digitales System vor, das in HD-Qualität aufnehmen kann, vergleichbar mit professionellen Tonbandgeräten. Digidesign wird von Avid, einem führenden Anbieter von Videoschnittsystemen, übernommen. ProTools wird erweitert auf Bildschnitt, eines der ersten Programme, das Bild und Ton gleichzeitig schneiden kann.

1995: Heimstudio Sampler
EMU vermarktet den ESI32, einen bezahlbaren Sampler für Hobbymusiker:innen und Heimstudios. Der Sampler hat 32 Stimmen und speichert auf eine 3,5″ Diskette.

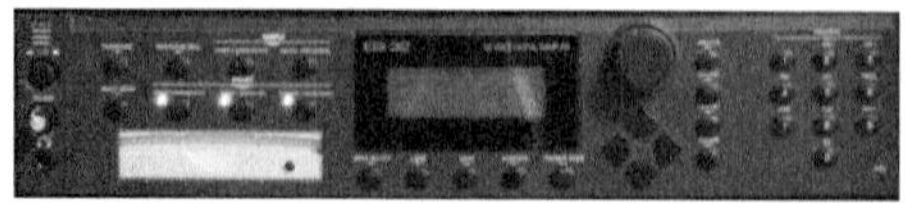
EMU ESI32

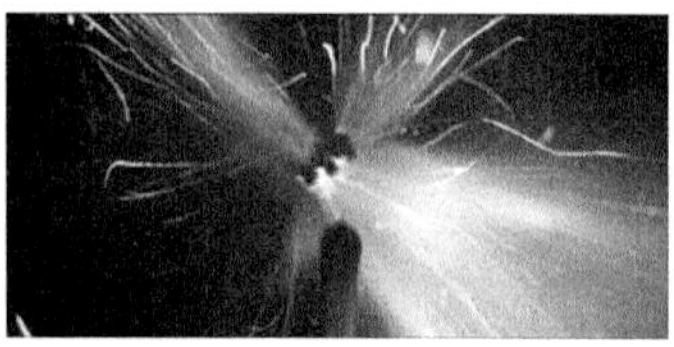

1996: Remake Mission: Impossible
Aus einer Fernsehserie wird Kino.
[Mission: Impossible]
Regie: Brian De Palma
Musik: Danny Elfman
Themenmusik: Lalo Schifrin

1996: Erste Mediathek Deutschlands
arte
ARTE startet als erster Sender Deutschlands eine eigene Webpräsenz und stellt Beiträge zum Abruf online. Nun können Sendungen unabhängig vom Fernsehprogramm über die Mediatheken angeschaut werden.

1996: USB 1.0
Der universelle serielle Bus als Schnittstelle zwischen Computer, Festplatten und sonstigen Peripheriegeräten wird entwickelt und eingeführt. Andere Verbindungsmöglichkeiten, wie Firewire, werden in den folgenden Jahren verdrängt. Der USB Norm entwickelt sich weiter.

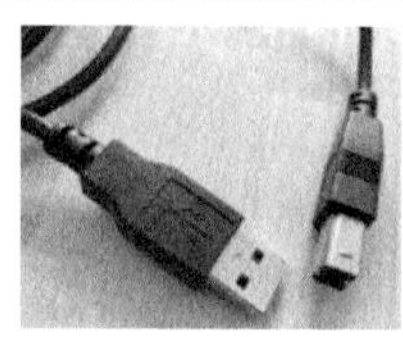

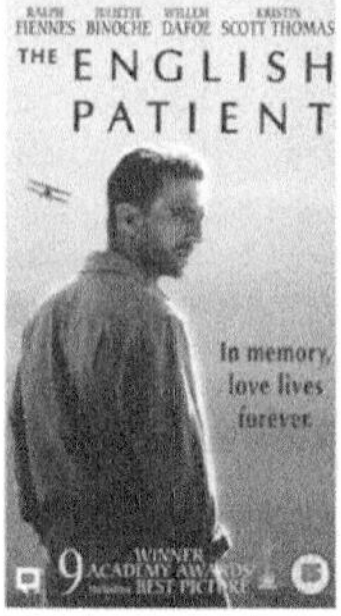

1997: Digitaler Schnitt
Der Sound von *The English Patient* wird vollständig digital bearbeitet. Walter Murch erhält dafür einen Academy Award für das beste Soundediting. Auch die Musik erhält einen Oscar (Best Music Dramatic Score).

The English Patient (1996)
[Der englische Patient]
Regie: Anthony Minghella
Musik: Gabriel Yared
Sound: Walter Murch

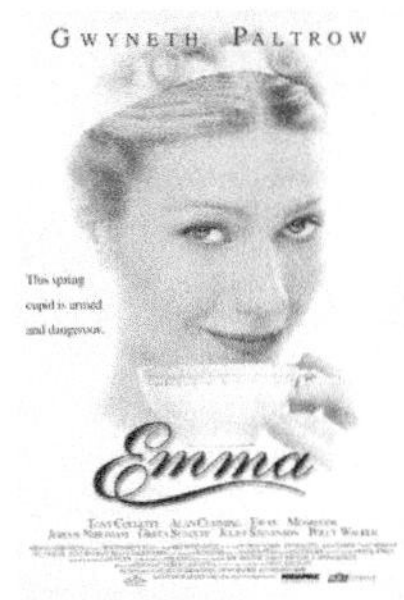

1997: Erste Frau Beste Musik

Nach 60 Jahren Academy Awards gewinnt die erste Frau einen Oscar für die Beste Filmmusik (Comedy): Rachel Portman.

Emma (1996)
[Jane Austens Emma]
Regie: Douglas McGrath
Musik: Rachel Portman

1997: Sprachsynthese

Sampling wird für Sprache verwendet. Bei The Fifth Element allerdings nur in der US-Fassung!

The Fifth Element (1997)
[Das fünfte Element]
Regie: Luc Besson
Musik: Eric Serra

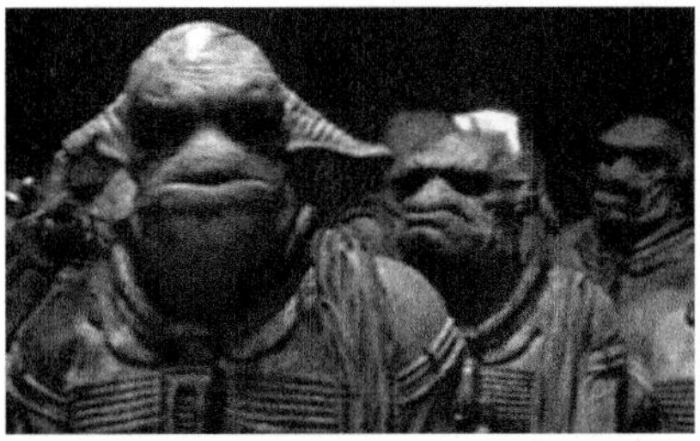

1997: Netflix startet

Ursprünglich ist Netflix als Online DVD-Verleih und -Verkauf konzipiert. In wenigen Jahren wird Netflix weltweit zum führenden Streamingdienst. Filme und Serien können sofort (on demand, also nicht programmgebunden) abgerufen werden. 15 Jahre später fängt Netflix mit eigenen Produktion von Fernsehshows und Serien an. Die Produktionen entsprechen zunehmend Kinoqualität, der Aufwand und die Finanzierung sind erheblich höher als bei regulären Fernsehproduktionen. Somit entsteht eine Ebene zwischen Kino und Fernsehen, die das Home-Entertainment erheblich stärkt.
(*Net* aus dem Wort Internet, *flix* umgangssprachlich für Kinofilm)

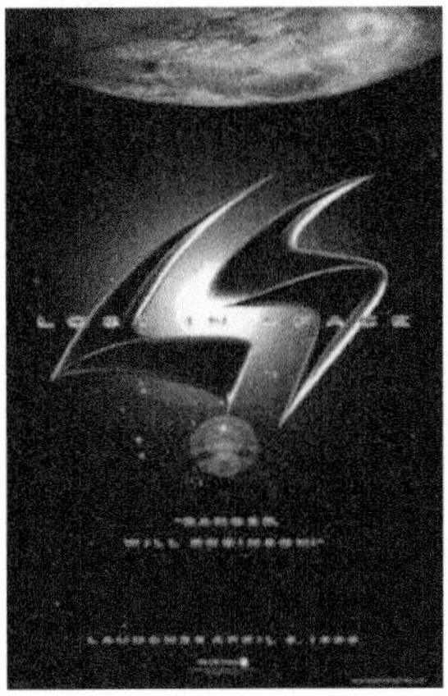

1998: Digitales Audio

Lost in Space ist der erste Film, bei dem der Soundtrack komplett digital produziert wurde. *Lost in Space* ist eine populäre Fernsehserie der 1960er Jahre. Wie bei anderen Verfilmungen von beliebten Fernserien ist es ein Versuch das Fernsehpublikum wieder ins Kino zu locken.

Lost in Space (1998)
[Verschollen zwischen fremden Welten]
Regie: Stephen Hopkins
Musik: Bruce Broughton

1998: mp3-Player
wird bei der CeBIT in Hannover präsentiert. Die Speicherkapazität reicht für acht Lieder. Der Markt für Mobile Medien wird eröffnet. Es entstehen zahlreiche Player, ein paar Jahre später wird das Abspielen von Musik zur Standardfunktion der Mobiltelefone.

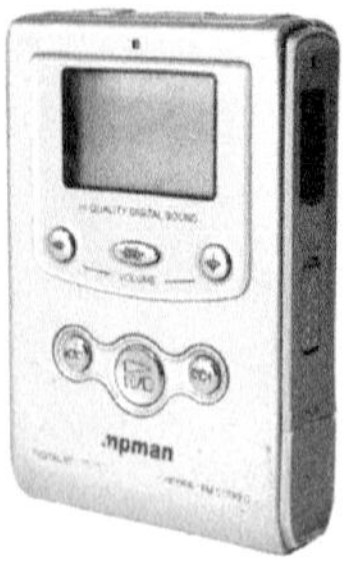

1998: 50 GB
Die höchste Speicherkapazität einer Festplatte beträgt 50 GB. Die Festplatten werden zunehmend billiger.

1999: Remake Wild Wild West
Die Verfilmungen von beliebten Fernserien der 1960er Jahre ist ein weiterer Versuch, das Fernsehpublikum wieder ins Kino zu locken.

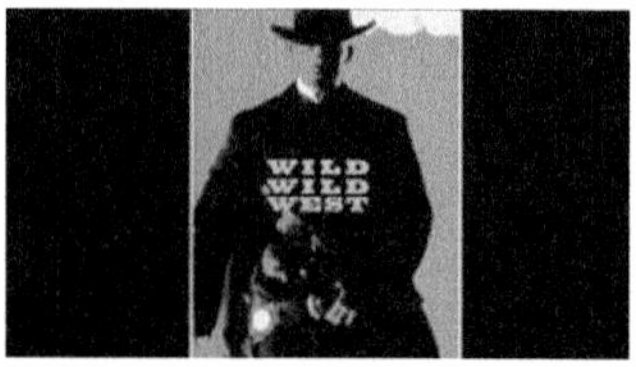

Wild Wild West (1999)
[Wild Wild West]
Regie: Barry Sonnenfeld
Musik: Elmer Bernstein

1999: Flachbildschirme
Obwohl die technische Entwicklung bereits in den 1960er Jahren begann, kommen die ersten Plasma-Flachbildschirme erst 1999 auf den Markt. Eigentlich für das Wohnzimmer konzipiert, ist der Großbildschirm sehr teuer und nur schwer zu verkaufen. Erste LCD-Geräte folgen 2001.

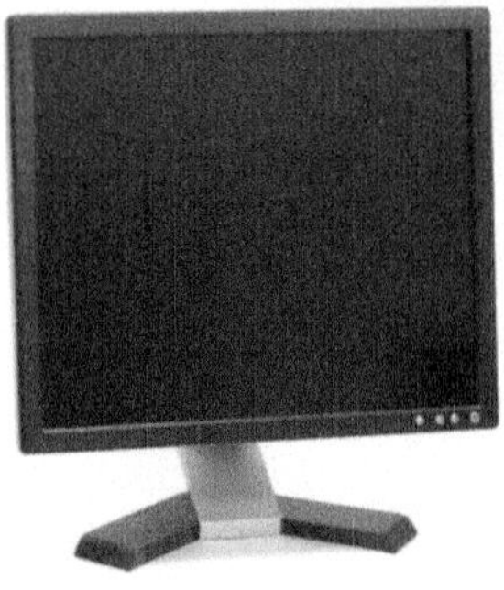

Die Flachbildschirme lösen die Röhrenfernseher nach und nach ab. Flachbildschirme ersetzen auch die Computermonitore und werden fester Bestandteil der Notebooks. Heute sind Flachbildschirme in allen Größen und überall vorhanden, vom Flugzeug bis zur Sparkasse, zum Teil mit Touch-Oberflächen.

Der Kinogenuss zu Hause nimmt erheblich zu. Auch die Audiosysteme im Fernseher oder als Zusatzgeräte werden deutlich besser, verfügen verhältnismäßig schnell in der Entwicklung sogar über Dolby-Rauschunterdrückung und 5.1 Surround-Sound.

1999: Erstes VST-Instrument

Das VST-Standard wird von Steinberg 1996 veröffentlicht. 3 Jahre später folgt das erste VST-Instrument: *Neon*, ein polyphonischer Synthesizer, als Computersoftware.

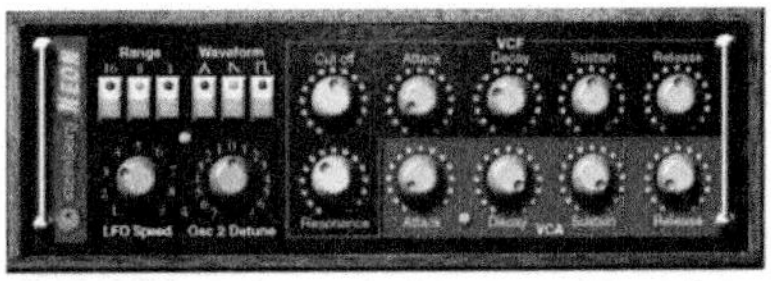

Neon von Steinberg

VSTs und AUs werden von vielen Firmen angeboten, als virtuelles Instrument und für die Audiobearbeitung. Professionelle Studios und Home-Musiker:innen können die VST-Instrumente leichter finanzieren. Die VST-Technologie löst die physischen Synthesizer und Klangmodule in relativ kurzer Zeit ab. (VST = Virtual Studio Technology, AU = Audio Units)

= = = = = = = = = = = = = =

Ab 2000:
Ausblick

= = = = = = = = = = = = = =

= = = = = = = = = = = = =

Ab 2000: Ausblick

= = = = = = = = = = = = =

Das Kino ist endgültig digitalisiert. Kaum mehr wird auf „richtigem" Film gedreht. Auch im Tonstudio verschwinden die Tonbandgeräte. Mit Hilfe des Computers können gefährliche Stunts nachgestellt werden, Sets werden mit Computersimulationen ersetzt, Figuren virtuell erfunden, Gesichter geändert, Actionsequenzen finden im Studio statt. Der Computer ist nicht mehr wegzudenken.

Close-up: Es muss nicht immer ein Oscar sein The Cell

2000 kam der Film *The Cell* [deutscher Titel: The Cell] in die Kinos. Das Filmdebüt von Regisseur Tarsem Singh hat zwar Züge eines Horrorfilms im Hollywood-Stil, gilt jedoch als künstlerisches Wagnis beim Bild wie beim Ton.
Die Geschichte führt die Zuschauer:innen zu einem im Koma liegenden Serienkiller. Eine Psychologin will per experimenteller Therapie in die Gedanken des Mannes steigen, um herauszubekommen, wo sich sein jetziges Opfer befindet. Somit gibt es im Film zwei Ebenen:

- eine nüchterne, reale, fast kalte mit Laboren und Polizei-Räumen;
- eine abstrakte Gedanken- und Gefühlswelt: wirr, bizarr, pervers

Sieben Szenen befassen sich mit dieser abstrakten Welt:

- Der Anfang – ein Kind in der Therapie (im Kopf eines Jungen)
- Eine kurze zweite Begegnung mit dem Jungen
- Die erste Begegnung mit dem Serienkiller (in seinem Kopf)
- Der zweite Versuch, als die Psychologin sich selber nicht befreien kann (auch im Kopf des Mörders)
- Der Kommissar und die Psychologin im Kopf des Mörders
- Der dritte Versuch im Kopf der Psychologin
- Der Junge vom Anfang

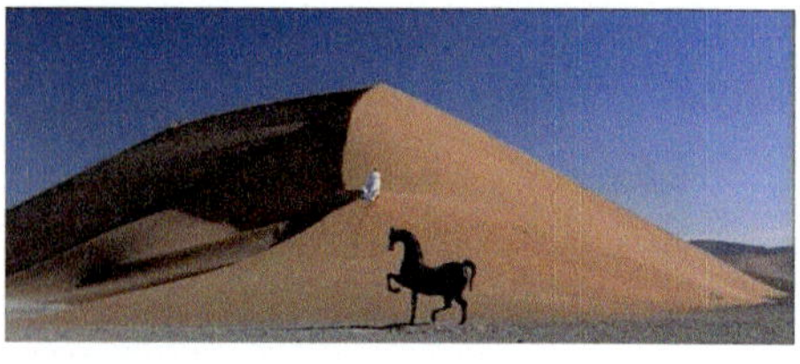

Die erste und letzte Szene finden auf einer Sanddüne in einer Wüste statt, farbenfroh und mit großen Bildern. Einige wenige Gegenstände ergänzen das Bild: ein Schiffswrack, ein Spielzeugschiff, ein Baumstamm, ein Pferd. Spärlich, fast minimalistisch. Die Psychologin ist im weißen Kleid mit langer Schleppe, insgesamt sehr ästhetisch, aber deplatziert, zumindest merkwürdig in der Wüste.

Aber wie wird die Audioebene gebaut? Das Übliche mit Musik, Sprache und Foleys hätte sicher nicht ausgereicht.

In einer der ersten Szenen (noch während der Titelgestaltung) spricht die Psychologin einige Sätze. Ihre Stimme wurde akustisch bearbeitet, sodass sie sympathisch, jedoch etwas irreal, losgelöst vom Bild, wirkt.

Das Sounddesign, das später eine noch viele tiefere Rolle spielen wird, wird ergänzt von einigen Klängen: Pferdegalopp, Wind, Tiergeräusche.

Die Musik, die die Verwirrtheit des Kindes untermauern soll, ist alles andere als melodisch oder harmonisch. Beginnend mit nur einigen wenigen Tönen steigert die Musik sich zu einem großem Klanggewühl mit vollem Orchester und etlichen arabischen Instrumenten.

Howard Shore, bekannt für *Der Herr der Ringe*, komponierte die Musik in bestem modernen Stil, vergleichbar mit Krzysztof Penderecki oder Luigi Berio: Dissonanzen, Tone-cluster, orchestrale Effekte.

Zusätzlich hat er Musiker:innen des Ensembles Master Musicians of Jaoujouka, aus dem Dorf Joujouka in den Ahl-Srif-Bergen in Marokko, engagiert, die mit traditionellen Instrumenten orientalische Rhythmen und Melodien aufgenommen haben:

- Sarangi: Chandru
- Ney Flute: Jan Hendrickse
- Monochord: Sonia Slany
- 1st Percussion: Paul Clarvis
- Leitung: Bachir Attar

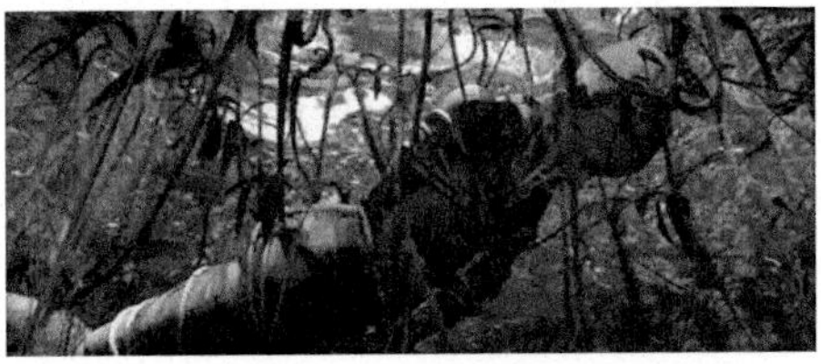

Diese jahrhundertalte Musik besteht aus Polyrhythmen und schwebenden Melodien in einer Tonskale/Intonation, typisch für diese Region. Einiges wiederholt sich als Schleife. Über Stunden baut sich die Musik auf; viel Percussion, Ghaitas (ein Oboen-ähnliches Instrument) und Lira (Flöte), bis die Musiker:innen und Beteiligten in den Zustand einer Trance gelangen.

Diese Mischung – moderne Orchesterklänge und arabische Urmusik – verlangt den Ohren des:der gewöhnlichen Kinogänger:in viel ab.

Beim ersten Eintauchen der Psychologin (gespielt von Jenifer Lopez) in das kranke Hirn des Killers erleben die Zuschauer:innen eine Sequenz vollgepackt mit kurzen, abstrakt gestalteten Bildern, manche mit Deutungen über die Vergangenheit des Killers, manche zur Betonung seines seelischen Zustands. Alle sind höchst ästhetisch gestaltet mit einigen Anlehnungen an die Moderne Kunst.

Die Musik wird ergänzt durch ein exzellentes Sounddesign. Das Orchester begleitet den Weg ins Innere: keine hit-verdächtigen Melodien, keine Standardharmonien, dafür aber viele Dissonanzen. Audioelemente wie Baby-Schrei, Pastorenrede bei einer Taufe, Wasserplätschern, Schreien, Stimmen und

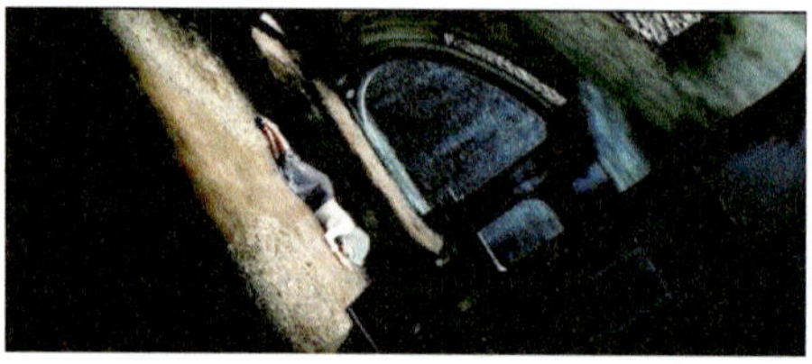

mehr sind integriert in die Musik. Wieder wird ein großes Crescendo gebaut, das plötzlich in einem pianissimo mündet, wir landen tief in einer Kellerakustik.

Kurze Bilder mit minimalistischer Soundgestaltung folgen: ein Tropfen Blut in einem Laken, ein Marienkäfer wird von einem Blatt katapultiert, ein Grashüpfer springt, alles in Zeitlupe.

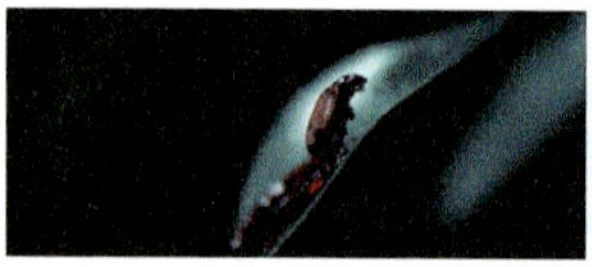

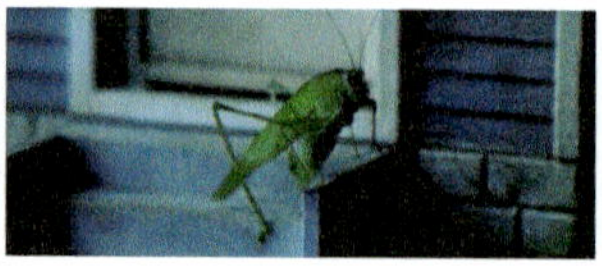

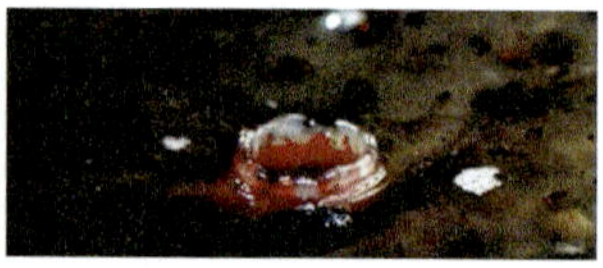

Die Soundeffekte, Musik und Sprachgestaltung vermengen sich ständig. Die Wechselwirkung ist sorgfältig und effektvoll konstruiert. Zum Beispiel, als die Psychologin den gesuchten Jungen zum ersten Mal sieht, ruft sie „Hey" und winkt. Das Wort „Hey" mündet in eine Tonfolge, die von einer Flöte gespielt wird. Die Gesamtgestaltung mit dem Bild hat eine unmittelbare Wirkung.

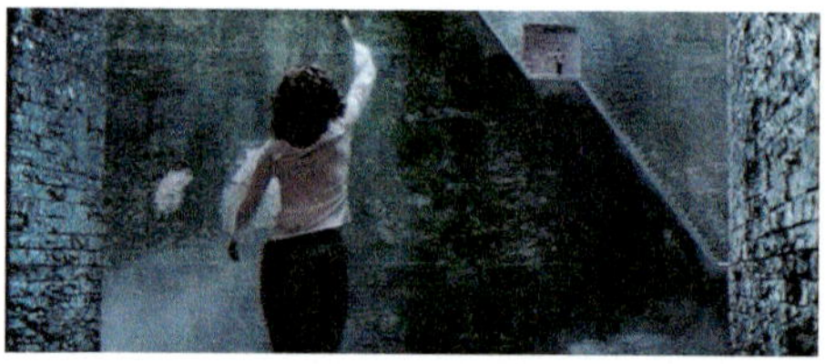

Im Film sind es vier solcher Sequenzen der zentralen Handlung mit dem Serienkiller:

00:40:07 Erster Einstieg von der Psychologin
00:57:30 Zweiter Einstieg – sie kommt nicht mehr heraus
01:10:10 Der Kommissar steigt ein – beide entkommen
01:24:30 Die Psychologin lässt der Mörder in ihre Gedankenwelt einsteigen

Alle vier Sequenzen sind mit einem detaillierten Sounddesign gestaltet, einschließlich Sprachverfremdung/-bearbeitung und Musik.

Der Hollywood-Sound bleibt uns jedoch erhalten. In einigen Szenen sind die Musik- und Soundeffektgestaltung, genau wie bei einem guten Abenteuerfilm oder Thriller zu erwarten wäre, voller Spannung, zum Beispiel:

00:25:55 Beginn der Verfolgung des Mörders
00:28:33 Zugriff auf das Haus des Mörders
00:34:34 Hubschraubertransport des Mörders
01:22:39 Rettung des Opfers

Noch zu erwähnen ist die Klanggestaltung der Labor- und Alltagsszenen, die relativ nüchtern ist. Die Musik ist zurückhaltend, wenn es überhaupt welche gibt, wie eine Fahrstuhlmusik oder weniger.

Außerdem brechen Szenen, die der Gedankenwelt entspringen, mit jedem Hollywood-Klischee, bilden eine fesselnde Soundkulisse und zwingen die Zuschauer:innen in eine fantasievolle, faszinierende, aber makabere, bizarre Psyche eines Menschen, mit dem man sich sonst nie hätte identifizieren können.

Einer der wichtigsten Aspekte der Filmmusik ist der Grad der Abstrahierung, eine Wechselwirkung zwischen konkreten Melodien, erkennbaren Harmonien, vertrauten Rhythmen und orchestralen/instrumentalen Effekten, fremden Tonalitäten sowie Taktunabhängigkeit. Mit *The Cell* mutet Howard Shore uns eine Menge zu. Es erklingen keine vermarktbaren Titelmelodien oder Motive für einzelne Figuren, wie etwa bei John Williams oder Hans Zimmer. Klassisches Mickey-Mousing oder synchronisierte Momente zum Bild fehlen auch. Dennoch gelingt es Shore und dem Sounddesigner die Stimmung und die Aussage des Films vorzüglich zu untermalen.

Das Audio insgesamt bildet eine selbstständige Erzählebene. Diese Klanggestaltung dringt tief in die Wahrnehmung der Zuschauer:innen bis an die Grenzen des musikalischen Vorstellungsvermögens. Angst, Unsicherheit, Unbehagen, Horrorgefühl und mehr sind das Resultat. Wie immer: Wenn es zu gruselig wird, kann man die Augen schließen, die Ohren aber nicht.

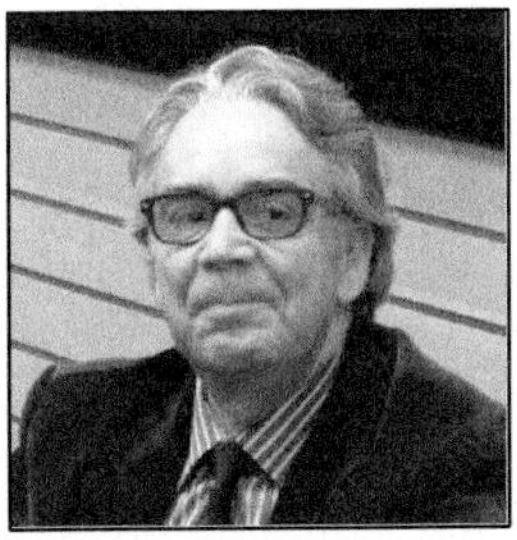

Howard Shore (*1946)
Ist ein kanadischer Komponist. Er studierte am Berklee College of Music in Boston. Er war Mitglied einiger Stagebands und bei Saturday Night Live (einer amerikanischen Talkshow) musikalischer Leiter.

Seit 1978 schreibt er Filmmusik, wie *Silence of the Lambs, Panic Room* und *Lord of the Rings*. Er erhielt drei Oscars und viele weitere Auszeichnungen.

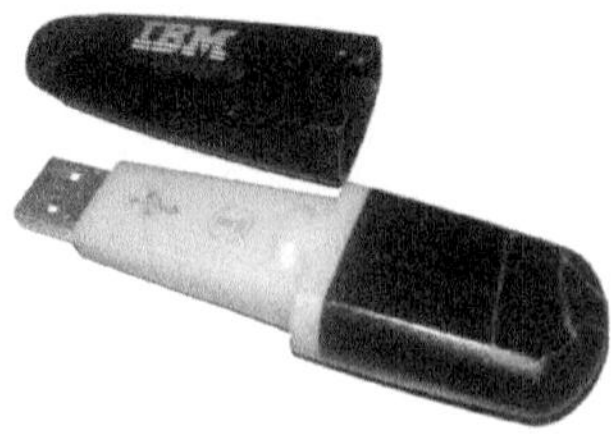

2000: USB-Stick
Das erste transportable Speichermedium für den allgemeinen Markt ist ein USB-Stick mit einer Speicherkapazität von 5 MB. Andere ähnliche Speichermedien, wie Compact-Flash-Medium oder Memory Stick bleiben im Verbrauch bei Kameras oder Smartphones, werden ansonsten vom Mainstream-Markt verdrängt.

Für Musiker:innen ist der USB-Stick fester Bestandteil des Instrumentariums geworden. Auf diese Weise können Ausspielungen oder Probeaufnahmen schnell und ohne weitere Kosten transportiert werden.

2000: Fantasia 2000
Disney Studios produziert *Fantasia 2000* mit sechs Kanälen digitalem Sound (auch in IMAX-Format).

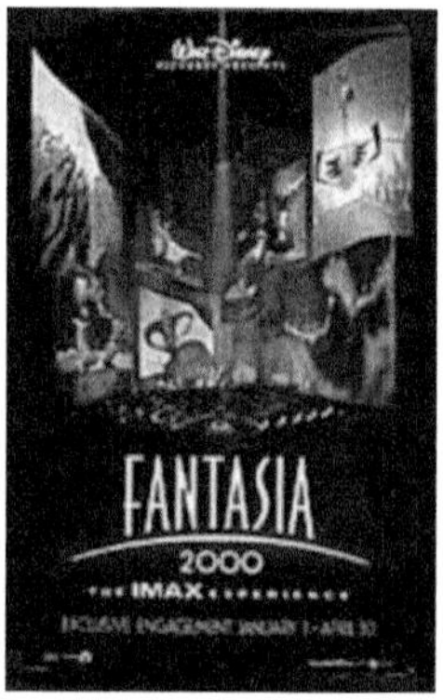

Fantasia (2000)
[Fantasia 2000]
Musikbearbeitung und Dirigat:
James Levine

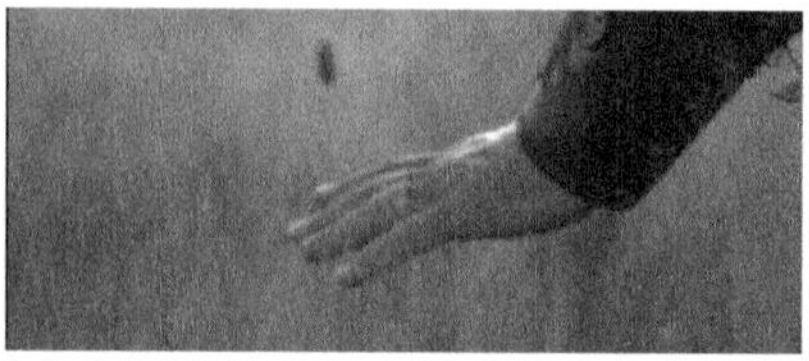

Gladiator (2000)
[Gladiator]
Regie: Ridley Scott
Musik: Hans Zimmer

2000: Das digitale Orchester
Die Musik für *Gladiator* produziert Hans Zimmer nur mit elektronischen Samples. Dadurch entsteht ein Orchesterklang ohne Orchester. Lisa Gerrard wirkte am Gesang mit.

2004: ProTools erhält einen Oscar
Neben anderen Preisen und Auszeichnungen erhält DigiDesign/ProTools den Academy Award of Merit für eine grundlegende technische Entwicklung.

2005: 500 GB Speicher
Hitachi bricht die 500 GB Grenze und bringt die erste Festplatte mit einer solchen Speicherkapazität heraus.

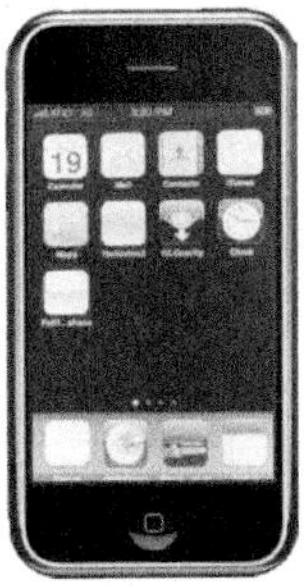

2007: Das iPhone

Apple bringt das iPhone auf den Markt. Andere Firmen folgen dem Trend. Das iPhone ist internetfähig und hat eine Kamera. Der mobile Medienkonsum nimmt erheblich zu.

2009: 3D Kino

Mit der Stereoskopie haben sich Wissenschaftler:innen seit Anfang der Fotografie auseinandergesetzt. Über Jahrzehnte gab es diverse Versuche 3D Filme zu produzieren. In den 1950er Jahren gab es eine Welle von Kinofilmen, die mit spezieller Brille einen 3D Effekt bewirkten, aber der Trend hielt nicht lange an. Erst 2009, mit dem Film Avatar, wird das Potenzial des 3D-Kinos deutlich. Die Kinos weltweit rüsten sich um, in der Erwartung, dass viele 3D-Filme aus der Filmindustrie folgen werden.

Das visuelle Erlebnis stellt die Audio- und Musikgestaltung vor neue Herausforderungen. Der herkömmliche Panorama-Sound muss umgedacht werden: Der Theaterraum soll als Klangraum dienen, mit Sounds aus allen Richtungen kommend, einschließlich Klängen, die sich von vorne nach hinten bewegen. Das Klangerlebnis soll gleichermaßen gut sein, egal wo die Zuschauer:innen sitzen. Dadurch sollen die visuellen Effekte glaubhafter wirken.

Avatar ist der erste 3D-Film, der in echter 3D-Technologie gedreht wird. Die Bilder sind teilweise real oder computer-generiert. Avatar wird einer der erfolgreichsten Filme aller Zeiten.

Nicht alle 3D-Filme können Kassenschlager werden. Viele sogenannte 3D-Filme sind eigentlich nur 2D mit technischer Bearbeitung und die Karten sind meistens nur teurer. Die Kinogänger:innen schätzen 2D-Filme nach wie vor. 3D-Filme sind ein Novum, können sich jedoch nicht als Standard durchsetzen.

3D-Fernsehen kommt 2010 ebenfalls auf den Markt.

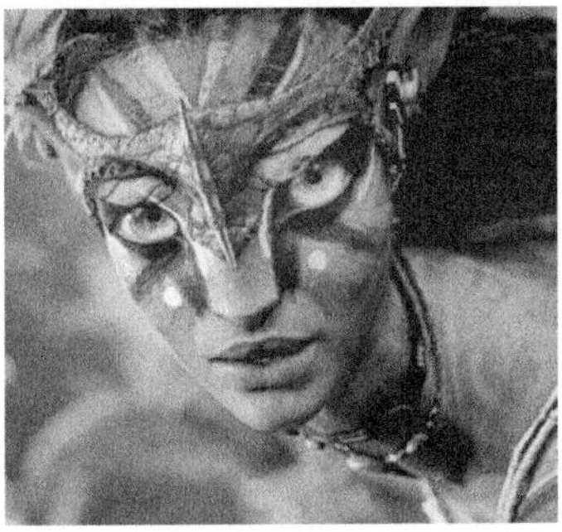

Avatar (2009)
[Avatar – Aufbruch nach Pandora]
Regie: James Cameron
Musik: James Horner

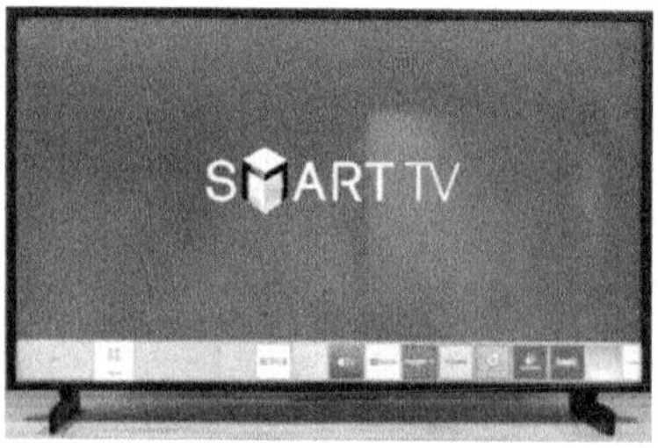

2010: Fernsehen und Internet
Die Fernseher werden „smart". Internet kann am Fernseher empfangen und interaktiv bedient werden. Auch Spiele und weitere Apps sind über den Bildschirm im Wohnzimmer möglich.

2012: 3D Audio
Dolby Laboratories entwickelt das objektbasierte Surround-Sound-Format für Kinosäle und Heimkino. Das Audio kann 360° produziert werden, aber auch von oben nach unten. Bestimmte Klänge wie Regen oder eine Hubschrauberlandung können somit realistisch dargestellt werden. Die oberen Boxen werden hoch bzw. an der Decke montiert. Alternativ dazu gibt es beim Heimkino *Upfire-Module*; Boxen, die unten stehen und nach oben gerichtet sind. Der Klang wird von der Decke reflektiert.

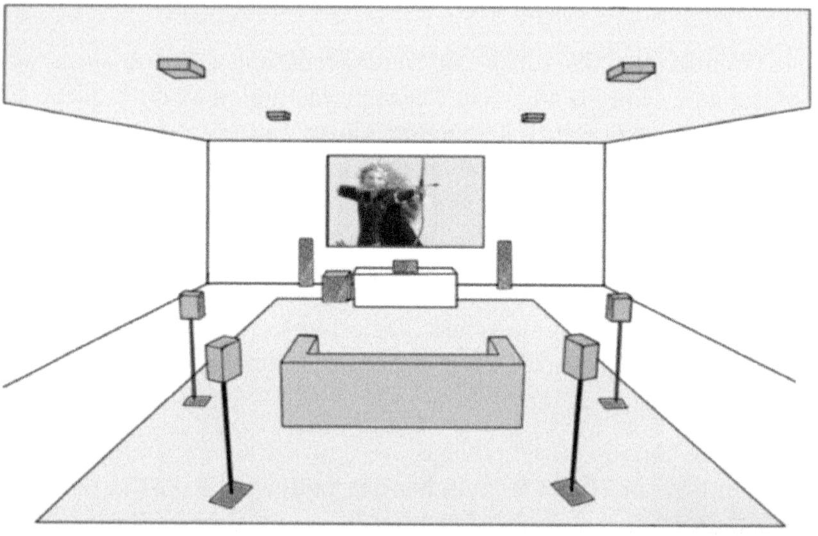

Der erste Film, der mit dieser Audiotechnologie produziert wird, ist *Brave,* ein Animationsfilm von Pixar.

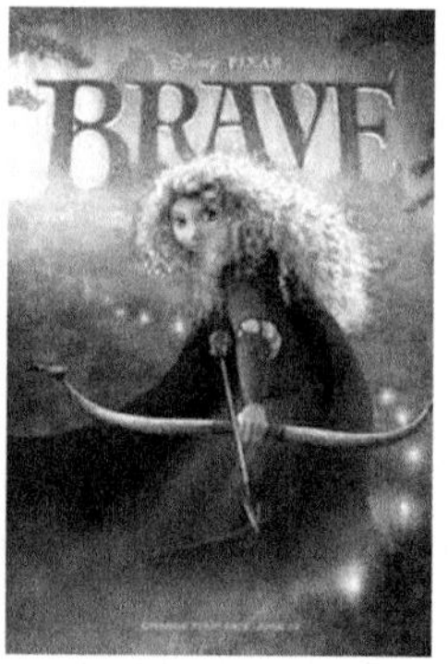

Brave (2012)
[Merida - Legende der Highlands]
Regie: Steve Purcell
Mark Andrews
Brenda Chapman
Musik: Patrick Doyle/Julie Fowlis
Lieder: Birdy / Emma Thompson
Produktion: Pixar
Oscar bester Animationsfilm 2013

2015: Dolby Cinema
In Eindhoven, Niederlande wird das erste Kino mit Dolby Cinema ausgestattet. Mit einer neuen, laserbasierten Projektionstechnologie wird ein neuer Standard der Bildqualität gesetzt. HDR (High Definition Range) ermöglicht einen stärkeren dynamischen Kontrast, die Helligkeit wird verdoppelt.

Dolby Atmos wird nun auch für das Audio im Kinoraum eingesetzt. Bestehende Kino-Anlagen müssen umgebaut bzw. erweitert werden. Höhere Boxen (Overhead-Lautsprecher) werden zusätzlich eingebaut. Dadurch wird der 3D Kinosound produziert. Bis zu 128 Objekte können akustisch durch den Raum in alle Richtungen „hörbar" fliegen.

Der Zuschauerraum selbst wird umgestaltet, unter anderem sind die Sitzreihen gewölbt.

= = = = = = = = = = = =

Der Schlusston

= = = = = = = = = = = =

In knapp 100 Jahren ist das heutige Kino entstanden. Eine enorme technische und künstlerische Entwicklung zeichnet den Erfindungsgeist und die Kreativität vieler Menschen aus, die dazu beigetragen haben. Die Entwicklung der Medien des 20. Jahrhunderts, von der Schallplatte bis zum Internet-Streaming, vom Stummfilm bis zum Smartphone, machte die Welt kleiner. Brücken über unüberwindbare Ozeane konnten gebaut werden und der Austausch zwischen den Kulturen unseres Planeten konnte stattfinden. Tiere, Tänze, Sitten, Erfindungen, Musik, Geschehnisse, Kunst, Theater und viel mehr aus allen Teilen der Welt konnten vor Ort, zu Hause, betrachtet werden. Auch die Kunst profitierte von diesem Austausch.

Die Entwicklung war in Vergleich zu anderen Jahrhunderten rasant. Die Erfindung einer neuen Kunstform und deren Gestaltung war eine Meisterleistung. Die Filmkomponist:innen hatten am Anfang kaum Vorbilder und komponierten Werke, die manchmal länger als eine Sinfonie waren. Der Einfluss der modernen Musik – *avant garde* wie Populärmusik – trug zur Entstehung des Kinosounds bei.

Es wäre vermessen, eine Prognose über die weitere Entwicklung der Filmmusik abzugeben. Sicherlich haben manche Filmkomponist:innen damit gehadert, den eigenen Stil zu finden. Aber immer wieder konnten Nischen gefunden werden, immer wieder gibt es Raum für Neues. Wie der prominente Filmkomponist Franz Waxman sagte: »Die Gefahr des Stillstands besteht nicht.«

Die Entwicklung der Filmmusik im 20. Jahrhundert war einmalig. Sie ist das Werk von zahlreichen Filmmacher:innen, Filmkomponist:innen, Sänger:innen, Musiker:innen, Erfinder:innen, Techniker:innen, Regisseur:innen und vielen, vielen mehr. Die Musik im Kino ist das Ergebnis von Fleiß, Kreativität, Experimentiergeist, Erfolg und Misserfolg: Ein Opus des 20. Jahrhunderts.

==============

Abspann

==============

= = = = = = = = = = = = = = = = = = = =

Weitere Informationen

= = = = = = = = = = = = = = = = = = = =

Trotz sorgfältiger Auswahl wird für die folgenden Links keine Haftung übernommen. Für den Inhalt, die Funktionalität und das Tracking sind die jeweiligen Seiten-Betreiber:innen verantwortlich. Mit dem Stand der Veröffentlichung dieses Buchs sind alle Links geprüft und aktuell. Websites können sich ändern! So muss ggf. bei abgelaufenen Links nachrecherchiert werden.

Die Urheber- und Verwertungsrechte der Bilder sind so sorgfältig wie möglich recherchiert worden.

1833–1889: Der Vorlauf		
	Weitere Informationen	Bildnachweis
1833	Das Phenakistiskop Stampfer, S.: Die stroboscopischen Scheiben; oder, Optischen Zauberscheiben: Deren Theorie und wissenschaftliche Anwendung Trentschsky & Vieweg, Wien und Leipzig, 1833	☐ Fotos: GS
1839	Die Daguerreotypie Zur Geschichte der Daguerreotypie in Wien, Allgemeines Wiener polytechnisches Journal, Nr. 153, Donnerstag, den 22. Dezember 1842	☐ Daguerreotypie von Jean-Baptiste Sabatier-Blot (1801–1881) 1844
1861	Erstes Telefon DEUTSCHES HISTORISCHES MUSEUM: https://www.dhm.de/lemo/rueckblick/oktober-1861-die-erfindung-des-telefons.html	☐ Aus Die Gartenlaube 1863, Seite 809
1867	An der schönen, blauen Donau BAYRISCHER RUNDFUNK: https://www.br-klassik.de/themen/klassik-entdecken/donauwalzer-wird-uraufgefuehrt-johann-strauss-sohn-was-heute-geschah-1867-100.html	☐ László von Frecskay (1844–1916) aus *Die Bombe*, 12. April 1874, Titelblatt (bearbeitet)

	Weitere Informationen	Bildnachweis
1876	Bells Telefon LIBRARY OF CONGRESS: https://www.loc.gov/loc/lcib/9904/bell.html	□ Aus The Boys' Own Book of Great Inventions, Floyd L. Darrow (1918), The MacMillan Co., New York, facing p. 46 □ Gilbert H. Grosvenor Collection, Prints and Photographs Division, Library of Congress, 1892
1876	Bayreuther Festspiele BAYREUTHER FESTSPIELE: https://www.bayreuther-festspiele.de/festspiele/historie/	□ Seite 515 in *Die Gartenlaube* 1873 „Das Wagner-Theater in Bayreuth nach seiner Vollendung. Nach dem Gemälde von *Louis Santer* auf Holz übertragen."
1877	Die ersten Bewegtbilder CAMERA MUSEUM: https://www.cameramuseum.ch/de/entdecken/dauerausstellung/das-zeitalter-der-fotoplatten/eadweard-muybridge-und-die-eingefrorene-bewegung/	□ 1878 Library of Congress □ Unknown Author 1899
1877	Erste Audioaufnahme TECHNISCHES MUSEUM WIEN MIT ÖSTERREICHISCHER MEDIATHEK: https://www.mediathek.at/unterrichtsmaterialien/eine-kleine-geschichte-der-schallaufzeichnung/	□ gemeinfrei 1889 □ Aus Meyer's Großem Konversations-Lexikon, 1905
1878	Das Kohlemikrofon RADIO-MUSEUM.DE: https://radio-museum.de/index.php/1850-1893-elektrizitaet-und-wellen/	□ Library of Congress, npcc 16756
1880s	1880er: Bewegtbilder als Unterhaltung werden weiter entwickelt http://www.stephenherbert.co.uk/mZoo.htm	□ Library of Congress *Scientific American*, 16. November, 1889, Seite 303 □ Library of Congress, ppmsca.05949
1887	Emil Berliner GRAMMOPHON PLATTEN: https://grammophon-platten.de/page.php?195 STADT MUSEUM: https://www.stadtmuseum.de/objekte-und-geschichten/musik-aus-der-dose	□ Letter of Patent No. 534,543, dated February 19, 1895 □ Aus *Edison Cylinder Records with packages, Katalog 1910*

	Weitere Informationen	Bildnachweis
1888	Heinrich Hertz FRAUNHOFER INSTITUT: https://www.hhi.fraunhofer.de/das-fraunhofer-hhi/ueber-uns/geschichte-des-hhi/biografie-von-heinrich-hertz.html	□ *The Complete Radio Book*, The Century Co., Raymond Francis Yates, Louis Gerard Pacent, New York, p. 32, 1922
1889	Filmmaterial TECHNIKJOURNAL: http://archiv.technikjournal.de/cms/front_content.php?idcat=58&idart=311	□ Danke an Runner1616 CC 3.0
1889	Kinetoskop ACADEMIC: https://de-academic.com/dic.nsf/dewiki/371078	□ *Le Kinétoscope d'Edison*, Gaston Tissandier in *La Nature* 1894

1890–1919: Der Anlauf		
	Weitere Informationen	Bildnachweis
1890	Fantasia https://disney.fandom.com/de/wiki/Fantasia_(1940)	□ Frameshot aus *Fantasia*
1892	The Black Maria LIBRARY OF CONGRESS: https://www.loc.gov/collections/edison-company-motion-pictures-and-sound-recordings/articles-and-essays/history-of-edison-motion-pictures/early-motion-picture-productions/	□ Author unknown 1890s Library of Congress □ Frameshot aus *Seminary Girls* von Thomas Edison □ Frameshot aus *The Buffalo Fire Dept* von Thomas Edison
1894	Der Kinetoskop-Salon UNI KIEL: https://filmlexikon.uni-kiel.de/doku.php/k:kinetoskop-2042	□ National Park Service 1894
1894	Soundfilm INTERNET ARCHIVE: https://archive.org/details/dicksonfilmtwo	□ Frameshot aus "The Dickson Experimental Sound Film"
1895	Die Lumière Brüder ACADEMIC: https://de-academic.com/dic.nsf/dewiki/205413	□ Institut Lumière □ Marcellin Auzolle (1862–1942) 1896
1895	Soundfilm ACADEMIC: https://de-academic.com/dic.nsf/dewiki/205417	□ Bundesarchiv, 1896

	Weitere Informationen	Bildnachweis
1896	Schellackplatten ÖSTERREICHISCHE MEDIATHEK: https://www.mediathek.at/unterrichtsmaterialien/eine-kleine-geschichte-der-schallaufzeichnung/	☐ Landesmuseum Württemberg ☐ Aus The Talking Machine, Vol X. No1, Seite 34, Library of Congress
1896	Das Vitaskop UNI KIEL: https://filmlexikon.uni-kiel.de/doku.php/v:vitascopeedisonvitascope-5972	☐ Library of Congress, 1896
1897	Das Telharmonium SYNTHMUSEUM: https://www.synthmuseum.com/magazine/0102jw.html	☐ *Scientific American*, Vol. 96, No. 10, March 9th 1907
Ende 1800s	Das Melodram UNI KIEL: https://filmlexikon.uni-kiel.de/doku.php/m:melodram-1996	☐ Honoré Daumier (1808–1879)
1898	Grammophon DEUTSCHES HIFI-MUSEUM: http://www.hifimuseum.de/70-jahre-dgg.html	☐ Library of Congress
1901	Die erste transatlantische Übertragung https://www.elektronikpraxis.vogel.de/vor-120-jahren-die-erste-transatlantische-funkbruecke-a-566778/	☐ *Science and Invention*. v.8 Juli 1920, Experimenter Publ. Co., New York, Seite 298
1903	The Great Train Robbery https://publicdomainmovie.net/movie/the-great-train-robbery	☐ The Kobal Collection 1903 Edwin Stanton Porter
1904	Ein Weltstar NDR: https://www.ndr.de/kultur/musik/klassik/Enrico-Caruso-Der-erste-Weltstar-der-Oper,enricocaruso100.html	☐ Library of Congress ☐ Eine Selbstkarikatur 1902 gemeinfrei
1904	Synchronisierung UNI KIEL: https://filmlexikon.uni-kiel.de/doku.php/c:chronophon-1432	☐ Aus einem Gaumont Katalog vor 1915 ☐ Frameshot aus *Phonoscène* (1905) von Alice Guy Films in the Studio at Buttes-Chaumont, Paris
1904	Synchronisierung UNI KIEL: https://filmlexikon.uni-kiel.de/doku.php/b:biophon-3006?s[]=messter&s[]=biophon	☐ Aus dem Patentschrift, 1914

	Weitere Informationen	Bildnachweis
1904	Röhrendiode GRUND-WISSEN: https://www.grund-wissen.de/elektronik/bauteile/elektronenroehre.html	□ Between 1904 and 1919 John Ambrose Fleming (1919)_*The Thermionic Valve and its Developments in Radiotelegraphy and Telephony*, The Wireless Press, London, frontispiece □ Danke an Stefan Riepl CC 2.0
1906	Der erste Trickfilm https://filmlexikon.uni-kiel.de/doku.php/z:zeichentrickfilmgeschichte-1011	□ Frameshot aus *Fantasmagorie* (1908)
Mitte der 1900er Jahre	Filmstudios entstehen FILMSITE: https://www.filmsite.org/pre20sintro3.html	□ A Pictorial History of the Movies, Deems Taylor, Simon & Schuster, New York, 1943, Seite 9
1908	L'assassinat du duc de Guise RADIO FRANCE: https://www.radiofrance.fr/francemusique/podcasts/maxxi-classique/1908-camille-saint-saens-compose-la-bande-originale-de-l-assassinat-du-duc-de-guise-6336468	□ Filmplakat *l'assassinat du Duc de Guise (Die Ermordung des Herzogs von Guise), 1908*
1910	Das Grammophon	□ *The Talking Machine World*, 15. September 1914, Vol X, No.9, S. 50
1912	Vom Nickelodeon zum Theater FILMMUSEUM-POTSDAM: https://www.filmmuseum-potsdam.de/111_Jahre_Kino_in_Potsdam.html	□ *The Moving Picture World*, 30. November 1907, S. 629.
1912	Die ersten Filmkomponisten IMDB (Joseph Carl Breil Biographie): https://www.imdb.com/name/nm0106922/bio?ref_=nm_ov_bio_sm	□ Frameshot aus *Les Amours de la reine Élisabet*
Ab 1912	Hollywood kommt FILMSITE: https://www.filmsite.org/pre20sintro3.html	□ Los Angeles Public Library (Tessa)
1913	Kinotheken IMSLP: https://imslp.org/wiki/Sam_Fox_Moving_Picture_Music_(Zamecnik%2C_John_Stepan)	□ Titel von *Moving Picture Music*, Sam Fox Publishing Co., 1913

	Weitere Informationen	Bildnachweis
1913	Strawinski BAYERISCHER RUNDFUNK: https://www.br-klassik.de/themen/klassik-entdecken/starke-stuecke-strawinsky-sacre-du-printemps100.html	☐ New York Times, 8. Juni 1913
1914	Erster Weltkrieg	☐ Library of Congress
1915	Lautsprecher IT WISSEN: https://www.itwissen.info/Hornlautsprecher-exponential-horn.html	☐ Powerhouse Museum, Australia, Fritzi Scheff demonstrating Magnavox for Fifth Liberty Loan in New York City, 1919
1915	Plattenspieler https://wiki2.org/en/Columbia_Grafonola#cite_note-4	☐ *The Electrical Experimenter,* August 1916, Vol 4 Nr. 4
1915	Birth of a Nation PLANET WISSEN: https://www.planet-wissen.de/kultur/medien/anfaenge_des_films/pwiederersteblockbusterthebirthofanation100.html	☐ Frameshot aus *Birth of a Nation*
1917	UFA UFA: https://www.ufa.de/die-ufa/historie	☐ Bundesarchiv, Bild 183-1991-0109-502 CC 3.0

Die 1920er Jahre: Ein Theaterereignis		
	Weitere Informationen	Bildnachweis
1920	Leo Slezak und Orchester	☐ Foto aus dem Jahr 1914
Ab 1920	Beschallung https://www.medienstimmen.de/chronik/1911-1920/1920-western-electric-erste-kommerzielle-public-address-anlage-angekuendigt/	☐ Hoover Library/National Archives ☐ *Science and Invention.* v.8 August 1920, Experimenter Publ. Co., New York, Seite 360
1920	Radio NDR: https://www.ndr.de/geschichte/chronologie/1923-geht-der-erste-deutsche-Radiosender-an-den-Start,radio385.html	☐ Aus *Electrical Experimenter,* Juni 1920, Seite 22 ☐ Aus *Wireless Age* Februar 1922, Seite 18, "Radiophone Broadcasting Station WDY"
Ab 1920	Die ersten Geräuschemacher http://www.der-geraeuschemacher.de/de/history-of-foley-artistry	☐ *Wireless Telegraphy* in Frank Moore Colby, Ed. (1907) *Nelson's Encyclopedia, Vol. 12,* Thomas Nelson and Sons, New York, p. 613F, fig. 4

	Weitere Informationen	Bildnachweis
1920	Das Theremin DEUTSCHLANDFUNK: https://www.deutschlandfunk.de/100-jahre-theremin-geistersounds-aus-der-antenne-100.html	□ Foto ca. 1927 gemeinfrei
1920	Aufnahme mit dem Trichter GRAMMOPHON-PLATTEN.DE: https://grammophon-platten.de/page.php?294	□ Library of Congress *Rosario Bourdon, the Victor Company musical director, conducting a studio orchestra c. 1920 – 1923* □ Warner Brothers
1921	Zeichentrickstudios entstehen https://filmlexikon.uni-kiel.de/doku.php/z:zeichentrickfilmgeschichte-1011	□ Frameshot aus *Kansas City's Spring Clean up* (1921)
1922	Audio und Film UNI KIEL: https://filmlexikon.uni-kiel.de/doku.php/p:phonofilm-4360	□ Montage: GS
1922	Nosferatu NDR: https://www.ndr.de/kultur/film/Nosferatu-100-Jahre-Urauffuehrung-des-Meisterwerks-von-Murnau,nosferatu152.html	□ Frameshot aus *Nosferatu*
1922	Tonfilm in Deutschland GRAMMOPHON-PLATTEN.DE: https://grammophon-platten.de/e107_plugins/forum/forum_viewtopic.php?16008	□ Wiener Bilder, 24. Juni 1928 ANNO/Österreichische Nationalbibliothek
1923	Das Marmorblock-Mikrofon NEUMANN.BERLIN: www.neumann.com PDF_ Neumann History	□ Nationalarchiv der Niederlande
Die 1920er Jahre	Die Qualität der Mikrofone steigt Audio Engineering Society: https://www.aes.org/aeshc/docs/mtgschedules/113conv2002/webb_12-microphones.pdf	□ AT&T Archives □ gemeinfrei
Die 1920er Jahre	Tragbare Plattenspieler	□ *The Talking Machine World*, 15. April 1925, Vol XX1, No. 4, S. 49

	Weitere Informationen	Bildnachweis
1924	Entr'acte TU-BERLIN: https://www.kunstwissenschaft.tu-berlin.de/fileadmin/i2/Forschung/Entracte.pdf	☐ Frameshot aus *Entr'acte*
Mitte der 1920er Jahre	Bessere Beschallungsanlagen *Electrical Experimenter*, Juni 1928	☐ *Science and Invention*, Juni 1928, Seite 146
1925	Elektrodynamische Lautsprecher https://www.connect.de/ratgeber/lautsprecher-geschichte-entwicklung-historie-3195199.html	☐ Rice, Chester W.; Kellogg, Edward W. "Notes on the development of a new type of hornless loud speaker" in *Journal of the American Institute of Electrical Engineers*, A.I.E.E, New York, Vol. 44, No. 9, September 1925, p. 982-991
1925	Erste elektrische Aufnahme STOKOWSKI.ORG https://www.stokowski.org	☐ Library of Congress
1925	Amplitudenverfahren DEUTSCHES FERNSEHMUSEUM: http://www.fernsehmuseum.info/der-tonfilm.html	☐ CC 2.5
1926	Das Vitaphone UNI KIEL: https://filmlexikon.uni-kiel.de/doku.php/v:vitaphone-2589	☐ History Department at the University of San Diego Western Electric engineer E. B. Craft (on the left) 1926 ☐ Internet Archive CC 1.0
1926	Don Juan NEW YORK TIMES: https://www.nytimes.com/1926/08/07/archives/vitaphone-stirs-as-talking-movie-new-device-synchronizing-sound.html	☐ Irving Browning National Archives
1927	Die Bildleinwand UNI KIEL: https://filmlexikon.uni-kiel.de/doku.php/l:lautsprecherporoseleinwand-6537	☐ GS nach alten Zeichnungen *Western Electric* ☐ *Recording Sound For Motion Pictures*, McGraw-Hill, 1931
1927	Handbuch der Film-Musik Erdmann/Becce: Allgemeines Handbuch der Film-Musik	☐ Notensatz GS nach Becce *Allgemeines Handbuch der Film-Musik* (1927)

	Weitere Informationen	Bildnachweis
1927	Erster Talkie BUNDESZENTRALE FÜR POLITISCHE BILDUNG: https://www.bpb.de/themen/zeit-kulturgeschichte/sound-des-jahrhunderts/210052/the-jazz-singer/	□ Filmplakat *The Jazz Singer* 1927 □ Warner Bros. Pictures
1927	Nachrichten mit Sound im Kino Solomon: *The Fox Film Corporation*, S. 101 ff	□ Library of Congress □ City of Toronto Archives Fonds 1244, Item 8050
1928	Besserer Sound	□ SLUB Dresden / Deutsche Fotothek / Roger Rössing & Renate Rössing
1928	Tobis UNI KIEL: https://filmlexikon.uni-kiel.de/doku.php/t:tobisfilmkunstgmbh-3930	□ Firmen Logo fair use
1928	Steamboat Willie http://www.see-this-sound.at/werke/340.html	□ Filmplakat *Steamboat Willi*
1928	Georg Neumann NEUMANN.BERLIN: www.neumann.com PDF_ Neumann History	□ Dank freundlicher Genehmigung der Firma Georg Neumann GmbH, Berlin
1928	Das „Camera-box" Mikrofon NATIONAL MUSEUM OF AMERICAN HISTORY (Smithsonian) https://americanhistory.si.edu/collections/search/object/nmah_705736	□ RCA model AA4088 from National Broadcasting Company, Inc. National Museum of American History
1928	Onder Marenot http://www.dubecho.de/2015/11/06/ondes-martenot-vintage-synthesizer/	□ Maurice Martenot, Photo 1936
1928/ 1929	Movietone City Solomon: *The Fox Film Corporation*, S. 105ff	
1929	Melodie des Herzens MURNAU STIFTUNG: http://www.murnau-stiftung.de/filmtheater/kinoprogramm/melodie-des-herzens	□ Frameshot aus *Melodie des Herzens*
1929	Erster Oscar OSCARS.ORG: https://www.oscars.org/oscars/ceremonies/1929	□ Filmplakat fair use □ Werbefoto Fair use

	Weitere Informationen	Bildnachweis
1929	Vollsynchronisation NEW YORK TIMES: https://archive.nytimes.com/www.nytimes.com/packages/html/movies/bestpictures/melody-re.html OSCARS.ORG: https://www.oscars.org/oscars/ceremonies/1930	☐ Frameshot aus *Broadway Melody*

Die 1930er Jahre: Das Hörerlebnis		
	Weitere Informationen	Bildnachweis
1930	Close-up: Die Stille von *All Quiet On the Western Front* UNI OSNABRÜCK: https://www.remarque.uni-osnabrueck.de/iwnn.htm	☐ Frameshots aus *All Quiet On the Western Front*
1930	UFA Tonwoche Filmportal.de: https://www.filmportal.de/thema/die-geschichte-der-deutschen-wochenschau	☐ Frameshot aus der *Wochenschau*
1930	Kino zuhause BAIRDTELEVISION: https://www.bairdtelevision.com/	☐ Danke an sciencemuseumgroup.org.uk Used with permission
1930	Das Trautonium BAYRISCHE RUNDFUNK: https://www.br-klassik.de/themen/klassik-entdecken/trautonium-erstmals-vorgestellt-trautwein-sala-was-heute-geschah-1930-100.html	☐ Deutsches Museum, Archiv, Bild-Nr. L_5053_05
1931	Bester Film OSCARS.ORG: https://www.oscars.org/oscars/ceremonies/1931	☐ Filmplakat 1930 (Ausschnitt)
1931	Oscar für den besten Ton OSCARS.ORG: https://www.oscars.org/oscars/ceremonies/1931	☐ Filmplakat 1930 (Ausschnitt)
1931	Abbey Road Studios ABBEY ROADS STUDIOS: https://www.abbeyroad.com/about-us	☐ Ein Foto aus 1914, Urheber unbekannt ☐ Notensatz: GS

	Weitere Informationen	Bildnachweis
1931	Bändchenmikrofon THOMANN: https://www.thomann.de/de/onlineexpert_page_baendchenmikrofone_historisches.html	□ 1940 Charles Lindbergh using an NBC microphone Harris & Ewing, photographer Library of Congress 2016877762 □ Danke an LuckyLouie CC 3.0
1931	Die erste Langspielplatte https://vinylfantasymag.com/geburtstag-vinyl-single/ https://www.derstandard.at/story/2584994/die-lp-ist-75-jahre-alt	□ Landesmuseum Württemberg/Waldenbuch
1932	Autoradios https://oldtimer-veranstaltung.de/2013/06/geschichte-des-autoradios-in-deutschland/ SPIEGEL.DE: https://www.spiegel.de/geschichte/technikgeschichte-a-948746.html	□ Danke an www.radiomuseum.org
1933	Mickey-Mousing KLANGSCHREIBER.DE: http://klangschreiber.de/2010/11/25/mickey-mousing-die-technik-der-maus/	□ RKO Radio Pictures, 1933
1933	UFA entlässt Juden UFA: https://www.ufa.de/die-ufa/historie https://www.deutschlandfunk.de/zum-50-todestag-von-filmkomponist-franz-waxman-vom-ku-damm-100.html	□ Photo courtesy Waxman Family Collection
1933	Die ersten Autokinos MOVIE-COLLEGE: https://www.movie-college.de/filmschule/medien/kino/autokino	□ *Electronics* magazine, McGraw-Hill Publishing Co., New York, Vol. 6, No. 8, August 1933, p. 209
1934	Hammond Orgel HAMMOND: https://www.hammond.de/geschichte-musik.html	□ Library of Congress, 1939
1935	Das erste Tonbandgerät TONBANDMUSEUM: http://www.tonbandmuseum.info/aeg-k1.html	□ Aus *Presseinformation 100 Jahre AEG* Used with permission

	Weitere Informationen	Bildnachweis
1935	Auszeichnung für Beste Musik OSCARS.ORG: https://www.oscars.org/oscars/ceremonies/1935 IMDB: https://www.imdb.com/title/tt0025601/?ref_=nv_sr_srsg_0	☐ Filmplakat Fair use
1935	Max Steiner OSCARS.ORG: https://www.oscars.org/oscars/ceremonies/1936	☐ Lobby Card, RKO; 1935
1935	Leni Riefenstahl DEUTSCHES HSTORISCHES MUSEUM: https://www.dhm.de/lemo/biografie/leni-riefenstahl	☐ Foto 1934 Allgeier family inhertiance
1935	Musikzensur WDR: https://www1.wdr.de/stichtag/stichtag900.html	☐ Broschüre zur Ausstellung, 1938
1936	Lautsprecher System IMDB (Douglas Shearer Biographie): https://www.imdb.com/name/nm0790428/bio?ref_=nm_ov_bio_sm https://www.imdb.com/name/nm0790428/awards?ref_=nm_awd https://happymag.tv/de/how-james-b-lansing-reinvented-cinema-sound/ https://en.wikipedia.org/wiki/Academy_Scientific_and_Technical_Award#Award_of_Merit	☐ Lansing Mfg. Co Electronics magazine, McGraw-Hill Publishing Co., New York, Vol. 11, No. 2, February 1938, p. 77
1936	Entartete Kunst / Entartete Musik DEUTSCHES HISTORISCHES MUSEUM: https://www.dhm.de/lemo/kapitel/ns-regime/kunst-und-kultur/entartete-kunst.html	☐ Plakat *Entartete Kunst*, NSDAD Austellung im Haus der Kunst, Berlin, 1938. Bundesarchiv, Bild 183-H02648 / CC-BY-SA 3.0
1936	Fernsehübertragung der Olympiade DEUTSCHES FERNSEHMUSEUM: http://www.fernsehmuseum.info/1936-die-olympiade.html	☐ XI Olympic Games, Berlin, 1936 Official Report, v.1, 1936, CC 3.0
1937	Mehrspurverfahren STOKOWSKI.ORG: https://www.stokowski.org/1939_1940_Electrical_Recordings_Stokowski.htm	☐ Journal of the Society of Motion Pictures Engineers, July 1941

	Weitere Informationen	Bildnachweis
1937	Die UFA wird vereinnahmt UFA: www.ufa.de: https://www.ufa.de/die-ufa/historie	
1938	Russischer Historienfilm FILMPODIUM: https://www.filmpodium.ch/film/16905 0/alexander-newski	☐ Frameshot aus *Alexander Newski* ☐ Storyboard 1940 gemeinfrei
	Close-up: 100 Männer gegen Sieben Zwerge *100 Men and a Girl* NEW YORK TIMES: https://www.nytimes.com/1937/09/18/archives/the-screen-a-symphony-and-deanna-durbin-are-starred-in-the-roxys.html	☐ Frameshots aus *100 Men and a Girl* ☐ Frameshots aus *Snow White and the Seven Dwarfs*
1939	War of the Worlds DEUTSCHLANDFUNK: https://www.deutschlandfunk.de/das-beruehmteste-hoerspiel-aller-zeiten-100.html	☐ *The Gastonia Daily Gazette* (North Carolina), November 3, 1938, page 8
1939	Der Monumentalfilm WILSON, STEVE: The Making of Gone with the Wind	☐ Filmplakat *Gone with the Wind* 1939
1939	The Wizard of Oz HARMETZ, ALJEAN: The Making of the Wizard of Oz, Chicago Review Press Inc., Chicago, 2013, ISBN978-1-61374-832-9 STOTHART, HERBERT/ARLEN, HAROLD/HARBURG, E.Y.: The Wizard of OZ (Partitur), Omni Music Publishing, Los Angeles, 2018, ISBN 978-0-9890047-8-7	☐ Frameshot aus *Wizard of Oz* ☐ Foto MGM Studios 1939
1939	Snow White erhält nachträglich einen Ehrenoscar WALTDISNEY.ORG: https://www.waltdisney.org/blog/look-closer-recap-walts-honorary-oscars OSCARS.ORG: https://www.oscars.org/oscars/ceremonies/1939	☐ Flickr CC BY-ND 2.0 Danke an Loren Javier
	Close-up: Wie *Gone with the Wind* im Winde zerstreut wurde	☐ Notensätze: GS ☐ Frameshots aus *Gone with the Wind* ☐ Frameshots aus *Wizard of Oz* ☐ Bild von Steiner, fair use

Die 1940er Jahre: Zwischen den Fronten		
	Weitere Informationen	Bildnachweis
	Close-up: Kino als Kriegsinstrument The Great Dictator DEUTSCHLANDFUNK: https://www.deutschlandfunk.de/charlie-chaplins-der-grosse-diktator-unmissverstaendliche-100.html	☐ gemeinfrei ☐ Notensatz: GS ☐ Frameshots aus *The Great Dictator* ☐ Werbeanzeige aus Life Magazin 1937 gemeinfrei ☐ Ausschnitt eines Fotos von Winston Churchill und Chaplin zusammen gemeinfrei
1940	Jud Süß DEUTSCHES HISTORISCHES MUSEUM: https://www.dhm.de/lemo/kapitel/der-zweite-weltkrieg/kunst-und-kultur/film-jud-suess.html	☐ Frameshots aus *Jud Süss*
1940	Fantasia https://disney.fandom.com/de/wiki/Fantasia_(1940)	☐ Frameshot aus *Fantasia*
1942	Casablanca SPIEGEL.DE: https://www.spiegel.de/geschichte/casablanca-film-mit-humphrey-bogart-und-ingrid-bergman-a-1170512.html_1	☐ Frameshot aus *Casablanca*
1942	Realistische Dialoge ACADEMIC: https://de-academic.com/dic.nsf/dewiki/316858	☐ RKO Radio Pictures, 1942
1943	Die Filmindustrie als Meinungsmacher Education for Death ACADEMIC: https://de-academic.com/dic.nsf/dewiki/373071	☐ Frameshot aus *Education to Death*
1943	Bon Voyage WASHINGTONPOST: https://www.washingtonpost.com/wp-srv/style/longterm/movies/videos/bonvoyagenrandaventuremalgachenrhowe_a0afe1.htm	☐ Frameshot aus *Bon Voyage*
1945	Kolberg DEUTSCHES HISTORISCHES MUSEUM: https://www.dhm.de/lemo/kapitel/der-zweite-weltkrieg/kunst-und-kultur/film-kolberg.html	☐ Frameshot aus *Kolberg*

	Weitere Informationen	Bildnachweis
1947	Raumhall IZOTOPE: https://www.izotope.com/en/learn/a-history-of-reverb-in-music-production.html	□ Columbia Studios, Urheber unbekannt
1947	Nachträglicher Hall THE ATLANTIC: https://www.theatlantic.com/entertainment/archive/2012/06/how-humans-conquered-echo/258557/	□ Frameshot aus der *Ed Sullivan Show*, frühe 1950er Jahre
1948	Vinyls WDR: https://www1.wdr.de/radio/wdr4/wort/meilensteine/langspielplatte-in-deutschland-100.html	□ Foto: GS
1948	Der Transistor ELEKTRONIK KOMPENDIUM: https://www.elektronik-kompendium.de/sites/bau/0201291.htm	□ gemeinfrei
1949	U47 Neumann NEUMANN.BERLIN: www.neumann.com PDF_ Neumann History	□ Dank freundlicher Genehmigung der Firma Georg Neumann GmbH, Berlin
1949	Der Single https://vinylfantasymag.com/geburtstag-vinyl-single/ https://www.good-vinyl.de/lexikon/1-die-schallplatte/ https://www.derstandard.at/story/2584994/die-lp-ist-75-jahre-alt	□ Foto: GS
1949	Tonband STUDERUNDREVOX.DE https://www.studerundrevox.de/info-wissenswert/studer-revox-geschichte/ AUDIO CREATIVE: https://www.audio-creativ.de/?page_id=3195	□ Foto: GS □ Used with permission of Evertz Microsystems Ltd.

Die 1950er Jahre: Fernsehen versus Kino		
	Weitere Informationen	Bildnachweis
1950s	Der Fernseher kommt NDR: https://www.ndr.de/geschichte/Bewegte-Bilder-Die-Geschichte-des-Fernsehens,fernsehen240.html	□ National Archives and Records Administration, 1958 □ Jack H. Kubanoff, "Use test pattern to align your TV set" in *Radio and Television News* magazine, Ziff-Davis Publishing Co., Chicago, Vol. 43, No. 5, May 1950, p. 43
1950s	Fernsehserien der USA	□ ABC Television □ Frameshot aus *Adventures of Superman* (TV) □ Frameshot aus *The Alfred Hitchcock Hour*
1950s	Mechanischer Hall (Reverb) IZOTOPE: https://www.izotope.com/en/learn/a-history-of-reverb-in-music-production.html	□ Danke an Ashley Pomeroy CC 4.0
1950s	Autokinos MOVIE-COLLEGE: https://www.movie-college.de/filmschule/medien/kino/autokino	□ Whitestone Bridge Drive-in about 1953, used with permission from JFGryphon □ Used with permission of the Willard Library Evansville
1950	Oscar für die beste Musik OSCARS.COM: https://www.oscars.org/oscars/ceremonies/1951	□ 1950 Paramount Pictures Corporation
1952	Musiksequenz	□ gemeinfrei □ Frameshot aus *High Noon*
	Close-up: Der Schlusston von High Noon BUNDESZENTRALE FÜR POLITISCHE BILDUNG: https://www.bpb.de/lernen/filmbildung/232714/high-noon-zwoelf-uhr-mittags/	□ Frameshots aus *High Noon* □ Notensatz: GS □ gemeinfrei
1952	Kino im Großformat: Cinerama UNI KIEL: https://filmlexikon.uni-kiel.de/doku.php/c:cinerama-109	□ Danke an Anhyj gemeinfrei
1952	Tragbare Tonbandgeräte erhältlich DAS TONBANDMUSEUM: http://www.tonbandmuseum.info/nostalgie-galerie.html	□ Danke an Joe Haupt CC 2.0

	Weitere Informationen	Bildnachweis
1953	16mm Film DAS FILMMUSEUM-HAMBURG: https://www.filmmuseum-hamburg.de/sammlungen/hamburger-flimmern/heft-11-2004/welterfolg-aus-hamburg.html	☐ Foto: GS
1953	Cinemascope UNI KIEL: https://filmlexikon.uni-kiel.de/doku.php/c:cinerama-109	☐ Grafiken: GS
1954	Transistorradios NDR: https://www.ndr.de/geschichte/chronologie/Wie-Radio-Massenmedium-wurde,kurtmagnus101.html	☐ GNU free Danke an Gregory F. Maxwell ☐ Danke an Hihiman, CC 3.0
1954	Farbfernsehen in den USA NDR: https://www.ndr.de/geschichte/chronologie/Farbfernsehen-Als-TV-in-Deutschland-bunt-wurde,farbfernsehen100.html	☐ NBC – Logo, fair use
1955	8-Spur Mischpult mit Röhrentechnik ABBEY ROADS STUDIOS: https://www.abbeyroad.com/news/behind-abbey-road-studios-emi-tg12345-console-2604	☐ Danke an Josephenus P. Riley und Flickr/SAM_4400, CC2.0
1956	Die erste Speichermöglichkeit IBM: https://www.ibm.com/ibm/history/history/year_1956.html?mhsrc=ibmsearch_a&mhq=305%20RAMAC	☐ Reprint Courtesy of IBM Corporation © 1956
1956	Science-Fiction IMDB: https://www.imdb.com/title/tt0049223/?ref_=nv_sr_srsg_0 SYNTHMUSEUM: https://www.synthmuseum.com/rca/rca02.html	☐ Frameshot aus *Forbidden Planet*
1957	Plattenhall (Plate reverb) SOUND AND RECORDING: https://www.soundandrecording.de/equipment/ds-audioservice-plattenhall-analog-plate-reverb/	☐ Aus dem Handbuch EMT 140

	Weitere Informationen	Bildnachweis
1958	Stereo Schallplatten HIFIMUSEUM: http://www.hifimuseum.de/die-stereo-lps-ab-1958.html	□ Foto: GS
1958	Magnetaufzeichnung MAGNETBANDMUSEUM: http://www.magnetbandmuseum.info/30-jahre-magn-bildaufzeichnung.html	□ Foto GS Hochschule Offenburg
	Close-up: Ein Mann gegen 100 Orchestermusiker *Ascenseur pour l'échafaud* BAYRISCHE RUNDFUNK: https://www.br-klassik.de/themen/klassik-entdecken/was-heute-geschah-29011958-fahrstuhl-zum-schafott-miles-davis-kinostart-100.html	□ Frameshots aus *Ascenseur pour l'échafaud* □ Foto Tom Palumbo CC2.0

Die 1960er Jahre: Der Computer kommt		
	Weitere Informationen	Bildnachweis
1961	Der erste „singende" Computer IBM: https://www.ibm.com/ibm/history/exhibits/mainframe/mainframe_PP7094.html	□ Used with permission of University Archives, Rare Book & Manuscript Library, Columbia University Libraries
1962	Die erste Verfilmung von James Bond JAMESBOND.DE: https://www.jamesbond.de/die-filme/	□ gemeinfrei Urheber unbekannt
1962	Telstar ACADEMIC.COM: https://de-academic.com/dic.nsf/dewiki/1373816	□ NASA
1963	Das zweite Deutsche Fernsehen ZDF: https://www.zdf.de/zdfunternehmen/geschichte-des-zdf-100.html	□ ZDF Logo aus 1963, fair use
1963	Die Kompaktkassette SWR: https://www.swr.de/swr2/leben-und-gesellschaft/2881963-die-erste-kompaktkassette-wird-vorgestellt-100.html	□ Foto: GS

	Weitere Informationen	Bildnachweis
1963	Das Mellotron KEYBOARDS.DE: https://www.keyboards.de/equipment/soundwechsel-mit-dem-schraubenzieher-das-mellotron/	☐ Abbildung: Used with permission Danke an Markus Resch und Danielle Thwaites von MellotronFactory
1963	The Birds OSCAR-SALA.DE: http://www.oskar-sala.de Trautonium: ACADEMIC.COM: https://de-academic.com/dic.nsf/dewiki/966585	☐ Im Musikinstrumenten-Museum Berlin Danke an Morn the Gorn CC 3.0 ☐ Frameshot aus *The Birds*
1960s	Aufnahmen mit 4 Spuren TONBANDMUSEUM: http://www.tonbandmuseum.info/us-history-ampex.html	☐ Used with permission of Evertz Microsystems Ltd. ☐ Plattencover von Sgt. Pepper
1960s	Effektgeräte für die Soundbearbeitung https://delaydude.de/effect-history/?v=3a52f3c22ed6	☐ Fotos: GS
1964	Solid-state Mischpult https://www.fidelice.de/redaktion/detail/History	☐ Neve BCM10/2 Mk2 Manual (aus 1967)
1964	Goldfinger wird ein Welthit SWR: https://www.swr.de/swr4/musik/pop-star-shirley-bassey-singt-goldfinger-100.html	☐ Danke an Flickr/Johan Ooman
1960s	Weitere TV-Serien	☐ Frameshot aus *Wild Wild West TV* ☐ Frameshot aus *Star Trek TV* ☐ Frameshot aus *Mission: Impossible TV*
1965	Moog Synthesizer DEUTSCHLANDFUNK: https://www.deutschlandfunkkultur.de/zum-zehnten-todestag-von-robert-moog-sein-instrument-setzte-100.html	☐ gemeinfrei ☐ Plattencover *Switched on Bach (GS)*
	Close-up: Was ist hinter dem zerrissenen Vorhang passiert? Hitchcock's Notebooks (siehe Anhang)	☐ Frameshot aus *Blackmail* ☐ Frameshot aus *Torn Curtain* ☐ gemeinfrei ☐ Fair use

	Weitere Informationen	Bildnachweis
1966	Oscars für gute Musik OSCAR.ORG: https://www.oscars.org/oscars/ceremonies/1966	☐ Filmplakat *Dr. Zhivago* ☐ Filmplakat *The Sound of Music* (bearbeitet)
1967	Filmmusik aus der Popularmusik DAS ERSTE: https://www.daserste.de/unterhaltung/film/filme-im-ersten/sendung/die-reifepruefung-164.html	☐ Frameshot aus *The Graduate*
Ende 1960s	8-Spur Tonbandgerät TEAC: https://teac.jp/int/special/history	☐ Aus einem Werbeheft der Firma TEAC
1968	Originalmusik als Filmmusik SPIEGEL.DE: https://www.spiegel.de/geschichte/stanley-kubricks-making-of-2001-space-odyssey-a-971834.html	☐ Frameshot aus *2001 A Space Odyssey*
	Close-up: Verschollen im Weltall?	☐ Frameshot aus *Le Voyage dans la Lune* ☐ Theatrical poster for the film *Forbidden Planet*, 1956 ☐ Notensätze: GS ☐ Frameshots aus *2001: A Space Odyssey*

Die 1970er Jahre: Elektronische Musik		
	Weitere Informationen	Bildnachweis
1970	Der Minimoog Synthesizer SOUND AND RECORDING: https://www.soundandrecording.de/equipment/minimoog-story-vom-werkstatt-schrottplatz-zum-welterfolg/	☐ gemeinfrei
1970	24-Spuren SCIENCE MUSEUM GROUP: https://collection.sciencemuseumgroup.org.uk/objects/co8355637/studer-a80-24-track-audio-tape-recorder-tape-recorder HISTORY OF RECORDING: https://www.historyofrecording.com/studera80.html STUDERUNDREVOX.DE:	☐ Used with permission of Evertz Microsystems Ltd.

	https://www.studerundrevox.de/studer/analoge-tonbandgeraete/studer-a80/	
1971	Der Mikroprozessor ELEKTRONIKNET: www.elektroniknet.de: https://www.elektroniknet.de/embedded/hardware/50-jahre-intel-4004.191420.html	☐ CC 4.0
1971	Dolby DEUTSCHLANDFUNK: https://www.deutschlandfunk.de/clockwork-orange-vor-50-jahren-uraufgefuehrt-100.html	☐ Frameshot aus *A Clockwork Orange*
1971	IMAX https://ontarioplace.com/en/cinesphere/about-cinesphere/ IMDB (North of Superior): https://www.imdb.com/title/tt0067504/fullcredits?ref_=ttco_sa_1	☐ Grafik: GS ☐ Grafik: GS
1972	The Godfather NDR: https://www.ndr.de/kultur/film/Der-Pate-wird-50,derpate104.html	☐ Frameshot aus *The Godfather*
1972	Popcorn https://cover.info/de/song/Gershon-Kingsley-Pop-Corn	☐ Plattencover *Popcorn* CC2.0
1973	Tubular Bells https://www.rezensator.de/oldfield_tubular.htmhttps://www.rezensator.de/oldfield_tubular.htm	☐ Plattencover *Tubular Bells,* fair use
1973	Tonband-Hall ROLANDCORP.COM: www.rolandcorp.com.au: https://rolandcorp.com.au/blog/the-roland-re-201-space-echo-story	☐ gemeinfrei
1973	Die ersten Floppys TU-DRESDEN: https://geschichte.inf.tu-dresden.de/?q=DE/NORMAL/expo08/03_Floppy 1969 8" 1973 5 1/2 "	☐ Foto: GS
1974	Sensurround https://www.in70mm.com/news/2011/in_sensurround/german/index.htm	☐ DVD Cover

	Weitere Informationen	Bildnachweis
1975	Das erste Musikvideo https://www.kinofenster.de/themen-dossiers/aktuelles-dossier/dossier-musikvideos-einfuehrung/	□ Frameshot aus *Bohemian Rhapsody*
1975	Jaws https://www.filmszene.de/filme/der-weisse-hai	□ Filmplakat *Jaws*
1976	Erste digitaler Hall https://www.uaudio.de/blog/emt-250-electronic-reverberator-overview/	□ Danke an Bermes Design CC 4.0
1976	VHS https://mediafix.de/der-formatkrieg-wie-sich-die-vhs-kassette-durchsetzte/	□ Foto: GS
1977	Polyphonische Synthesizer https://greatsynthesizers.com/testberichte/korg-ps-3100-ein-polyphoner-tyrannosaurus/	□ CC 3.0
1977	Personal Computer UNI-STUTTGART: http://computermuseum.informatik.uni-stuttgart.de/dev/pet2001/	□ Danke an Rama, CC 2.0
1977	Dolby und Mehrkanal-Sound KINOKOMPENDIUM.DE: https://www.kinokompendium.de/service_ton.htm Star Wars BUNDESZENTRALE FÜR POLITISCHE BILDUNG: https://www.bpb.de/lernen/filmbildung/304756/star-wars-krieg-der-sterne/	□ Filmplakat fair use
1978	Sequenzer SYNTHMUSEUM.COM: https://www.synthmuseum.com/korg/korsq1001.html	□ CC 3.0
1979	Star Trek – als Kinofilm ACADEMIC.COM: https://de-academic.com/dic.nsf/dewiki/1323913	□ Filmplakat fair use
1979	Fairlight CMI KEYBOARDS.DE: https://www.keyboards.de/stories/der-fairlight-cmi/	□ Danke an Joho345 □ Plattencover, fair use (GS)

	Weitere Informationen	Bildnachweis
1979	Die Compact Disc für Musik ROLLINGSTONE.DE https://www.rollingstone.de/40-jahre-cd-faszinierende-fakten-zur-compact-disc-2254927/ Neue Musik Zeitung, 12.04.2011 Artikel von Fabian Wahl	□ Foto: GS □ Used with permission of Deutsche Grammophon GmbH © Arthur Umboh / DG

Die 1980er Jahre: Das digitale Zeitalter		
	Weitere Informationen	Bildnachweis
1980	Die erste 5,25" Festplatte COMPUTER HISTORY: https://www.computerhistory.org/storageengine/seagate-5-25-inch-hdd-becomes-pc-standard/	□ gemeinfrei
1981	Indiana Jones LUCAS FILM: https://www.lucasfilm.com/productions/raiders-of-the-lost-ark/ OSCARS.ORG: https://www.oscars.org/oscars/ceremonies/1982	□ Theatrical release poster by Richard Amsel for *Raiders of the Lost Ark*, 1981 Lucasfilm Ltd., fair use
1981	MTV SONGLEXIKON.DE: https://songlexikon.de/songs/videokilledtheradiostar/	□ Frameshot aus *Who killed the Radio Star*
1982	Commodore 64 https://www.c64-wiki.de/wiki/C64	□ Screenshot aus dem Spiel *Lazy Jones* □ Danke an Bill Bertram CC 2.5
1982	Blade Runner BUNDESZENTRALE FÜR POLITISCHE BILDUNG: https://www.bpb.de/lernen/filmbildung/304761/blade-runner/	□ Filmposter *Blade Runner*
	Close-up: Die synthetische Musik erreicht die Kinos	□ Frameshot aus *Chariots of Fire* □ Frameshot aus *Blade Runner* □ Danke an Matt Friedman CC3.0 □ Danke an Kapetan Nikolios CC3.0

	Weitere Informationen	Bildnachweis
1983	E.T. WELT.DE: https://www.welt.de/geschichte/kopf-des-tages/article235540244/E-T-Wie-der-Ausserirdische-die-Kinos-eroberte.html OSCAR.ORG https://www.oscars.org/oscars/ceremonies/1983	☐ Filmposter *E.T.*
1982	Die Diskette TU DRESDEN: https://geschichte.inf.tu-dresden.de/?q=DE/NORMAL/expo08/06	☐ Foto: GS
1983	THX THX.COM: https://www.thx.com/about/	☐ Firmenlogo, fair use
1983	MIDI HARMONY CENTRAL: https://www.harmonycentral.com/articles/modules-and-midi/a-brief-history-of-midi-r304/ MIDI.ORG: https://www.midi.org/articles/midi-history-chapter-6-midi-is-born-1980-1983	☐ Foto: GS ☐ Grafik: GS
1984	Privatfernsehen in Deutschland DEUTSCHLANDFUNK: https://www.deutschlandfunk.de/die-anfaenge-des-privatfernsehens-100.html	☐ Logo des Senders, fair use
1980er Jahre	Racksynthesizer	☐ Grafik: GS ☐ Foto: GS
1985	Atari ATARI-COMPUTERMUSEUM.DE: https://www.atari-computermuseum.de/520st.htm	☐ Montage: GS
1986	Pixar und Luxo Jr. IMDB (Luxo Jr.): https://www.imdb.com/title/tt0091455/?ref_=fn_al_tt_1	☐ Filmplakat *Luxo Jr.*
1986	Musikvideo als Kurzfilm SONGLEXIKON.DE: https://songlexikon.de/songs/sledgehammer/	☐ Frameshot aus *Sledgehammer*

	Weitere Informationen	Bildnachweis
	Close-up: Filmmusik aus dem Mittelalter The Name of the Rose: CHRISTOPH HARTUNG: https://christophhartung.de/index.php?page=jean-Jacques-annaud-der-name-der-rose-sean-connery	□ Frameshot aus *The Name der Rose* □ CC 4.0
1987	Digitale Mischpulte YAMAHA.COM: https://www.yamaha.com/en/about/innovation/collection/detail/8007/	□ Werbefoto Yamaha
1987	Creator / Notator MACPROVIDEO: https://www.macprovideo.com/article/logic-pro/a-brief-history-of-logic-from-emagic-to-apple	□ Screenshot: GS
1988	Erstes Notensatzprogramm MAKEMUSIC: https://www.finalemusic.com	□ Used by permission from MakeMusic https://www.finalemusic.com/blog/finale-blog-the-way-you-look-tonight/
1989	Digital Audio Workstation AVID.COM: https://www.avid.com/de/pro-tools YAMAHA.COM: https://hub.yamaha.com/proaudio/pa-history/the-history-of-the-daw/	□ Screenshot: GS
1989	Internet CERN: https://home.web.cern.ch/science/computing/birth-web	□ Montage: GS □ Reproduktion: GS
1989	Cubase STEINBERG.NET: https://www.steinberg.net/cubase/ https://www.musicradar.com/tuition/tech/a-brief-history-of-steinberg-cubase-406132	□ Screenshot: GS

1990er Jahre: Neue Spielweisen		
	Weitere Informationen	Bildnachweis
1990	Erste digitale Kino-Sound UNI KIEL: https://filmlexikon.uni-kiel.de/doku.php/c:cdscinemadigitalsound-1938 CHRISTOPH HARTUNG (Dick Tracy): https://christophhartung.de/index.php?page=dick-tracy	☐ Grafik: GS ☐ Filmplakat *Dick Tracy*
1990er	Soundkarten https://www.crossfire-designs.de/index.php?lang=de&what=articles&name=showarticle.htm&article=soundcards&page=9	☐ Danke an B Buxton CC3.0
1990	Dances with Wolves OSCARS.ORG: https://www.oscars.org/oscars/ceremonies/1991	☐ Frameshot aus *Dances with Wolves*
1990	Close-up: Die Wölfe tanzen zum richtigen Beat BUNDESZENTRALE FÜR POLITISCHE BILDUNG: https://www.bpb.de/lernen/filmbildung/232552/western-in-der-filmgeschichte/ J.S.Zamecnik, *Sam Fox Moving Picture Music*	☐ J.S.Zamecnik, *Sam Fox Moving Picture Music* ☐ Frameshots aus *Apache, Daniel Boone, The Searchers, Winnetou, Dances with Wolves* ☐ CC 1.0
1991	Digitale Aufnahmetechnik SONY: https://www.sony.de/electronics/support/understanding-digital-audio	☐ CC 2.0
1991	MPEG-1 FRAUNHOFER INSTITUT: https://www.mp3-history.com/de/development.html	
1992	Cubase Audio MUSIC RADAR: https://www.musicradar.com/tuition/tech/a-brief-history-of-steinberg-cubase-406132	☐ Screenshot GS
1992	Notenschreibprogramm mit Klangergebnis MU:ZINES: http://www.muzines.co.uk/articles/c-lab-notator-3-0/7429	☐ gemeinfrei

	Weitere Informationen	Bildnachweis
1992	Xplora1 A SECRET AREA: https://asecretarea.com/2020/12/15/cybermania-94-video-game-awards-show/	☐ Scan GS
1993	DTS Kino Sound System UNI KIEL: https://filmlexikon.uni-kiel.de/doku.php/d:dtsdigitaltheatresystems-1954#dts_digital_theatre_systems	☐ CC 3.0
1994	Sony DDS UNI KIEL: https://filmlexikon.uni-kiel.de/doku.php/s:sddssonydynamicdigitalsound-1878	☐ Grafik: GS
1995	DVD CD-MUSEUM: https://www.cd-museum.de/technik/die-zeitachse	☐ Foto: GS
1995	mp3 format Link FRAUENHOFER INSTITUT: https://www.mp3-history.com/de/development.html	
1995	Puppet Motel http://www.medienkunstnetz.de/werke/puppet-motel/	☐ Scan GS
	Close-up: Ein Mann, eine Gitarre DER-FILM-NOIR.DE (Dead Man): https://der-film-noir.de/v1/node/773	☐ Frameshot aus *Dead Man* ☐ Foto von Tore Sætre CC 4.0
1995	HD-Recording PROTOOLS: http://www.protoolshdx.de/SMM/History.html	
1995	Heimstudio Sampler VINTAGE SYNTH: https://www.vintagesynth.com/emu/esi32.php	☐ CC 2.0
1996	Remake Mission: Impossible IMDB: https://www.imdb.com/title/tt0117060/?ref_=fn_al_tt_1	☐ Frameshot aus *Mission: Impossible*
1996	Erste Mediathek Deutschlands ARTE.TV: https://corporate30.arte.tv/de/textversion/	☐ Logo des Senders, fair use

	Weitere Informationen	Bildnachweis
1996	USB 1.0 ACADEMIC.COM: https://de-academic.com/dic.nsf/dewiki/1426313#Einsatzgebiete_von_USB	☐ Foto: GS
1997	Digitales Editing https://montagem.medium.com/walter-murch-on-editing-cinematography-and-the-change-to-digital-3c8e764453a OSCARS.ORG: https://www.oscars.org/oscars/ceremonies/1997	☐ Filmplakat *The English Patient*
1997	Erste Frau Beste Musik IMDB: https://www.imdb.com/title/tt0116191/?ref_=fn_al_tt_2 OSCARS.ORG: https://www.oscars.org/oscars/ceremonies/1997	☐ Filmplakat *Emma*
1997	Sprachsynthese IMDB: https://www.imdb.com/title/tt0119116/?ref_=nv_sr_srsg_0	☐ Frameshot aus *The Fifth Element*
1997	Netflix startet CHIP.DE: https://praxistipps.chip.de/seit-wann-gibt-es-netflix-die-geschichte-des-streaming-dienstes_101143	☐ Firmenlogo, fair use
1998	Digitales Audio IMDB: https://www.imdb.com/title/tt0120738/?ref_=nv_sr_srsg_6	☐ Filmplakat *Lost in Space*
1998	mp3-Player https://www.homecomputermuseum.de/geschichten/hardware/gadgets-mp3-player/	☐ MpMan mp-f60 CC 2.0
1998	50 GB https://www.data-recovery.de/geschichte-der-festplatte/	
1999	Remake Wild Wild West IMDB: https://www.imdb.com/title/tt0120891/?ref_=fn_al_tt_1	☐ Frameshot aus *Wild Wild West*

	Weitere Informationen	Bildnachweis
1999	Flachbildschirme https://www.wertgarantie.de/lexikon/tv/flachbildfernseher SPIEGEL.DE: https://www.spiegel.de/netzwelt/gadgets/lcd-displays-als-die-bildschirme-flach-wurden-a-b976dcf4-b7be-406d-a6fd-c215fd9e88af	☐ gemeinfrei
1999	Erstes VST-Instrument https://llaudioll.de/sequenzing-midi-und-vst-instrumente/	☐ Aus dem Handbuch *Cubase SX/SL,* Steinberg Media Technologies AG, 2002.

Ab 2000: Ausblick		
	Weitere Informationen	Bildnachweis
	Close-up: Es muss nicht immer ein Oscar sein IMDB: https://www.imdb.com/title/tt0209958/?ref_=fn_al_tt_1	☐ Frameshots aus *The Cell* ☐ CC 3.0
2000	USB-Stick DAS INTERNET: https://www.dasinternet.net/geschichte_usb_sticks.php	☐ Danke an Gbuchana GNU Free Documentation License CC 2.0
2000	Fantasia 2000 IMDB: https://www.imdb.com/title/tt0120910/?ref_=fn_al_tt_1	☐ Filmplakat *Fantasia 2000*
2000	Das digitale Orchester FILMMUSIK2000: https://www.filmmusik2000.de/gladiator-hans-zimmer-lisa-gerrard MUSICWEB-INTERNATIONAL: http://www.musicweb-international.com/film/zimmer.html	☐ Frameshot aus *Gladiator*
2004	ProTools erhält einen Oscar AVID:https://ir.avid.com/news-releases/news-release-details/digidesign-receive-oscar-protools-system-academy-award-second/	
2005	500GB Speicher https://www.data-recovery.de/geschichte-der-festplatte/	

	Weitere Informationen	Bildnachweis
2007	Das iPhone https://curved.de/tipps/die-geschichte-des-iphone-als-die-welt-ploetzlich-in-unsere-tasche-passte-667434	□ Montage: GS
2009	3D Kino https://mediarep.org/bitstream/handle/doc/4376/AUGENBLICK_62-63_93-104_Droessler_Geschichte_des_3D_Films.pdf?sequence=1&isAllowed=y	□ Danke an Steve Jurvetson und Klickr
2010	Fernsehen und Internet SAMSUNG:https://news.samsung.com/de/evolution-in-sieben-jahren-samsung-smart-tv-teil-1 HEIMKINO FAN: https://heimkinofan.de/wann-kamen-smart-tvs-auf-den-markt/	□ Montage: GS
2012	3D Audio https://www.pocket-lint.com/de-de/tv/news/dolby/131069-was-ist-dolby-atmos	□ Grafik: GS □ Filmplakat fair use
2015	Dolby Cinema https://www.cambridgeaudio.com/eur/de/blog/what-dolby-vision	

= = = = = = = = = = = = = = = = = = = =

Die Filme und Medien

= = = = = = = = = = = = = = = = = = = =

Filmtitel **Deutscher Titel**	**Regie** **Musik**	**Medienvertrieb** **Deutschland**
1492: Conquest of Paradise (1992) 1492 – Die Eroberung des Paradieses	Regie: Ridley Scott Musik: Vangelis	Concorde Home Entertainment
2001: A Space Odyssey (1968} 2001: Odyssee im Weltraum	Regie: Stanley Kubrick Musik: Johann Strauß u. m.	Warner Home Video
A Clockwork Orange (1971) Uhrwerk Orange	Regie: Stanley Kubrick Musik: Walter Carlos	Warner Home Video
A Fistful of Dollars (1964) Für eine Handvoll Dollar	Regie: Sergio Leone Musik: Ennio Morricone	Constantin Film Paramont Home Entertainment
All Quiet on the Western Front (2022) Im Westen nichts Neues	Regie: Edward Berger Musik: Volker Bertelmann	Netflix
A Streetcar Named Desire Endstation Sehnsucht	Regie: Elia Kazan Musik: Alex North	Warner Home Video
Adventures of Superman US TV-Series von 1952–1958	Titelmusik: Leon Klatzkin	
Alexander Newsky (1938)	Regie: Sergei Eisenstein Musik: Sergei Prokofjew	Archiv
Aliens (1986) Aliens – Die Rückkehr	Regie: James Cameron Musik: James Horner	Fox Video
All Quiet on the Western Front (1930) Im Westen nichts Neues	Regie: Lewis Milestone Musik: David Broekman, Heinz Roemhild, Sam Perry	Universal Pictures Home Entertainment
All that Money can Buy (1941) Der Teufel und Daniel Webster	Regie: William Dieterle Musik: Bernard Herrmann	Splendid Film
Apache (1954) Massai – Der große Apache	Regie: Robert Aldrich Musik: David Raksin	UE
Ascenseur pour l'échafaud (1958) Fahrstuhl zum Schafott	Regie: Louis Malle Musik: Miles Davis	Studio Canal
Avatar (2009) Avatar – Aufbruch nach Pandora	Regie: James Cameron Musik: James Horner	20th Century Fox Entertainment
Bambi (1942) Bambi	Regie: David Hand (Supervisor) Musik: Frank Churchill (Lieder) Leigh Harline	Walt Disney Studios Home Entertainment
Birth of a Nation (1915)	Regie: D.W. Griffith Musik: Joseph Carl Breil	Absolut MEDIEN
Blackmail (1929) Erpressung	Regie: Alfred Hitchcock Musik: Hubert Bath	Arthaus Kinowelt Home Entertainment
Blade Runner (1982) Blade Runner	Regie: Ridley Scott Musik: Vangelis	Warner Home Video

Filmtitel **Deutscher Titel**	**Regie** **Musik**	**Medienvertrieb** **Deutschland**
Blade Runner 2049 (2017) Blade Runner 2049	Regie: Denis Villeneuve Musik: Hans Zimmer, Benjamin Wallfisch	Sony Pictures Home Entertainment
Bohemian Rhapsody (1975)	Queen	EMI
Bon Voyage (1944) Gute Reise	Regie: Alfred Hitchcock Musik: Benjamin Frankel	Ministry of Information
Brave (2012) Merida – Legende der Highlands	Regie: Steve Purcell/Mark Andrews/Brenda Chapman Musik: Patrick Doyle/ Julie Fowlis Lieder: Birdy/Emma Thompson	Walt Disney Studios Home entertainment
Braveheart (1995) Braveheart	Regie: Mel Gibson Musik: James Horner	20th Century Fox
Buffalo Fire Department	Produktion: Thomas Edison	Archiv
Casablanca (1942) Casablanca	Regie: Michael Curtiz Musik: Max Steiner	Warner Home Video
Casanova (2005) Casanova	Regie: Lasse Hallström Musik: Alexandre Desplat	Buena Vista International
Chariots of Fire (1981) Die Stunde des Siegers	Regie: Hugh Hudson Musik: Vangelis	20th Century Fox Home Entertainment
Cinema Paradiso (1988)	Regie: Giuseppe Tornatore Musik: Ennio Morricone, Andrea Morricone	Concorde Home Entertainment
Citizen Kane (1941) Citizen Kane	Regie: Orson Wells Musik: Bernard Herrmann	Constantin Film
Cleopatra (1963) Cleopatra	Regie: Joseph L. Mankiewicz Musik: Alex North	20th Century Fox Home Entertainment
Conquest of Space (1955) Die Eroberung des Weltalls	Regie: Byron Haskin Musik: Nathan Van Cleave	Alive Vertrieb und Marketing
Cosmic Monsters (1957)	Regie: Gilbert Gunn Musik: Robert Sharples	Media Home Entertainment
Dances With Wolves (1990) Der mit dem Wolf tanzt	Regie: Kevin Costner Musik: John Barry, Peter Buffett	Constantin Film
Daniel Boone, Trail Blazer (1956) Daniel Boone	Regie: Albert C. Gannaway / Ismael Rodriguez Musik: Raúl Lavista	DTP Entertainment
Das Leben auf dem Dorfe		Archiv
Dead Man (1995)	Regie: Jim Jarmusch Musik: Neil Young	Pandora Filmproduction Arthaus
Death of a Salesman (1951) Der Tod eines Handlungsreisenden	Regie: László Benedek Musik: Alex North	Columbia Pictures
Dick Tracy (1990) Dick Tracy	Regie: Warren Beatty Musik: Danny Elfman	Warner Home Video
Doctor Zhivago (1965) Doktor Schiwago	Regie: David Lean Musik: Maurice Jarre	Warner Home Video

Filmtitel Deutscher Titel	Regie Musik	Medienvertrieb Deutschland
Don Juan (1926) Don Juan	Regie: Alan Crosland Musik: William Axt, David Mendoza	Warner Home Video (USA)
Dr. No (1962) James Bond 007 jagt Dr. No	Regie: Terence Young Musik: Monty Norman	Warner Home Video
Dr. Strangeglove (1964) Dr. Seltsam oder: Wie ich lernte, die Bombe zu lieben	Regie: Stanley Kubrick Musik: Laurie Johnson	Sony Pictures Home Entertainment
Dumbo (1941) Dumbo	Regie: Ben Sharpsteen (Supervisor) Musik: Oliver Wallace und Frank Churchill (Lieder)	Walt Disney Studios Home Entertainment
E.T. – The Extra-Terrestrial (1982) E.T. – Der Außerirdische	Regie: Steven Spielberg Musik: John Williams	Universal Pictures Home Entertainment
Earthquake (1974) Erdbeben	Regie: Mark Robson Musik: John Williams	Universal Pictures
Education for Death (1943)	Regie: Produktion: Disney Clyde Geronimi Musik: u. a. Richard Wagner	Walt Disney Productions
Emma (1996) Jane Austens Emma	Regie: Douglas McGrath Musik: Rachel Portman	Paramont Home Entertainment
Entr'acte (1924)	Regie: René Clair Musik: Erik Satie	Archiv
Fahrenheit 451 (1966)	Regie: François Truffaut Musik: Bernard Herrmann	Universal Pictures Home Entertainment
Fantasia (1940)	Produktion: Disney Regie: James Algar und Samuel Armstrong Musik: Leopold Stokowski	Walt Disney Buena Vista
Fantasia (2000) Fantasia 2000	Musikbearbeitung: James Levine	Buena Vista International
Fantasmagorie (1908)	Regie: Émile Cohl	Archiv
Fear and Desire (1953) Furcht und Begierde	Regie: Stanley Kubrick Musik: Gerald Fried	Pidax Film
Flight to Mars (1951)	Regie: Lesley Selander Musik: Marlin Skiles	Image Entertainment
Forbidden Planet (1956) Alarm im Weltall	Regie: Fred M. Wilcox Musik: Louis und Bebe Barron	Warner Home Video
Frankenstein (1931)	Regie: James Whale Musik: Franz Waxman	Universal Pictures Home Entertainment
Girl with a Pearl Earring (2003) Das Mädchen mit dem Perlenohrring	Regie: Peter Webber Musik: Alexandre Desplat	EuroVideo
Gladiator (2000) Gladiator	Regie: Ridley Scott Musik: Hans Zimmer	Universal Pictures
Gone with the Wind (1939) Vom Winde verweht	Regie: Victor Fleming Musik: Max Steiner	MGM/UA Home Video

Filmtitel Deutscher Titel	Regie Musik	Medienvertrieb Deutschland
Harry Potter and the Deathly Hollows (2010) – und die Heiligtümer des Todes	Regie: David Yates Musik: Alexandre Desplat	Warner Home Video
High Noon (1952) Zwölf Uhr mittags	Regie: Fred Zinnemann Musik: Dimitri Tiomkin	Arthaus
Humorous Phases of Funny Faces (1906)	J. Stuart Blackton	Archiv
Ich klage an (1941)	Regie: Wolfgang Liebeneiner Musik: Norbert Schulze	Murnau Stiftung
I married a Monster from Outer Space (1958)	Regie: Gene Fowler Jr. Musik: (uncredited)	Warner Archive Collection (USA)
Indiana Jones - Raiders of the Lost Ark (1981) Jäger des verlorenen Schatzes	Regie: Steven Spielberg Musik: John Williams	Paramont Home Entertainment
It Came from Outer Space (1953) Gefahr aus dem Weltall	Regie: Jack Arnold Musik: Joseph Gershenson	Koch Media
James Bond 007 – Goldfinger (1964)	Regie: Guy Hamilton Musik: John Barry	UIP
Jaws (1975)	Regie: Steven Spielberg Musik: John Williams	Universal Pictures Home Entertainment
Jud Süß (1940)	Regie: Veit Harlan Musik: Wolfgang Zeller	Friedrich-Wilhelm-Murnau-Stiftung
Jurassik Park (1993) Jurassik Park	Regie: Steven Spielberg Musik: John Williams	Universal Pictures Home Entertainment
Kansas City's Spring Clean-up (1921)	Produktion: Walt Disney	Archiv
Killer's Kiss (1955) Der Tiger von New York	Regie: Stanley Kubrick Musik: Gerald Fried	UCM.ONE
Killers in Space (1954)	Regie: W. Lee Wilder Musik: Manuel Compinsky	Reel Media International
King Kong (1933) King Kong und die weiße Frau	Regie: Merian C. Cooper / Ernest B. Schoedsack Musik: Max Steiner	Filmjuwelen
Kolberg (1945)	Regie: Viet Harlan Musik: Norbert Schulze	International Historic Films
L'assassinat du duc de Guise (1908)	Regie: André Calmettes, Charles Le Bargy Musik: Camille Saint Saëns	Archiv
La Sortie de l'usine Lumière à Lyon (1895) Arbeiter verlassen die Lumière-Werke	Produktion: Auguste und Louis Lumière	Archiv
Last Action Hero (1993) Last Action Hero	Regie: John McTieman Musik: Michael Kaman	Sony Pictures Home Entertainment
Le Voyage dans la Lune (1902)	Regie: Georges Méliès	Archiv
Les Amours de la reine Élisabeth (1912)	Regie: Henri Desfontaines, Louis Mercanton Musik: Joseph Carl Breil	Archiv

Filmtitel Deutscher Titel	Regie Musik	Medienvertrieb Deutschland
Lolita (1962)	Regie: Stanley Kubrick Musik: Nelson Riddle	Warner Home Video
Lord of the Rings (2001) Der Herr der Ringe	Regie: Peter Jackson Musik: Howard Shore	Warner Home Video
Lost in Space Verschollen zwischen fremden Welten	Regie: Fernsehserie 1965–1968 Titelmusik: John Williams	
Lost in Space (1998) Verschollen zwischen fremden Welten	Regie: Stephen Hopkins Musik: Bruce Broughton	Warner Home Video
Luxo Jr. (1986) Die kleine Lampe	Regie: John Lasseter Sounddesign: Gary Rydstrom	Der KurzFilmVerleih
Magnetic Fields (1981) LP	Michel Jarre	
Marnie (1964) Marnie	Regie: Alfred Hitchcock Musik: Bernard Herrmann	Universal Pictures
Melodie des Herzens (1929) Melody of the Heart	Regie: Hanns Schwarz Musik: Werner Richard Heymann und mehr	Universum Film
Mission: Impossible US TV-Series von 1966–1973	Titelmusik: Lalo Schifrin	ARD
Mission: Impossible I (1996) Mission: Impossible I	Regie: Brian De Palma Musik: Danny Elfman Lalo Schifrin	Paramont Home Entertainment
Modern Times (1936) Moderne Zeiten	Regie: Charlie Chaplin Musik: Charlie Chaplin	Warner Home Video (USA)
Mr. Magorium's Wonder Emporium (2007) Mr. Magorium's Wunderladen	Regie: Zach Helk Musik: Alexandre Desplat	Universal Film
North by Northwest (1959) Der unsichtbare Dritte	Regie: Alfred Hitchcock Musik: Bernard Herrmann	Warner Home Video
North of Superior	Regie: Graeme Ferguson Musik: Zal Yanovsky/Bill Houston	Government of Ontaria for IMAX
Nosferatu (1922)	Regie: Friedrich W. Murnaus Musik: Hans Erdmann	Universum Film
One Hundred Men and a Girl (1937) 100 Mann und ein Mädchen	Regie: Henry Koster Musik: Charles Previn, Leopold Stokowski	Kino Lorber Studio Classics (USA)
One Night of Love (1934) Das leuchtende Ziel	Regie: Victor Schertzinger Musik: Alfred Neuman, Victor Schertzinger, Louis Silvers	Columbia Pictures (USA)
Oxygène (1977) LP	Jean-Michel Jarre	Disques Dreyfus (Sony BMG)
Panic Room (2002) Panic Room	Regie: David Fincher Musik: Howard Shore	Sony Pictures Home Entertainment

Filmtitel **Deutscher Titel**	**Regie** **Musik**	**Medienvertrieb** **Deutschland**
Pinocchio (1940) Pinocchio	Regie: Hamilton Luske und Ben Sharpsteen Musik: Leigh Harline Ned Washington (Liedtexte) Paul J. Smith Produktion: Disney	Walt Disney Studios Home Entertainment
Popcorn (1972)	Hot Butter	Musicor
Psycho (1960) Psycho	Regie: Alfred Hitchcock Musik: Bernard Herrmann	Universal Pictures Home Entertainment
Puppet Motel (1995)	Laurie Anderson und Hsin-Chien Huang	Voyager Compan
Radar Men from the Moon (1952)	Regie: Fred C. Brannon Musik: Stanley Wilson	Alpha Video Distributers (USA)
Rear Window (1954) Das Fenster zum Hof	Regie: Alfred Hitchcock Musik: Franz Waxman	Universal Pictures Video
Rebecca (1940) Rebecca	Regie: Alfred Hitchcock Musik: Franz Waxman	daredo
Seminary Girls	Produktion: Thomas Edison	Archiv
Silence of the Lambs (1991) Das Schweigen der Lämmer	Regie: Jonathan Demme Musik: Howard Shore	20th Century Fox Home Entertainment
Silly Symphonies (1929-1939)	Produktion: Walt Disney	
Sledge Hammer Musikvideo	Peter Gabriel	Charisma (UK) Geffen (US)
Snow White and the Seven Dwarfs (1937) Schneewittchen und die Sieben Zwerge	Produktion: Disney Regie: Diverse Musik: Frank Churchill, Paul Smith, Leigh Harline	Walt Disney Studios Home Entertainment
Spartacus (1960) Spartacus	Regie: Stanley Kubrick Musik: Alex North	Universal Pictures Home Entertainment
Star Trek US TV-Series von 1966–1969	Titelmusik: Alexander Courage	
Star Trek (1979) Star Trek: Der Film	Regie: Robert Wise Musik: Jerry Goldsmith	Paramont Home Entertainment
Star Wars IV (1977) Krieg der Sterne	Regie: George Lucas Musik: John Williams	20th Century Fox Home Entertainment
Star Wars: Return of the Jedi (1983) Die Rückkehr der Jedi-Ritter	Regie: Richard Marquand Musik: John Williams	20th Century Fox Home Entertainment
Steamboat Willi (1928) Ein Schiff streich durch die Wellen Seit 1990 Steamboat Willi	Regie: Ub Iwerks Produktion: Walt Disney Musik: Wilfred Jackson, Bert Lewis	Buena Vista International
Sunset Boulevard (1950) Boulevard der Dämmerung	Regie: Billy Wilder Musik: Franz Waxman	Universal Pictures Home Entertainment
Taxi Driver (1976)	Regie: Martin Scorsese Musik: Bernard Herrmann	Sony Pictures Home Entertainment

Filmtitel Deutscher Titel	Regie Musik	Medienvertrieb Deutschland
The Alfred Hitchcock Hour US TV-Series von 1955–1965	Titelmusik: Charles Gounod (Trauermarsch für eine Marionette)	Koch Media
The Awful Truth (1937) Die schreckliche Wahrheit	Regie: Leo McCarey Music: Ben Oakland	Columbia TriStar Home Entertainment
The Big House (1930) Hölle hinter Gittern	Regie: George W. Hill Musik: Louis Silvers	Warner Home Video (USA)
The Birds (1963) Die Vögel	Regie: Alfred Hitchcock Musik: Oscar Sala	Universal Pictures Home Entertainment
The Broadway Melody (1929)	Regie: Harry Beaumont Musik: Nacio Herb Brown, George M. Cohan, Willard Robison	Warner Home Video (USA)
The Cell (2000)	Regie: Tarsem Singh Musik: Howard Shore	Warner Home Video
The English Patient (1996) Der englische Patient	Regie: Anthony Minghella Musik: Gabriel Yared	Kinowelt Home Entertainment
The Fifth Element (1997) Das fünfte Element	Regie: Luc Besson Musik: Eric Serra	Universum Film (UFA)
The Godfather (1972) Der Pate	Regie: Francis Ford Coppola Musik: Nino Rota	Paramont Home Entertainment
The Good the Bad and the Ugly (1966) Zwei glorreiche Halunken	Regie: Sergio Leone Musik: Ennio Morricone	20th Century Fox Home Entertainment
The Graduate (1967) Die Reifeprüfung	Regie: Mike Nichols Musik: Simon & Garfunkel	Kinowelt Home Entertainment
The Great Dictator (1940) Der große Diktator	Regie: Charlie Chaplin Musik: Charlie Chaplin, Meredith Willson	Arthaus Zweitausendeins
The Great Train Robbery (1903) Der große Eisenbahnraub	Regie: Edwin S. Porter Musik: unerwähnt	Archiv
The Hateful Eight (2015) The Hateful 8	Regie: Quentin Tarantino Musik: Ennio Morricone	Universal Film (UFA)
The Informer (1935) Der Verräter	Regie: John Ford Musik: Max Steiner	Warner Home Video (USA)
The Jazz Singer (1927) Der Jazzsänger	Regie: Alan Crosland Musik: Louis Silvers	Warner Home Video
The Joker (2019) The Joker	Regie: Todd Philips Musik: Hildur Guðnadóttir	Warner Brothers Home Entertainment
The Killing (1956) Die Rechnung ging nicht auf	Regie: Stanley Kubrick Musik: Gerald Fried	MGM Home Entertainment
The King's Speech (2010) Die Rede des Königs	Regie: Thomas Hooper Musik: Alexandre Desplat	Senator Home Entertainment
The Life of Emile Zola (1937) Das Leben der Emile Zola	Regie: William Dieterle Musik: Max Steiner	MGM/UA Home Video

Filmtitel Deutscher Titel	Regie Musik	Medienvertrieb Deutschland
The Lion King (1994) Der König der Löwen	Regie: Roger Allers/Rob Minkoff Musik: Hans Zimmer/Elton John	Buena Vista International
The Lone Ranger US TV-Series von 1949–1957	Titelmusik: Gioachino Rossini (Wilhelm Tell Overture)	Studio 100 Media
The Magnificent Ambersons (1942) Der Glanz des Hauses Amberson	Regie: Orson Wells Musik: Bernard Herrmann	Kinowelt Home Entertainment
The Man Who Knew Too Much (1956) Der Mann, der zuviel wusste	Regie: Alfred Hitchcock Musik: Bernard Herrmann	Universal Pictures
The Monuments Men (2014) Ungewöhnliche Helden	Regie: George Clooney Musik: Alexandre Desplat	20th Century Fox Home Entertainment
The Music Man (1962) Music Man	Regie: Morton DaCosta Originalmusik: Meredith Willson Musikadaption: Ray Heindorf	Warner Home Video
The Name of the Rose (1986) Der Name der Rose	Regie: Jean-Jacques Annaud Musik: James Horner	Kinowelt Home Entertainment
The Paths of Glory (1957) Wege zum Ruhm	Regie: Stanley Kubrick Musik: Gerald Fried	Filmconfect Home Entertainment
The Searchers (1956) Der schwarze Falke	Regie: John Ford Musik: Max Steiner	Warner Home Video
The Shape of Water (2017) Das Flüstern des Wassers	Regie: Guillermo del Toro Musik: Alexandre Desplar	20th Century Fox
The Sound of Music (1965) Meine Lieder – meine Träume	Regie: Robert Wise Musik: Rogers and Hammerstein / Irwin Kostal	20th Century Fox
The Trouble with Harry (1955) Immer Ärger mit Harry	Regie: Alfred Hitchcock Musik: Bernard Herrmann	Universal Pictures Home Entertainment
The Unsinkable Molly Brown (1964) Goldgräber Molly	Regie: Charles Walters Originalmusik: Meredith Willson Adaption: Leo Arnaud, Alexander Courage, Calvin Jackson	Warner Home Video
The Wizard of Oz (1939) Der Zauberer von Oz	Regie: Victor Fleming (und andere) Musik: Herbert Stothart	Warner Home Video
The Wrong Man (1956) Der falsche Mann	Regie: Alfred Hitchcock Musik: Bernard Herrmann	Warner Home Video
Titanic (1997) Titanic	Regie: James Cameron Musik: James Horner	20th Century Fox
Tom Jones (1963) Tom Jones – Zwischen Bett und Galgen	Regie: Tony Richardson Musik: John Addison	United Artists
Torn Curtain (1966) Der zerrissene Vorhang	Regie: Alfred Hitchcock Musik: Bernard Herrmann	Universal Pictures Home Entertainment

Filmtitel **Deutscher Titel**	**Regie** **Musik**	**Medienvertrieb** **Deutschland**
Triumpf des Willens (1935)	Regie: Leni Riefenstahl Musik: Herbert Windt	
Tubular Bells (1973)	Mike Oldsfield	Virgin Records
Vertigo (1958) Vertigo – Aus dem Reich der Toten	Regie: Alfred Hitchcock Musik: Bernard Herrmann	Universal Pictures Home Entertainment
Video Killed the Radio Star Musikvideo	The Buggles	Island
War of the Worlds (1938) Krieg der Welten	Regie: Orson Wells Musik: Bernard Herrmann	Radio
Who's Afraid of Virginia Woolf? (1966) Wer hat Angst vor Virginia Woolf?	Regie: Mike Nichols Musik: Alex North	Warner Home Video
Wild Wild West (1999) Wild Wild West	Regie: Barry Sonnenfeld Musik: Elmer Bernstein	Warner Home Video
Wild Wild West US TV-Series von 1965-1969	Titelmusik: Richard Markowitz	
Wings (1927) Flügel aus Stahl	Regie: William A. Wellman Musik: J.S. Zamecnik	Mr. Banker Films
Winnetou (1963)	Regie: Harald Reinl Musik: Martin Böttcher	Universum Film (UFA)
Xplora1 (1992) Music Game	Peter Gabriel	MacPlay

All Quiet on the Western Front
Im Westen nichts Neues

USA | 1930 | 136 Minuten | FSK 12
Nach dem Roman von Erich Maria Remarque
Regie: Lewis Milestone
Produktion: Carl Laemmie Jr./Universal Pictures
Hauptrollen: Lew Ayres, Louis Wolheim
Kinostart (USA): 21. April 1930
Kinostart (Deutschland): 4. Dezember 1930

Musik: David Broekman, Heinz Roemheld

Für die Stummfilmfassung:

Sam Perry	Musik-Arrangements
Heinz Roemheld	Dirigat / Musik-Arrangements
William Axt	Komposition: stock music
Giuseppe Becce	Komposition: stock music
Adolph Fink	Orchestrierung
Hugo Frey	Komposition: stock music
Arthur Honegger	Komposition: stock music
Christiaan Kreins	Komposition: stock music
Andor Pinter	Orchestrierung
Julien Porret	Komposition: stock music
Erno Rapee	Komposition: stock music
Domenico Savino	Komposition: stock music
William Schiller	Orchestrierung
Meredith Willson	Komposition: stock music

Erich Maria Remarque (1898–1970)
emigrierte in den USA und bekam die amerikanische Staatsbürgerschaft. 1958 siedelte er in die Schweiz, wo er bis zu seinem Lebensende wohnte. 1967 bekam er das Große Bundesverdienstkreuz, die deutsche Staatsangehörigkeit wurde ihm aber nicht angeboten.

Carl Laemmle Jr. (1908–1979)
Seine Familie stammte ursprünglich aus Schwaben. Sein Vater war Filmproduzent in Hollywood. Er produzierte u. a. Horrorfilme wir *Dracula, Frankenstein* und die *Mumie* aber 1936 auch *Show Boat*, eine aufwendige Produktion. Danach zog er sich aus dem Filmgeschäft zurück und produzierte nie wieder einen Film.

Lewis Milestone (1895–1980)
wurde in Moldawien geboren. Er führte bei vielen Filmen Regie und wurde mehrfach ausgezeichnet.

Fred Zinnemann (1907–1997)
stammte aus Österreich und trat im *Im Westen nichts Neues* als Statist auf. Später wurde er als Regisseur bekannt, drehte u. a *High Noon*.

One Hundred Men and a Girl
100 Mann und ein Mädchen

USA | 1937 | 85 Minuten
Regie: Henry Koster
Idee: Hanns Kraly
Produktion: Joe Pasternak, Charles R. Rogers | Universal Pictures
Hauptrollen: Deanna Durbin, Leopold Stokowski, Adolphe Menjou
Kinostart (USA): 5. September 1937

Musik: Charles Previn, Frank Skinner, Leopold Stokowski

Lieder: *It's Raining Sunbeams* Friedrich Hollaender (M), Sam Coslow (T)
A Heart That's Free Alfred G. Robyn (M), Thomas Railey (T)

Andrés de Segurola	Gesangscoach
Charles Henderson	Komponist ergänzender Musik
David Raksin	Assistent von Leopold Stokowski

(Er wurde später erfolgreicher Filmkomponist.)

Frank Skinner (1897–1968)
schrieb Musik für viele Film- und Fernsehproduktionen.

Charles Previn (1888–1973)
vertonte viele weitere Filme und wurde sechsmal für einen Oscar nominiert. Er war ein Verwandter von André Previn und ein Oscar prämierter Filmkomponist.

Friedrich Hollaender (1896–1976)
musste 1933 Nazideutschland verlassen, wurde aber in den USA erfolgreich. Er schrieb Musicals, Bühnenmusik, Filmmusik und viele Lieder.

Deanna Durbin (1921–2013)
war bis 1948 aktiv tätig, hat in vielen Filmen mitgewirkt und viele Schallplatten herausgebracht.

Leopold Stokowski (1882–1977)
wechselte zu Disney und war bei *Fantasia* (1940) als Dirigent und Musikarrangeur maßgeblich beteiligt. Fantasia wurde , dank der Forschung von Stokowski mit Mehrspurverfahren aufgenommen.

Sam Coslow (1902–1982)
schrieb Lieder, Filmmusik und war Filmproduzent. Er gewann 1944 einen Oscar für den Besten Kurzfilm.

Snow White and the Seven Dwarfs
Schneewittchen und die Sieben Zwerge

USA | 1937 | 83 Minuten
Nach dem Märchen der Brüder Grimm
Regie: David Hand
Episodenregie: William Cottrell, Wilfred Jackson, Larry Morey, Perce Pearce, Ben Sharpsteen
Produktion: Walt Disney
Kinostart (USA): 21. December 1937 (Carthay Circle Theatre)
Kinostart (Deutschland): 24. Oktober 1950
Soundsystem: RCA Victor High Fidelity Sound System (mono)
Lieder: Frank Churchill (M), Larry Morey (T)

Musik: Frank Churchill, Leigh Harline, Paul Smith

Edward Plumb	Arrangement
Zeke Clements	Jodeln
Bill Cowles	Gesang der Zwerge
Sonny Dawson	Gesang der Zwerge
Jad Dees	Jodeln
Reinhardt Fraunfelder Jr.	Jodeln und Jodeltrainer
Freeman High	Orchestrierung /Gesang der Zwerge
Louis Kaufman	Violine
Les Miller	Jodeln
Harry Stanton	Gesang der Zwerge
Frederick Stark	Dirigat, Orchestrierung
Max Terr	Chordirigat
Wesley Tuttle	Jodeln
Charles Wolcott	Orchestrierung

Sam J. Smith (1906–1985)
war noch lange für Disney und andere Produzenten als Komponist, Arrangeur, Orchestrierer, musikalischer Direktor und Instrumentalist tätig.

Leigh Harline (1907–1969)
fing 1932 bei Disney Studios an und vertonte viele Kurzfilme von Disney (*Silly Symphonies*). Er bekam 1941 einen Oscar für die Beste Filmmusik und das Beste Lied aus dem Disney Film *Pinocchio*.

Adriana Caselotti (1916–1997)
war bei nur sehr wenigen Filmen beteiligt, meistens ohne Namensnennung. Ihre Mutter hat Maria Callas unterrichtet.

Walt Disney (1901–1966)
wurde einer der erfolgreichsten Filmproduzenten aller Zeit. Auch im Fernsehen war er bekannt. Er war maßgeblich bei der Entwicklung der Animationstechnik. Er gewann 22 Oscars.

Gone with the Wind
Von Winde verweht

USA | 1939 | 220 Minuten | FSK 12
(mit der Ouvertüre, Intermezzo und Abgangsmusik 238 Minuten)
Nach dem Roman von Margaret Mitchell
Regie: Victor Fleming
Produktion: David O. Selznick / MGM
Hauptdarsteller: Vivien Leigh, Clark Gable, Olivia de Havilland, Leslie Howard
Kinostart (USA): 15. Dezember 1939
Kinostart (Deutschland): 15. Januar 1953

Musik: Max Steiner

Louis Forbes	Assistent zum Musikdirektor
Leo Arnaud	Orchestrierung
William Axt	Komposition (stock music)
R.H. Bassett	Orchestrierung
George Bassman	Orchestrierung
Dudley Chambers	Gesangsarrangeur
Cecil Copping	Orchestrierung
Maurice De Packh	Orchestrierung
Adolph Deutsch	Komposition zusätzlicher Musik / Orchestrierung
Arthur L. Frantz	Horn
Hugo Friedhofer	Komposition zusätzlicher Musik / Orchestrierung
Stuart Frye	Musikeditieren
Louis Kaufman	Violine
Bernhard Kaun	Orchestrierung
Arthur Kay	Orchestrierung
Albert Hay Malotte	Orchestrierung
Earl B. Mounce	Musikabmischung
Joseph Nussbaum	Komposition zusätzlicher Musik / Orchestrierung
Darol Rice	Orchestrierung
Heinz Roemheld	Komposition zusätzlicher Musik / Orchestrierung
Franz Waxman	Komposition (stock music)

The Wizard of Oz
Der Zauberer von Oz

USA | 1939 | 98 Minuten | FSK 0
Nach dem Roman von Frank L. Baum
Regie: Norman Taurog, Richard Thorpe, George Cukor,
Victor Fleming, King Vidor
Produktion: Mervyn LeRoy / MGM
Hauptdarsteller: Judy Garland, Frank Morgan, Ray Bolger, Jack Haley, Bert Lahr
Kinostart (USA): 10. August 1939
Kinostart (Deutschland): 19. April 1951

Musik: Herbert Stothart

Harold Arlen	Lieder
E.Y. Harburg	Liedertexte

George Bassman	Orchestrale und vokale Arrangements
Bobby Connolly	musical numbers staged by
Murray Cutter	Orchestrale und vokale Arrangements
Ken Darby	Orchestrale und vokale Arrangements
Paul Marquardt	Orchestrale und vokale Arrangements
George Stoll	Dirigat und Komposition zusätzlicher Musik
Robert Armbruster	Musikalischer Direktor
Leo Arnaud	Orchestrierung „Munchkinland“
Edward Baravalle	Assistent Toningenieur für die Musik
David Crocov	Violine
Peter P. Decek	Toningenieur
Roger Edens	Music pre-recording supervisor
Nat W. Finston	Musiksupervisor
Skitch Henderson	Klavier
Frederick Herbert	Assistent zum Toningenieur
Rudolph G. Kopp	Zweiter musikalischen Direktor
Bud Linn	Gesang „Lollipop Guild“
Harry V. Lojewskiv	Klaviersoli
Paul McLarind	Orchestrierung
M.J. McLaughlin	Musikabmischung
Lou Raderman	Violine
William Saracino	Musikeditor
Toscha Seidel	Violine
Robert W. Stringer	Komposition zusätzlicher Musik
Robert Tucker	Orchestrale und vokale Arrangements
Robert Van Eps	Orchestrierung
Roger Wagner	Assistent zum Chordirigenten

The Great Dictator
Der große Diktator

USA | 1940 | 125 Minuten | FSK 6
Drehbuch: Charlie Chaplin
Regie: Charlie Chaplin
Produktion: Charlie Chaplin
Hauptrollen: Charlie Chaplin, Jack Oakie, Reginald Gardiner
Kinostart (USA): 15. Oktober 1940
Kinostart (Deutschland): 26. August 1958

Musik: Charlie Chaplin

Meredith Willson	Komposition, Musik-Arrangements, Dirigat
Carmen Dragon	Orchestration (nicht im Abspann)
Louis Kaufman	Violine (nicht im Abspann)
Al Kaye	Notenwart (nicht im Abspann)
Max Terr	Assistent zum musikalischen Leiter, Orchestrierung (nicht im Abspann)

High Noon
Zwölf Uhr mittags

USA | 1952 | 85 Minuten | FSK 12
Idee: John W. Cunningham („The Tin Star")
Regie: Fred Zinnemann
Produktion: Stanley Kramer / United Artists
Hauptrollen: Gary Cooper, Grace Kelly
Kinostart (USA): 30. Juli 1952
Kinostart (Deutschland): 11. Juni 1965
Musik: Dimitri Tiomkin

Manuel Emanuel	Orchestrierung
Dominic Frontiere	Musik-Arrangements (hat später viel Musik für Film und Fernsehen geschrieben)
Paul Marquardt	Orchestrierung
Herbert Taylor	Orchestrierung

Aufnahme/Editing
George C. Emick Musikeditor

Einspielung
London Symphony Orchestra
Anthony Galla-Rini, Akkordeon
The Hollywood Studio Symphony

Dimitri Tiomkin (1894–1979)
Filmkomponist, stammte aus Russland, wanderte 1921 nach Deutschland und 1925 nach Amerika aus, gewann 4 Oscars und viele weitere Auszeichnungen und wirkte als Komponist bei 126 Filmen mit.

Frank Zinnemann (1907–1997)
Regisseur, stammte aus Österreich, spielte eine Statistenrolle in *All Quiet on the Western Front*, gewann 4 Oscars und viele weitere Auszeichnungen, wollte Violinist werden.

Lita Roza (1928–2009)
englische Sängerin

Frankie Laine (1913–2007)
amerikanischer Sänger, Liedermacher und Schauspieler
Bruce Low (1913–1990), niederländischer Schlagersänger
Peter Alexander (1926–2011), österreichischer Schlagersänger
Freddy Quinn (*1931), deutscher Schlagersänger
Tex Ritter (1905–1974), Country-Western-Sänger

Ascenseur pour l'échafaud
Fahrstuhl zum Schafott

Frankreich | 1958 | 88 Minuten | FSK 16
Regie: Louis Malle
Produktion: Jean Thuillier
Hauptrollen: Jeanne Moreau und Maurice Ronet

Musik: Miles Davis

Kenny Clarke	Drums
Pierre Michelot	Bass
René Urtreger	Klavier
Barney Wilen	Tenorsaxofon

Torn Curtain
Der zerrissene Vorhang

USA | 1966 | 128 Minuten | FSK 12
Regie: Alfred Hitchcock
Produktion: Alfred Hitchcock /Universal Pictures
Hauptrollen: Paul Newman, Julie Andrews
Deutsche Schauspieler: u. a. Hansjörg Felmy, Wolfgang Kieling, Günter Strack
Kinostart (USA): 27. Juli 1966
Kinostart (Deutschland): 7. Oktober 1966

Musik: John Addison

Bernard Herrmann	Komposition – ungebrauchte Musik
Edward B. Powell	Orchestrierung

Einspielung:

Ethmer Roten	Flöte
Louise Di Tullio	Flöte

2001: A Space Odyssey 2001: Odyssee im Weltraum

USA/UK | 1968 | 143 Minuten | FSK 12
Nach der Idee von Arthur C. Clarke
Regie: Stanley Kubrick
Produktion: Stanley Kubrick
Hauptdarsteller: Keir Dullea, Gary Lockwood
Kinostart (USA): 2. April 1968
Kinostart (Deutschland): 11. September 1968

Musik

00:00:00	*Atmosphères* (1961) György Ligeti SWR Sinfonieorchester Ernest Bour, Dirigent
00:02:53	*Also Sprach Zarathustra* Richard Strauß Wiener Philharmoniker Herbert von Karajan, Dirigent (nicht im Abspann)
00:11:22	*Requiem for Soprano, Mezzo-Soprano, Two Mixed Choirs, and Orchestra* (1963) György Ligeti Symphonieorchester des Bayerischen Rundfunks Francis Travis, Dirigent
00:14:39	*Also Sprach Zarathustra* Richard Strauß
00:19:08	*An der schönen, blauen Donau* (1866) Johann Strauss Berliner Philharmoniker Herbert von Karajan, Dirigent Deutsche Grammophon
00:32:22	*An der schönen, blauen Donau* Johann Strauss
00:43:46	*Lux Aeterna* (1966) von György Ligeti Stuttgart Schola Cantorum Clytus Gottwald, Dirigent
00:47:07	*Requiem* György Ligeti
00:52:27	*Gayanes Adagio* aus der Gayane Ballet Suite (1941-1942) Aram Khachaturyan Leningrad Philharmonic Orchestra

	Gennadi Rozhdestvensky, Dirigent Deutsche Grammophon
01:00:54	Gayanes Adagio Aram Khachaturyan
01:24:13	*Atmosphères* György Ligeti
01:52:17	*Requiem* (1963) György Ligeti
01:57:59 (nahtlos)	*Atmosphères* György Ligeti
02:13:11	*Also Sprach Zarathustra* Richard Strauß
02:14:47	*An der schönen, blauen Donau* Johann Strauss

Nicht im Abspann:

Adventures (1962)
von György Ligeti
Internationale Kammerensemble Darmstadt
Bruno Maderna, Dirigent

Happy Birthday to You (1893)
von Mildred J. Hill und Patty S. Hill
Gesungen von Alan Gifford und Ann Gillis

Off Beats Mood
Gesungen von Sidney Torch
BBC segment opening theme.

Daisy Bell (A Bicycle Built for Two) (1893)
Komponiert von Harry Dacre
Gesungen von Douglas Rain

Musik (nicht verwendet): Alex North

Blade Runner

Nach dem Roman von Philip K. Dick
USA | 1982 | 117 Minuten | FSK 12
Regie: Ridley Scott
Produktion: Alan Ladd Jr., Shaw Brothers, Blade Runner Partnership
Hauptrollen: Harrison Ford, Rutger Hauer, Sean Young
Kinostart (USA): 25. Juni 1982
Kinostart (Deutschland): 14. Oktober 1982

Musik: Vangelis, Komposition und Einspielung

Gail Laughton	Zusätzliche Musik
Demis Roussos	Vocals
Dick Morrissey	Saxofon
Steve Schaeffer	Perkussion
Tom Scott	Holzblasinstrumenten
Ian Underwood	Synthesizer

Instrumentarium:
CS-80 (Yamaha)
ProMars (Roland)
Jupiter-4 (Roland)
CR-5000 drum machine (Roland)
VP-330 Vocorder Plus (Roland)
Prophet-10 (Sequential Circuits)
GS1 FM Synthesizer (Yamaha)
E-mu Emulator sampler
Flügel (Steinway)
CP-80 electric Grand (von Yamaha)
Fender Rhodes
Gamelan
Glockenspiel
Gong
Röhrenglocken
Timpani

The Name of the Rose
Der Name der Rose

Deutschland, Frankreich, Italien | 1986 | 131 Minuten | FSK 16
Nach dem Buch von Umberto Eco
Regie: Jean-Jacques Annaud
Produzent: Jake Eberts, Bernd Eichinger, Thomas Schühly
Hauptrollen: Sean Connery, Christian Slater
Kinostart (USA): 19. September 1986
Kinostart (Deutschland): 16. Oktober 1986

Musik: James Horner

Einspielung:

Kurt Reichmann	Historische Instrumente
	Choir School Maria Schutz, Pasing
	Anmerkung: nicht Kinderchor, oder Sch**ü**tz!)
Kurt Rieth	Chordirigent
Charles Brett	Kontratenor

Aufnahme:

Bob Hathaway	Musikeditor
Harry Schnitzler	Toningenieur
Rainer Standke	Assistent zum Musikeditor
Ulrich Ullmann	Musikabmischung
Ian Underwood	Synthesizer Programmierung

Dances with Wolves
Der mit dem Wolf tanzt

USA | 1990 | 181 Minuten (Langfassung: 226 Minuten) | FSK 12
Nach dem Roman von Michael Blake
Regie: Kevin Costner
Produktion: Jim Wilson, Kevin Costner
Hauptrollen: Kevin Costner, Graham Green, Mary McDonnell
Kinostart (USA): 19. Oktober 1990
Kinostart (Deutschland): 21. Februar 1991

Musik: John Barry

Peter Buffett	Mitgestaltung der Fire-Dance-Szene
Greig McRitchie	Orchestrierung
Mark McKenzie	Orchestrierung
Nic Raine	Orchestrierung
Einspielung:	
John Coinman,	Berater
Lakota-Gesang:	Cyvert Young Bear, The Porcupine Singers
Tommy Morgan	Harmonica
Tom Boyd	Solo Oboe
Malcolm McNab	Solo Trompete
Sally Stevens	Gesang
Chet Swiatkowsky	Keyboards
James Thatcher	Horn
Louise Di Tullio	Flötensolos
Aufnahme:	
David Foster	Musikproduzent
Susan McLean	Aufnahmeleiterin
Cliff Kohlweck	Musikeditor
Shawn Murphy	Musikabmischung

Sieben Auszeichnungen der Academy of Science and Arts (Oscar):
Best Picture
Best Director
Best adapted Screenplay
Best Film Editing
Best Cinematography
Best Original Score
Best Sound Mixing

Dead Man

USA | 1995 | 116 Minuten | FSK 16
Regie: Jim Jarmusch
Produktion: Demetra J. MacBride
Hauptrollen: Johnny Depp, Gary Farmer, Crispin Glover, Robert Mitschum, John Hurt
Premiere: 26. Mai 1995 in Cannes
Kinostart (USA): 10. Mai 1996
Kinostart (Deutschland): 4. Januar 1996

Musik: **Neil Young,** Gitarre

Elliot Rabinowitz	Ausführende Musikproduzent
L.A. Johnson	Musikproduzent
John Hanlon	Toningenieur
Charlie Bouis	Musikproduktion
Guy Carbonneau	Musikproduktion
Tim Foster	Musikproduktion
Louis Grappi	Musikproduktion
Eric Johnston	Musikproduktion
Arthur Rosato	Musikproduktion
Sal Trentin	Musikproduktion

The Cell

USA | 2000 | 103 Minuten (Director's Cut: 106 Minuten) | FSK 16 bzw. 18
Regie: Tarsem Singh
Produktion: Julio Caro, Eric McLead für RadicalMedia
Hauptrollen: Jennifer Lopez, Vincent D'Onofrio, Vince Vaughn
Kinostart (USA): 17. August 2000
Kinostart (Deutschland): 23. November 2000

Musik: Howard Shore

Einspielung:

Bachir Attar	Musiker
Chandru	Sarangi
Paul Clarvis	Percussion
Andrew Crowley	Trompete
Andrew Findon	Flöte
Jan Hendrickse	Ney-Flöte
Steve Mair	Kontrabass
Roger Linley	Kontrabass
Sonia Slany	Monochord

Aufnahme:

Toby Emmerich	Musikproduzent
Dana Sano	Musikproduzent
Simon Rhodes	Aufnahmeleitung
Jon Bailey	Assistent zum Aufnahmeleiter
Jake Jackson	Assistent zum Aufnahmeleiter
Suzana Peric	Musikeditorin
Nancy Allen	Assistent zur Musikeditorin
Cathy Moore	Studioleiterin
Bob Bowen	Musik-Koordination
Robert Cotnoir	Musikprogrammierer
Chris Cozens	Auricula operator
Richard Ford	provisorische Soundtrack-Editor

Sonstige:

Vic Fraser	Musikvorbereitung
Kevin Mahonchak	Musikvorbereitung
Michael Tremante	Musikvorbereitung
Mark Kaufman	Musikrechte
Lori Silfen	Geschäftsführer
Ruth Cornes	Verträge

= = = = = = = =

Personen

= = = = = = = =

Addison, John	1920–1998	Amerikanischer Filmkomponist
Aldrich, Robert	1918–1983	Amerikanischer Regisseur
Alexander, Peter	1926–2011	Österreichischer Sänger
Algar, James	1912–1998	Amerikanischer Regisseur
Anderson, Laurie	*1947	Amerikanische Performance-Künstlerin
Anderson, Wes	*1969	Amerikanischer Regisseur
Andress, Ursua	*1936	Schweizerische-Deutsche Schauspielerin
Andrews, Mark	*1968	Amerikanischer Animator/Resiggeur
Annaud, Jean-Jacques	*1943	Französischer Regisseur
Arlen, Harold	1905–1986	Amerikanischer Komponist
Armstrong, Samuel	1892–1976	Amerikanischer Regisseur
Attar, Bachir	*1964	Marokkanischer Musiker
Axt, William	1888–1959	Amerikanischer Filmkomponist
Bach, Johann Sebastian	1685–1750	Deutscher Komponist
Baird, John L.	1888–1946	Schottischer Erfinder
Bardeen, John	1908–1991	Amerikanischer Physiker
Barker, Lex	1919–1973	Amerikanischer Schauspieler
Barron, Bebe	1925–2008	Amerikanische Komponistin
Barron, Louis	1920–1989	Amerikanischer Komponist
Barry, John	1933–2011	Britisch-Amerikanischer Filmkomponist
Bassett, Reginald	1878–1951	Amerikanischer Komponist
Bassey, Shirley	*1937	Amerikanische Sängerin
Baum, L. Frank	1856–1919	Amerikanischer Buchautor
Beatty, Warren	*1937	Amerikanischer Regisseur/Schauspieler
Beaumont, Harry	1888–1966	Amerikanischer Regisseur
Becce, Giuseppe	1877–1973	Italienischer Filmkomponist
Beethoven, Ludwig van	1770–1827	Deutscher Komponist
Belar, Herbert	1901–1997	Amerikanische Erfinder
Bell, Alexander Graham	1847–1922	Britisch/Amerikanischer Erfinder
Benton, Bill W.		Amerikanischer Sounddesigner
Berg, Alban	1885–1935	Österreicher Komponist
Berio, Luigi	1925–2003	Italienischer Komponist
Berliner, Emil	1851–1929	Deutsch/Amerikanischer Erfinder
Berliner, Josef	1858–1838	Deutscher Firmengründer
Berlioz, Hector	1803–1869	Französischer Komponist
Berners-Lee, Tim	*1955	Britischer Informatiker
Bernstein, Elmer	1922–2004	Amerikanischer Filmkomponist
Bernstein, Leonard	1918–1990	Amerikanischer Komponist/Dirigent
Bertelmann, Volker	*1966	Deutscher Komponist
Besson, Luc	*1959	Französischer Regisseur
Birdy	*1996	Britische Sängerin
Blackton, James Stuart	1875–1941	Britisch-Amerikanischer Filmpionier
Böttcher, Martin	1927–2019	Deutscher Filmkomponist
Brady, Alice	1892–1939	Amerikanische Schauspielerin

Brandt, Henry	1913–2008	Kanadisch/Amerikanischer Filmkomponist
Brattain, Walter H.	1902–1987	Amerikanischer Physiker
Breil, Joseph Carl	1870–1926	Amerikanischer Filmkomponist
Brice, Pierre	1929–2015	Französischer Schauspieler
Bricusse, Leslie	1931–2021	Britischer Komponist und Liedtexter
Broekman, David	1899–1958	Niederländisch-Amerikanischer Komponist
Broughton, Bruce	*1945	Amerikanischer Filmkomponist
Brown, Nacio Herb	1896–1964	Amerikanischer Komponist und Songwriter
Brown, Dee	1908–2002	Amerikanischer Schriftsteller und Historiker
Bruch, Walter	1908–1990	Pionier des deutschen Fernsehens
Cage, John	1912–1992	Amerikanischer Komponist
Cahill, Thaddeus	1867–1934	Amerikanischer Erfinder
Calmettes, André	1861–1942	Französischer Regisseur
Cameron, James	*1954	Amerikanischer Regisseur/Produzent
Cantamessa, Gene	1931–2011	Amerikanischer Sounddesigner
Carlos, Walter/Wendy	*1939	Amerikanische Filmkomponistin
Caruso, Enrico	1873–1921	Italienischer Sänger
Caselotti, Adriana	1916–1997	Amerikanische Sängerin
Chamberlin, Harry	1901–1981	Amerikanischer Erfinder
Chandru		Syrischer Musiker
Chaplin, Charlie	1889–1977	Britischer Regisseur/Komponist/Produzent
Chapman, Brenda	*1962	Amerikanische Animator/Regisseurin
Charman, Roy	1930–1990	Britischer Sounddesigner
Churchill, Frank	1901–1942	Amerikanischer Filmkomponist
Clair, René	1898–1981	Französischer Regisseur
Clarke, Arthur C.	1917–2008	Britischer Schriftsteller
Clarke, Kenny	1914–1985	Amerikanisch/französischer Schlagzeuger
Clarvis, Paul	*1963	Britischer Schlagzeuger
Cohan, George M.	1878–1942	Amerikanischer Komponist
Cohl, Émile	1857–1938	Französischer Zeichner und Regisseur
Coinman, John		Amerikanischer Sänger/Supervisor
Coltrane, John	1926–1967	Amerikanischer Jazzmusiker
Connery, Sean	1930–2020	Schottischer Schauspieler
Conwell, Carolyn	1930–2012	Amerikanische Schauspielerin
Cooper, Gary	1901–1961	Amerikanischer Schauspieler
Cooper, Merian C.	1893–1973	Amerikanischer Regisseur
Copland, Aaron	1900–1990	Amerikanischer Komponist
Coppola, Carmine	1910–1991	Amerikanischer Komponist
Coppola, Francis Ford	*1939	Amerikanischer Regisseur/Produzent
Cordell, Frank	1918–1980	Britischer Filmkomponist
Corea, Chick	1941–2021	Amerikanischer Musiker
Correll, Ernst Hugo	1882–1942	Deutscher Produzent
Coslow, Sam	1902–1982	Amerikanischer Songwriter/Komponist
Costner, Kevin	*1955	Amerikanischer Schauspieler
Courage, Alexander	1919–2008	Amerikanischer Filmkomponist
Crosby, Bing	1903–1977	Amerikanischer Sänger
Crosland, Alan	1894–1936	Amerikanischer Regisseur
Cukor, George	1899–1983	Amerikanischer Regisseur
Curtiz, Michael	1886–1962	Amerikanischer Regisseur

Daguerre, Louis-Jacques-Mandé	1781–1851	Französischer Erfinder
Davis, Miles	1926–1991	Amerikanischer Gitarrist
De Forest, Lee	1873–1961	Amerikanischer Erfinder
De Packh, Maurice	1896–1960	Amerikanischer Komponist
De Palma, Brian	*1940	Amerikanischer Regisseur
Debussy, Claude	1862–1918	Französischer Komponist
Depp, Johnny	*1963	Amerikanischer Schauspieler
Desplat, Alexandre	*1961	Französisch/griechischer Filmkomponist
Deutsch, Adolf	1897–1980	Britisch-Amerikanischer Filmkomponist
Deutsch, Herbert	*1932	Amerikanischer Komponist/Erfinder
Dickson, William K.L.	1860–1935	Amerikanischer Erfinder
Digirolamo, Don		Amerikanischer Sounddesigner
Disney, Walt	1901–1966	Amerikanischer Regisseur/Produzent
Douglas, Kirk	1916–2020	Amerikanischer Schauspieler
Doyle, Patrick	*1953	Amerikanischer Schauspieler/Komponist
Dukas, Paul	1865–1935	Französischer Komponist
Durbin, Deanna	1921–2013	Amerikanische Schauspielerin
Dutilleux, Henri	1916–2013	Französischer Komponist
Eastman, George	1854–1932	Amerikanischer Erfinder
Eco, Umberto	1932–2016	Italienischer Schriftsteller
Edison, Thomas A.	1847–1931	Amerikanischer Erfinder
Eichinger, Bernd	1941–2011	Deutscher Produzent
Eisenstein, Sergei	1898–1948	Russischer Regisseur
Elfman, Danny	*1953	Amerikanischer Filmkomponist
Elgar, Edward	1857–1934	Britischer Komponist
Emerson, Keith	1944–2016	Amerikanischer Komponist/Musiker
Engl, Joseph	1893–1942	Deutscher Tonfilmpionier
Erdmann, Hans	1882–1942	Deutscher Filmkomponist
Ferguson, Graeme	1929–2021	Kanadischer Filmemacher
Fleming, John Ambrose	1849–1945	Britischer Erfinder
Fleming, Victor	1889–1949	Amerikanischer Regisseur
Fonda, Henry	1905–1982	Amerikanischer Schauspieler
Ford, John	1894–1973	Amerikanischer Regisseur
Forster, Stephen	1826–1864	Amerikanischer Komponist
Fowlis, Julie	*1979	Schottische Sängerin
Fox, William	1879–1952	Amerikanischer Filmproduzent
Frankel, Benjamin	1906–1973	Britischer Komponist
Fried, Gerald	*1928	Amerikanischer Filmkomponist
Friedhofer, Hugo	1901–1981	Amerikanischer Filmkomponist
Gabriel, Peter	*1950	Britischer Musiker und Sänger
Gannaway Albert C.,	1920–2008	Amerikanischer Regisseur
Garfunkel, Art	*1941	Amerikanischer Sänger
Garland, Judy	1922–1969	Amerikanische Schauspielerin/Sängerin
Gaumont, Léon	1864–1946	Französischer Filmpionier
Geronimi, Clyde	1901–1989	Italienisch/Amerikanischer Regisseur
Gerrard, Lisa	*1961	Australische Sängerin
Gershwin, George	1898–1937	Amerikanischer Komponist
Glass, Robert J.	1939–1993	Amerikanischer Sounddesigner
Goldmark, Peter Carl	1906–1977	Amerikanischer Soundingenieur

Goldsmith, Jerry	1929–2004	Amerikanischer Filmkomponist
Goodwin, Hannibal W.	1822–1900	Amerikanischer Geistlicher und Erfinder
Gould, Glenn	1932–1982	Kanadischer Pianist
Gounod, Charles	1818–1893	Französischer Komponist
Grieg, Edvard	1843–1907	Norwegischer Komponist
Griffith, D.W.	1875–1948	Amerikanischer Regisseur
Grofé, Ferde	1892–1972	Amerikanischer Komponist
Guðnadóttir, Hildur	*1982	Isländische Musikerin/Filmkomponistin
Hammerstein II, Oscar	1895–1960	Amerikanischer Liedtexter/Produzent
Hammond, Laurens	1895–1973	Amerikanischer Erfinder
Hand, David	1900–1986	Amerikanischer Regisseur
Harburg, Yip	1896–1981	Amerikanischer Liedtexter
Harlan, Viet	1899–1964	Deutscher Regisseur
Harline, Leigh	1907–1969	Amerikanischer Filmkomponist
Harrison, George	1942–2001	Britischer Gitarrist
Hendrickse, Jan		Musiker
Hérold, Ferdinand	1791–1833	Französischer Komponist
Herrmann Bernard,	1911–1975	Amerikanischer Filmkomponist
Hertz, Heinrich Rudolf	1857–1894	Deutscher Physiker
Heymann, Werner Richard	1885–1961	Deutscher Filmkomponist
Hill, George W.	1895–1934	Amerikanischer Regisseur
Hindemith, Paul	1895–1963	Deutsch-Amerikanischer Komponist
Hitchcock, Alfred	1899–1980	Britischer Regisseur
Hollaender, Friedrich	1896–1976	Deutscher Filmkomponist
Honnegger, Arthur	1892–1955	Französisch-Schweizerischer Komponist
Hopkins, Stephen	*1958	Britisch/Australischer Regisseur
Horner, James	1953–2015	Amerikanischer Filmkomponist
Hot Butter		Amerikanische Synthesizer-Band
Houston, Bill		Kanadischer Sänger
Huang Hsin-Chien	1966	Chinesischer Regisseur/Künstler
Hughes, David E.	1831–1900	Britisch-Amerikanischer Erfinder
Hupfeld, Herman	1894–1951	Amerikanischer Songwriter
Hurt, William	1950–2022	Amerikanischer Schauspieler
Iwerks, Ub	1901–1971	Amerikanischer Trickfilmzeichner
Jackson, Wilfred	1906–1988	Amerikanischer Komponist und Regisseur
Jarmusch, Jim	*1953	Amerikanischer Regisseur
Jarre, Jean-Michel	*1948	Französischer Komponist/Musiker
Jarre, Maurice	1924–2009	Französischer Filmkomponist
Johnson, Laurie	*1927	Britischer Komponist
Jolson, Al	1886–1950	Litaunisch/Amerikanischer Schauspieler/Sänger
Kakehashi, Ikutaro	1930–2017	Japanischer Erfinder/Unternehmer
Karajan, Herbert von	1980–1989	Österreicher Dirigent
Kaun, Bernard	1899–1980	Deutsch-Amerikanischer Komponist
Kellog, Edward	1882–1960	Amerikanischer Erfinder
Kelly, Grace	1929–1982	Amerikanische Schauspielerin
Kern, Jerome	1885–1945	Amerikanischer Komponist (Musicals)
Khachaturyan, Aram	1903–1978	Armenisch/Sowjetischer Komponist
Kieling, Wolfgang	1924–1985	Deutscher Schauspieler
Kingsley, Gershon	1922–2019	Deutsch/Amerikanischer Komponist

Klatzkin, Leon	1914–1992	Amerikanischer Filmkomponist
Klee, Paul	1879–1940	Deutscher Maler
Knudson, Robert	1925–2006	Amerikanischer Sounddesigner
Kostal, Irwin	1911–1994	Amerikanischer Filmkomponist
Koster, Henry	1905–1988	Amerikanischer Regisseur
Kubrick, Stanley	1928–1999	Amerikanischer Regisseur
Laemmle Jr., Carl	1908–1979	Amerikanischer Produzent
Laine, Frankie	1913–2007	Amerikanischer Sänger
Lancaster, Burt	1913–1994	Amerikanischer Schauspieler
Landaker, Gregg	*1951	Amerikanischer Sounddesigner
Lang, Fritz	1890–1976	Deutsch/Amerikanischer Regisseur
Lasseter, John	*1957	Amerikanischer Regisseur
Lavista, Raúl	1913–1980	Mexikanischer Filmkomponist
Le Bargy, Charles	1858–1936	Französischer Regisseur
Lean, David	1908–1991	Britischer Regisseur
Leslie, Don	1911–2004	Amerikanischer Erfinder
Levine, James	1943–2021	Amerikanischer Dirigent
Lewis, Bert	1879–1948	Amerikanischer Filmkomponist
Ligeti, György	1923–2006	Österreichisch/Ungarischer Komponist
Lindbergh, Charles	1902–1974	Amerikanischer Pilot
Liszt, Franz	1811–1886	Österreichisch-ungarischer Komponist
Lopez, Jenifer	*1969	Amerikanische Schauspielerin
Lorre, Peter	1904–1964	Ungarisch/Amerikanischer Schauspieler
Low, Bruce	1913–1990	Niederländischer Sänger
Lucas, George	*1944	Amerikanischer Regisseur/Produzent
Lumière, Auguste	1862–1954	Französischer Filmpionier
Lumière, Louis	1864–1948	Französischer Filmpionier
Mahler, Gustav	18601911	Österreichischer Komponist
Malle, Louis	1932–1995	Französischer Regisseur
Marconi, Guglielmo	1874–1937	Italienischer Erfinder
Markowitz, Richard	1926–1994	Amerikanischer Filmkomponist
Marquand, Richard	1937–1987	Amerikanischer Regisseur
Martenot, Maurice	1898–1980	Französischer Erfinder
Martin, George	1926–2016	Musikproduzent der Beatles
Maslow, Steve	*1944	Amerikanischer Sounddesigner
Massolle Joseph,	1889–1957	Deutscher Filmpionier
Maxwell, J.C.	1831–1879	Schottischer Physiker
McCarey, Leo	1898–1969	Amerikanischer Regisseur
McGrath, Douglas	*1958	Amerikanischer Regisseur
McLaughlin, John	*1942	Britischer Gitarrist
Mendelssohn Bartholdy, Felix	1809–1847	Deutscher Komponist
Mendoza, David	1894–1975	Amerikanischer Filmkomponist
Menuhin, Yehudi	1916–1999	Amerikanisch/Britischer Violinist
Mercanton, Louis	1879–1932	Schweizerisch-Französischer Regisseur
Messiaen, Oliver	1908–1992	Französischer Komponist
Messter, Oskar	1866–1943	Deutscher Filmpionier
Michelot, Pierre	1928–2005	Französischer Jazzbassist
Milestone, Lewis	1895–1980	Moldawisch/Amerikanischer Regisseur
Minghella, Anthony	1945–2008	Britischer Regisseur

Mitchum, Robert	1917–1997	Amerikanischer Schauspieler
Moline, Alfred	*1953	Britischer Schauspieler
Moog, Robert	1934–2005	Amerikanischer Erfinder
Moreau, Jeanne	1928–2017	Französische Schauspielerin
Morey, Larry	1905–1971	Amerikanischer Liedtexter
Morricone, Ennio	1928–2020	Italienischer Filmkomponist
Mozart, Wolfgang Amadeus	1756–1791	Österreichischer Komponist
Murch, Walter	*1943	Amerikanischer Regisseur/Sounddesigner
Murnaus, Friedrich W.	1888–1931	Deutscher Regisseur
Mussorgski, Modest	1839–1881	Russischer Komponist
Muybridge, Eadweard	1830–1904	Amerikanischer Filmpionier
Neuman, Alfred	1900–1970	Amerikanischer Filmkomponist
Neumann, Georg	1898–1976	Deutscher Erfinder/Unternehmer
Neve, Rupert	1926–2021	Britischer Audioingenieur
Newley, Anthony	1931–1999	Britischer Songwriter
Newman, Paul	1925–2008	Amerikanischer Schauspieler
Nichols, Mike	1931–2014	Amerikanischer Regisseur
Nijinsky, Vaslav	1889–1950	Russischer Choreograf
Nolde, Emil	1867–1956	Deutscher Maler
Norman, Monty	*1928	Britischer Filmkomponist
North, Alex	1910–1991	Amerikanischer Filmkomponist
Oldsfield, Mike	*1953	Britischer Komponist/Musiker
Olson, Harry F.	1901–1982	Amerikanische Ingenieur
Orff, Carl	1895–1982	Deutscher Komponist
Owens, Jesse	1913–1980	Amerikanischer Sportler
Penderecki, Krzysztof	1933–2020	Polnischer Komponist
Perkins, Jeffrey	1960er	Amerikanischer Sounddesigner
Perry, Sam	1884–1936	Ukrainisch-Amerikanischer FIlmkomponist
Phillips, Todd	*1970	Amerikanischer Regisseur
Picasso, Pablo	1881–1973	Spanischer Maler
Plateau, Joseph A. F.	1801–1883	Belgischer Wissenschaftler
Pommer, Erich	1889–1966	Deutsch/Amerikanischer Regisseur/Produzent
Porter, Edwin S.	1870–1941	Amerikanischer Regisseur
Portman, Rachel	*1960	Amerikanische Filmkomponistin
Previn, Charles	1888–1973	Amerikanischer Filmkomponist
Prokofjew, Sergei	1891–1953	Russischer Komponist
Purcell, Henry	1659–1595	Englischer Komponist
Purcell, Steve	*1961	Amerikanischer Animator/Regisseur
Putnam Sr., Bill	1920–1989	Amerikanischer Soundingenieur
Quinn, Freddy	*1931	Österreichischer Schauspieler/Sänger
Railey, Thomas	1906–1936	Amerikanischer Liedtexter
Raksin, David	1912-2004	Amerikanischer Filmkomponist
Rapee, Erno	1891–1945	Österreichischer /Amerikanischer Filmkomponist
Ravel, Maurice	1875–1937	Französischer Komponist
Reinl, Harald	1906–1986	Österreichischer Regisseur
Reis, Johann Phillip	1834–1874	Deutscher Erfinder
Reisz, Eugen	1879–1957	Österreichischer Elektroakustiker/Unternehmer
Remarque, Erich Maria	1898–1970	Deutscher Schriftsteller

Rice, Chester	1888–1951	Amerikanischer Erfinder
Riddle, Nelson	1921–1985	Amerikanischer Filmkomponist
Riefenstahl, Leni	1902–2003	Deutscher Regisseur
Rieth, Kurt		Deutscher Chordirigent
Rimski-Korsakow, Nikolai	1844–1908	Russischer Komponist
Ritter, Tex	1905–1974	Amerikanischer Countrysänger
Robison, Willard	1894–1968	Amerikanischer Sänger
Robson, Mark	1913–1978	Kanadischer Regisseur
Robyn, Alfred G.	1860–1935	Amerikanischer Filmkomponist
Roddenberry, Gene	1921–1991	Amerikanischer Produzent
Rodgers, Richard	1902–1979	Amerikanischer Komponist
Rodriguez, Ismael	1917–2004	Mexikanischer Regisseur
Roemhild, Heinz	1901–1985	Amerikanischer Filmkomponist
Ronet, Maurice	1927–1983	Französischer Schauspieler
Rossini, Gioachino	1792–1868	Italienischer Komponist
Rota, Nino	1911–1979	Italienischer Filmkomponist
Roza, Lita	1926–2008	Britische Sängerin
Rydstrom, Gary	*1959	Amerikanischer Sounddesigner
Ryrie, Kim	*1954	Australischer Ingenieur
Saint-Saëns, Camille	1835–1921	Französischer Komponist
Sala, Oscar	1910–2002	Deutscher Komponist
Satie, Eric	1866–1925	Französischer Komponist
Schertzinger, Victor	1890–1941	Amerikanischer Regisseur
Schifrin, Lalo	*1932	Argentinischer Komponist
Schoedsack, Ernest B.	1893–1979	Amerikanischer Regisseur
Schönberg, Arnold	1874–1951	Österreichischer/Amerikanischer Komponist
Scott, Ridley	*1937	Britischer Regisseur
Scorsese, Martin	*1942	Amerikanischer Regisseur
Schulze, Norbert	1911–2002	Deutscher Filmkomponist
Schumann, Robert	1810–1856	Deutscher Komponist
Schwarz, Hanns	1888–1945	Deutscher Regisseur
Selznick, David O.	1902–1965	Amerikanischer Produzent
Serra, Éric	*1959	Französischer Filmkomponist
Shearer, Douglas	1899–1971	Amerikanischer Soundpioneer
Shockley, William B.	1910–1989	Amerikanischer Ingenieur??
Shore, Howard	*1946	Kanadischer Filmkomponist
Shugart, Alan	1930–2006	Amerikanischer Ingenieur
Siemens, Werner von	1816–1892	Deutscher Erfinder
Silvers, Louis	1889–1954	Amerikanischer Filmkomponist
Simon, Paul	*1941	Amerikanischer Sänger
Sinatra, Frank	1915–1998	Amerikanischer Sänger
Singh, Tarsem	*1961	Indischer Regisseur
Skladanowsky, Emil	1866–1945	Deutscher Filmpionier
Skladanowsky, Max	1863–1939	Deutscher Filmpionier
Slany, Sonia	1965–2021	Australische Musikerin
Slater, Christian	*1969	Amerikanischer Schauspieler
Slezak, Leo	1873–1946	Österreichischer Opernsänger
Smith, Paul J.	1906–1985	Amerikanischer Filmkomponist
Sonnenfeld, Barry	*1953	Amerikanischer Regisseur/Produzent
Spielberg, Steven	*1946	Amerikanischer Regisseur/Produzent

Sponables, Earl	1895–1977	Amerikanischer Erfinder
Steiner, Max	1888–1971	Österreichischer/Amerikanischer Filmkomponist
Stewart, James	1908–1997	Amerikanischer Schauspieler
Stockhausen, Karl-Heinz	1928–2007	Deutscher Komponist
Stockwell, Henri	1902–1984	Amerikanischer Sänger
Stokowski Leopold,	1882–1971	Amerikanischer Dirigent
Stothard, Herbert	1885–1949	Amerikanischer Filmkomponist
Strauß, Johann II	1825–1899	Österreichischer Komponist
Strauß, Richard	1864–1949	Österreichischer Komponist
Strawinsky, Igor	1882–1971	Russischer Komponist
Studer, Wilhelm (Willi)	1912–1966	Schweizer Unternehmer
Tarantino, Quentin	*1963	Amerikanischer Regisseur
Taurog, Norman	1899–1981	Amerikanischer Regisseur
Theremin, Leon	1896–1993	Russischer Physiker/Erfinder
Thompson, Emma	*1959	Britische Schauspielerin
Thorpe, Richard	1896–1991	Amerikanischer Regisseur
Tiomkin, Dimitri	1894–1979	Russisch/Deutsch/Amerikanischer Filmkomponist
Tiersen, Yann	*1970	Französischer Komponist
Toch, Ernst	1887–1964	Österreichisch-Amerikanischer Komponist
Tracy, Spencer	1900–1967	Amerikanischer Schauspieler
Truffaut, Francois	1932–1984	Französischer Regisseur
Tschaikowski, Pjotr Iljitsch	1840–1893	Russischer Komponist
Urtreger, René	*1934	Französischer Jasspianist
Van Gogh, Vincent	1853–1890	Niederländischer Maler
Vangelis	1943–2022	Griechischer Komponist/Musiker
Varney, Bill	1934–2011	Amerikanischer Sounddesigner
Verdi, Guiseppe	1813–1901	Italienischer Komponist
Verne, Jules	1828–1905	Französischer Schriftsteller
Vidor, King	1894–1882	Amerikanischer Regisseur
Vivaldi, Antonia	1678–1741	Italienischer Komponist
Vogel, Peter	*1954?	Australischer Ingenieur
Vogt, Hans	1890–1979	Deutscher Filmpionier
Wagner, Richard	1813–1883	Deutscher Komponist
Wakemann, Rick	*1949	Britischer Keyboarder
Washington, Ned	1901–1976	Amerikanischer Liedtexter
Watkins, Gregory H.	1960s	Amerikanischer Sounddesigner
Watson, Thomas A.	1854–1934	Amerikanischer Erfinder
Waxman, Franz	1906–1967	Deutsch/Amerikanischer Filmkomponist
Wayne, John	1907–1979	Amerikanischer Schauspieler
Wellman, William A.	1896–1975	Amerikanischer Regisseur
Wells, H.G.	1866–1946	Britischer Schriftsteller
Wells, Orson	1915–1985	Amerikanischer Regisseur/Schauspieler
Wilcox, Fred M.	1907–1964	Amerikanischer Regisseur
Wilder, Billy	1906–2002	Deutsch/Amerikanischer Regisseur
Wilen, Barney	1937–1966	Französischer Saxofonist
Williams II, Russell	*1952	Amerikanischer Tonmeister
Williams, John	*1932	Amerikanischer Filmkomponist
Willson, Meredith	1902–1984	Amerikanischer Filmkomponist

Windt, Herbert	1894–1965	Deutscher Komponist
Wise, Robert	1912–2005	Amerikanischer Regisseur
Wood, Sam	1883–1949	Amerikanischer Regisseur
Yanovsky, Zal	1944–2002	Kanadischer Musiker/Produzent
Yared, Gabriel	*1949	Libanesischer Filmkomponist
Young Bear, Cyvert		Amerikanischer Sänger
Young, Neil	*1945	Kanadischer Gitarrist
Young, Terence	1915–1994	Britischer Regisseur
Zamecnik, J.S.	1872–1953	Amerikanischer Filmkomponist
Zeller, Wolfgang	1893–1967	Deutscher Filmkomponist
Zimmer, Hans	*1957	Deutscher Filmkomponist
Zinnemann, Fred	1907–1997	Amerikanischer Regisseur

= = = = = = = = = = = =

Lesenswertes

= = = = = = = = = = = =

ALEXANDER, PETER LAWRENCE: Bones (Main Theme) as originally written for the film 2001: A Space Odyssey, Alexander Creative Media, PDF erhältlich bei www.alexanderpublishing.com, 2019

AUILER, DAN: Hitchcock's Notebooks, Harper Entertainment, New York, 2001

BEYER, FRIEDEMANN: Die UFA – Ein Film-Universum, morisel Verlag, München, 2017, ISBN 978-3-943915-15-0

CLAIR, RENÉ: Vom Stummfilm zum Tonfilm, Verlag C.H.Beck, München, 1920/reprint 1952

CRAFTON, DONALD: The Talkies – American Cinema's Transition to Sound 1926-1931, University of California Press, Berkeley, 1999, ISBN 978-0-520-22128-4

ERDMANN, HANS und GIUSEPPE BECCE: Allgemeines Handbuch der Film-Musik, Schlesinger Verlag, Berlin-Lichterfelde, 1927, Reprint mit freundlicher Genehmigung von Schott Verlag, Reprint Ries & Erler, Berlin, 2020, ISBN 978-3-87676-040-7

GERNSBACK, HUGO (Herausgeber): The Electrical Experimenter, Zeitschrift, New York, 1913-1920

HILL, ANDY: Scoring the Screen, Rowman & Littlefield / Hai Leonard Books, Lanham, 2017

SCHIFRIN, LALO: Music Composition for Film and Television, Berklee Press, Boston, USA, 2011

ZAMECNIK, JOHN STEPAN: Sam Fox Moving pictures Music, Sam Fox Publishing Co., Cleveland, Vol 1 1913, Vol 2 1913, Vol 3 1914, Vol 4 1923

SCHWAM, STEPHANIE: The Making of 2001: A Space Odyssey, Herausgeber: Martin Scorsese, The Modern Library, New York, 2000, ISBN 0-375-75528-4

HARMETZ, ALJEAN: The Making of the Wizard of Oz, Chicago Review Press Inc., Chicago, 2013, ISBN978-1-61374-832-9

MÉLIÈS, GEORGES und SPIRA, JOHN: The Long Lost Autobiography of Georges Méliès, Father of Sci-Fi and Fantasy Cinema, John Spira (Eigenverlag), 2019, ISBN 978-0-9957356-44

WILSON, STEVE: The Making of Gone With the Wind, University of Texas Press, Austin, 2014, ISBN 978-0-292-76126-1

STOTHART, HERBERT/ARLEN, HAROLD/HARBURG, E.Y.: The Wizard of OZ (Partitur), Omni Music Publishing, Los Angeles, 2018, ISBN 978-0-9890047-8-7

HERRMANN, BERNARD: North By Northwest (Partitur), Omni Music Publishing, Los Angeles, 2020, ISBN 978-1-7345079-1-1

ROTHER, REINER/THOMAS, VERA (Herausgeber): Linientreu und Populär, Bertz + Fischer GmbH, Berlin, 2017, ISBN 978-3-86505-255-1

SOLOMON, AUBREY: The Fox Film Corporation 1915.1935, A History and Filmography, McFarland & Company, Jefferson, North Caroline, 2011, ISBN 978-1-4766-6600-6

THOMAS, TONY: Filmmusik, Die großen Filmkomponisten – ihre Kunst und ihre Technik. (Originaltitel: Film Score – the view from the Podium), in der deutschen Fassung von Peter Glaser, herausgegeben von Bernhard Matt, Redaktion: Rolf Thissen, Wilhelm Heyne Verlag, München, 1995, ISBN: 3-453-09007-1

WURTZLER, STEVE J.: Electric Sounds – Technological Change and the Rise of Corporate Mass Media, Columbia University Press, New York, 2007, ISBN-10: 0-231-13676-5

= = = = = = = = = = =

Der Autor

= = = = = = = = = = =

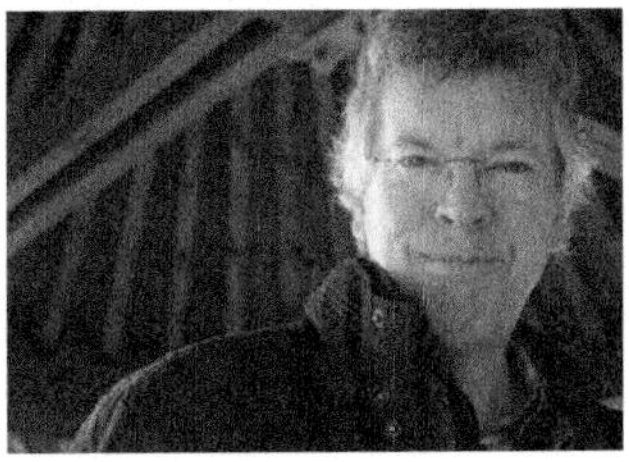

George A. Speckert stammt ursprünglich aus St. Louis, Mo. und studierte Musik in den USA, England und Deutschland. Er war im Musikschulsystem in Deutschland aktiv und war Leiter der Musikschule Hannover. Er ist Autor vieler Musikausgaben und Bücher.

Er ist Träger des *Hannover Preis* und des *Third European Prize City for Children.*

George Speckert ist als Hochschuldozent für Filmmusik tätig und hält europaweit Workshops.

Weitere Publikationen zum Thema Film und Musik:

Kamera, Ton, Klappe – Mauz
Nike und Mauz drehen einen Film. Eine kleine Anleitung
Steffi Lachmann / George Speckert
Kopaed Verlag, München
ISBN 978-3-86736-472-0

Musik: Die Seele des Films
Wie Filmmusik gemacht wird
George Speckert
Florian Noetzel Verlag, Heinrichshofen-Bücher, Wilhelmshaven
ISBN 9783795910525